河 流 伦 理 丛 书

黄河水利委员会组织编写 侯全亮 主编

U0806211

河流伦理的自然观基础

苏贤贵 刘华杰 吴国盛 著

黄河水利出版社

内容提要

本书是黄河水利委员会“维持黄河健康生命”系列课题之一。作者从哲学、科学和宗教角度,探讨自然观与河流伦理之间的关联,阐述对于生态伦理和河流伦理有支持作用的自然观及相关伦理问题。内容包括近代自然观的发展,整体论自然观的产生,盖娅理论和进化论伦理含义的变化及其对河流伦理的寓意,以及晚近的基督教生态神学对于生态伦理的积极意义。强调了自然观对于生态环境伦理,进而对于河流伦理建设的基础性作用。可供哲学、生态伦理学研究者和相关院校师生参考阅读。

图书在版编目(CIP)数据

河流伦理的自然观基础/苏贤贵,刘华杰,吴国盛著.
郑州:黄河水利出版社,2007.9
(河流伦理丛书/侯全亮主编)
ISBN 978-7-80734-288-5

Ⅰ.河… Ⅱ.①苏…②刘…③吴… Ⅲ.河流-生态伦理学-研究 Ⅳ.P343.1

中国版本图书馆 CIP 数据核字(2007)第 150075 号

出 版 社:黄河水利出版社
地址:河南省郑州市金水路 11 号　　邮政编码:450003
发行单位:黄河水利出版社
发行部电话:0371-66026940　　传真:0371-66022620
E-mail:hhslcbs@126.com
承印单位:河南第二新华印刷厂
开本:890 mm×1 240 mm　1/32
印张:7
字数:208 千字　　印数:1—5 000
版次:2007 年 9 月第 1 版　　印次:2007 年 9 月第 1 次印刷

书号:ISBN 978-7-80734-288-5/P·75　　定价:22.00 元

序一

河流是人类及众多生物赖以生存的基础，也是哺育人类历史文明的摇篮。然而，由于长期以来人类对河流无节制地开发利用，加之自然因素的影响，致使当今全世界范围内许多河流都面临生存危机。作为世界上最为复杂难治的河流，黄河的生存危机尤为突出。流域经济社会日益增长的用水需求一再突破黄河生命的底线，人与河争水、与水争地的局面越来越严峻，由此带来的水资源紧缺、河槽萎缩、河道断流、生态恶化、水污染加剧等一系列问题，又反过来严重制约着流域经济社会的可持续发展。

新时期如何重新审视人类与河流的关系，怎样才能实现人与自然的和谐相处？2004 年新年伊始，黄河水利委员会正式提出了“维持黄河健康生命”的治河新理念，并开始着手研究构建相应的治河体系。这不仅是自然科学的一个重大命题，而且也是社会科学和人文科学的一个重大命题。历史和现实的经验告诉我们，人类在开发利用河流的同时，只有顺应自然规律，关爱河流，尊重河流，保护河流，流域经济社会才能持续发展，民族文化才能永续延伸。因此，黄河水利委员会决定，把重塑人与河流关系的问题上升到伦理的层面来认识，并将其作为“维持黄河健康生命”理论框架的重要组成部分进行研究，通过河流伦理的构建，让全社会从伦理道德上认识到人与河流和谐相处的重大意义，并将其渗透到人类繁衍和成长的过程中，从而唤起更多的人自觉和积极地投身到“维持黄河健康生命”的行动之中。

河流伦理是一个包容性很强的概念，涉及面广、跨度大，具有学科边缘性和交叉性的特点。无论是对水利界，还是对人文、社科界来讲，它都是一门全新的课题。为此，黄河水利委员会联合清华大学、北京大学、复旦大学、南开大学、武汉大学和哈尔滨工业大学等高校从事人文及社会科学研究的专家学者对这一全新的课题展开了研究。为了夯实理论基础，该课题又分为 7 个子课题，从不同的方面来论证人与河流的伦理关系。经过专家学者们两年多艰辛的探索，形成了这套《河流伦理》丛书。它以辩证唯物主义哲学和科学发展观为指导，通过揭示当前中外河流暴发的空前危机，将人及其他有机体的生命概念引入河流，从人文科学、社会科学的多维视角，研究河流生命的内涵、权利、价值、河流伦理原则、河流立法依据、河流健康生命的维持等，从而把人与人之间的伦理关系拓展到人与河流的关系中，为实现人与河流和谐相处提供有力的理论支撑。

实践证明，在学科的接壤处，恰恰是新学科的生长点。我相信，通过对河流伦理体系的研究和构建，一是可以提高人们对于河流生命的科学认识水准，把握人与河流和谐相处的规律，规范人类自身的社会行为；二是在特定的时代背景下，可以对河流生命理念进行培育和弘扬，从而在治河实践中真正落实科学发展观；三是能够改善调控管理，将人与河流的关系，从以往改造、征服的关系转为和谐相处、共存共生的关系。

当然，我们还应该清醒地认识到，对河流伦理的研究非常具有挑战性。到目前为止，把道德关怀的对象扩展到河流（山川）等自然存在，中西方无论在理论界，还是在社会公众的心目中，都还存在很大争议，并且常常受到来自传统意识形态的质疑。对于这门全新的边缘学科，我们的研究工作才刚刚开始，要形成一套系统的理论还需要不断地去探索、去实践。

黄河水利委员会主任

2007 年 8 月

序二

不管人们愿意，还是不愿意，也不管人类觉得幸运，还是感到悲哀，至少在如今的地球上，没有人力干预的、纯粹自然的领域再也找不到了；从大气到地心，从高山峻岭到汪洋大海，一切都刻上了人类的痕迹，打上了社会的烙印。人与河流的关系也是这样的，我们之间的命运早已紧紧地联系在了一起：你中有我，我中有你；人的生命离不开河流，而河流不但有自然生命，还有社会生命，甚至文化生命。研究和对待河流，不但要研究其自然层面，还要研究其人文层面，更必须研究二者之间交叉的层面。

面对着自然河流与社会文化河流之间如此错综复杂的关系，特别是人类对于自然总是处在积极主动的一方、影响力越来越强的这种形势，我们发现，有什么样的人，就有什么样的河流；甚至可以说，人们用什么思想和态度来对待河流，河流就会出现什么样子：

蛮荒时代的人，毫无力量，只能迷信天神和命运，匍匐在自然的威力下，于是出现了“夏日消融，江河横溢，人或为鱼鳖”的景象，这是狂放恣肆、任意纵横的河流。

进入文明社会以后，特别是近代以来，人的力量强大了，开始利用和改造河流，但是，人们也往往为了自己的眼前和局部利益，一刻不停地干扰她，甚至有意无意地破坏她，特别是由于私有制度和私有观念的束缚，河流往往被某些人当成私人的财产，随意利用和挥霍，甚至被毁坏和戕害。这些毁坏和戕害，有些是间接的，例如通过砍伐森林、排污升温、影响气候以破坏河流等；有些干脆就是直接地伤害和摧残河流，使之遭受种种创伤。包括我们的母亲河——黄河，早已不复往日的面貌，如今已是伤痕累累，水资源紧缺，河槽萎缩，河道断流，生态恶化，水污染加剧……她再也经受不住折腾了。

实践一再证明，只有能够掌握和控制自己的命运而又有科学头脑的人，只有能够以正确的世界观、价值观为指导善待河流的人，才能使人和河流真正融洽地结合成一个亲密的共同体，才能维持河流的健康生命。

新中国成立后，中国人民掌握了自己的历史命运，为黄河的治理创造了基本条件，但是，正确处理人与河流的关系，以科学的态度治理好黄河，却又是一个更困难、更艰巨的工作。进入新世纪以来，水利部黄河水利委员会以科学发展观为指导，立足于黄河的实践，吸取世界先进的科学文化，超脱以往“就黄河论黄河”和“就水利论水利”的狭隘眼界，以更加全面系统的观点来对待黄河。在他们眼里，黄河不但是自然的，而且是社会的历史的，是文化的，是一条系统完整的生命。他们深刻地提出，要以维持黄河的健康生命为己任，当好河流的代言人。为此，不但要从自然科学和技术方面研究黄河，还要从哲学社会科学方面研究黄河，把重塑人与河流关系的问题上升到伦理的层面来认识，以唤起人们自我警醒意识，珍惜河流、善待河流，自觉维护人水和谐，从而为“维持黄河健康生命”的治河理念奠定坚实的人文和社会基础。这一思路和做法，赢得了全国有关专家的高度重视和赞赏，他们纷纷参加进来，从各个角度开展对于河流伦理的深入研究，不但包括地质地理、天文水利，而且将历史学、社会学、哲学、文化学、法学、艺术学等等学科也吸纳进来，形成了以马克思主义哲学为指导的，多学科相结合的，纵横穿错、立体交叉的宏阔研究局面。

应该说，是日益严重的河流生命危机催生了“维持黄河健康生命”新理念，进而又进一步催生了河流伦理。这是黄河治理开发与管理现代化进程中一场观念上的革命。

正当以黄河水利委员会为核心的一批专家学者们思索研究维持河流的健康生命时，党中央提出了科学发展观，这不啻是一场及时的春雨，一轮清晨的红日。这一理论，说出了大家想说却又说不出来的话，而且更加深刻全面，“坚持以人为本，树立全面、协调、可持续的发展观，促进经济社会和人的全面发展”。这里的每句话、每个字，对于维持河流的健康生命来说，都是多么重要啊！我们这些关心和研究河流伦理的实际工作者和专家学者们，在继续认真地学习了科学发展观之后，指导方向更加明确，信心和勇气更加充足。我们更加自觉地认识到，维持河流的健康生命将是我们的终身使命，河流伦理将是我们的长远研究课题，而科学发展观更是维持河流健康生命的根本、河流伦理的支柱，是我们从事河流实践和理论研究工作的一面永恒旗帜。这里收集的，就是大家在学习和运用科学发展观的基础上，进行研究的一些成果和体会。我相信，这不过是一个开始，也可能还有许多不足之处。今后大家还会做下去，而且越做越好。

水是生命之源，每当我们唱起“一条大河波浪宽”的时候，立即就会想起我们的长江、黄河，想起许许多多生育养育我们的河流，她们是我们人类的母亲，至今还在用自己的乳汁哺育着我们成长。然而，她们如今的身体还好吗，还在健康地生存发展吗？这是我们每个河流的儿女们经常魂牵梦萦的事。以科学发展观作指导，研究河流伦理，尊重自然规律，善待每一条母亲河，让她永远健康地生活下去，这是我们的神圣义务。

中国伦理学会会长 陈瑛

2007年8月

前言

河流是孕育人类文明的摇篮，是人类生产和生活的重要物质基础。从历史上看，人对河流的态度，也和人对自然的态度一样，经历了从崇拜、敬畏到利用、控制的转变。在很长时间内，人对河流维持着一种亲近和利用的关系，虽然人类的活动有时也导致河流的消失，并引起相应文明的衰落，但这常常是局部的、偶发的现象。然而，从 20 世纪中叶以来出现的生态危机，打破了人与河流之间的这种平衡而基本和谐的关系。工业化高消耗、高污染的生产方式正全面、系统地导致河流断流、河流生态功能的萎缩，严重地危害着人类自身的安全。由于我国人口多，发展压力大，而水资源又非常匮乏，河流危机的后果对我们的经济和社会发展的损害尤其严重。

面对河流告急的严峻情势，黄河水利委员会基于在河流管理第一线的长期实践，于2004年正式提出了“维持黄河健康生命”的治河新理念，并提出一种重塑人与河流关系的“河流伦理”。

从字面上看，“河流伦理”是一个很富包容性的概念，它可以涵盖人类与河流关系的诸多方面。如果按照传统的观点，把伦理关系局限于人与人之间的关系，那么，河流伦理可以指与河流有关的各人类主体之间的伦理关系，比如上游、中游、下游的国家、区域和个体在利用河流时所发生的伦理关系，公民基本用水权与企业水资源占有权的关系。河流伦理中还应包含可持续发展的理念所蕴含的一个伦理要求，即当代人对河流的使用不应以牺牲后代人的权益为代价。

但是，黄河水利委员会提出的“河流伦理”还是一个颇具创新性的概念，它要突破把伦理边界仅止于人类成员的传统框架，试图把河流所代表的生态系统本身也作为一种有着伦理诉求的主体，而不仅仅是一种只有工具价值的人类利益的载体。这种超越人类中心主义的伦理观念是当代伦理学的一个重要发展，而把它运用于围绕河流的伦理关系，并命名为“河流伦理”，则是一个创新。因此，西方生态环境伦理学的发展为河流伦理提供了理论上的合法性。

鉴于伦理观（价值观）与世界观（自然观）的密切关系，也鉴于自然观问题对于生态环境伦理，进而对于河流伦理建设的基础性作用，本书的三位作者从各自的研究兴趣和学术专长出发，探讨了自然观与河流伦理之间的关联，介绍和阐述了一些对于生态伦理和河流伦理有支持作用的自然观及相关的伦理问题。吴国盛（第二章、第三章）着重从哲学和历史的角度梳理近代自然观的发展，并从当代系统科学、非线性科学的角度阐述了整体论自然观的产生；刘华杰（第四章、第五章）特别追溯了盖娅理论和进化论的伦理含义的变化，及其对河流伦理的寓意；苏贤贵（第一章、第六章、第七章）讨论了自然观与河流伦理的相关性、自然的概念在基督教思想中的发展，以及晚近的基督教生态神学对于生态伦理的积极意义。

我们选取了哲学、科学和宗教这几个角度来审视自然观的变化，及其对于河流伦理的意蕴，尽力反映出各自论题上学术界已有的一些成果，并希图表达自己的某些见解。

我们并不追求对所谓的"生态自然观"做系统的论证。我们认识到，一种观念的树立并不能只靠"论证"。利奥波德（Aldo Leopold）等人谈到"土地伦理"时，其论证也不完善，相当多是建立在类比、隐喻的基础之上的。一切论证都是有条件的，均有无法克服的、无法永远向前追溯的规范性前提。涉及河流伦理这样观念上全新的伦理学，它与传统伦理学属于不同的范式。如库恩所描述的，生活在不同范式下的学者有着不同的世界图景，有着各自认可的不可通约的规范、价值标准。在努力提供各种可能的新论证的同时，我们也应当看到积极宣传新范式的重要性。论证是一种说服，说服也是一种论证。当论证、说服都不足以完成范式转换之时，信仰的培养就必须加以重视了。

最后，我们要感谢黄河水利委员会发起和推动这项研究，还要特别感谢黄河水利委员会办公室的侯全亮先生、李肖强先生、吴强先生给予我们的支持和帮助。

作者

2007 年 8 月

目 录

第三章　整体论自然观的兴起

第四章　盖娅假说对河流伦理的支持

第五章　重建共生范式

第六章 基督教与自然观

第七章 生态神学与生态伦理

第一章

河流伦理与自然观

第一节　河流危机与生态危机

人类自从在地球上生存之日起就要利用和改造自然界，一方面，要从自然界获取物质资料来维持自身的生存需要和建构社会文明；另一方面要把人类生产和生活中产生的废物当成垃圾还回自然界。在很长时间内，人类活动对自然的影响是有限的，自然所受到的干扰处在可以恢复的限度内。

但是，随着人类关于自然的知识和控制自然的能力不断增长，人类和自然界之间最基本的物质交换关系出现了严重的问题。尤其是西方工业革命后，环境问题更为突出，城市的烟尘污染、水污染、噪声等对人们的生活产生了很大的侵扰。到了 20 世纪，特别是第二次世界大战之后，环境问题已经是世界发达国家面临的最严重问题之一，从五六十年代开始各种公害事件频频出现，如洛杉矶光化学烟雾事件、伦敦烟雾事件、日本水俣病等。70 年代以后，环境问题在范围上变得更广，在危害程度上变得更深，其表现已不仅限于污染物对人类健康的直接危害，而且还危及了人类整体的生存和发展。由于过度放牧和乱砍滥伐而造成的水土流失和沙漠化、燃烧化石燃料（煤、石油等）而大量排放温室气体造成的全球性气候变暖、二氧化硫等酸性气体进入空气而造成的酸雨现象及其对植物和水生物的危害、氢氟烃类气体造成的臭氧层破坏、全球环境和气候的整体变化导致的动植物物种的减少……其后果已经关系到人类和其他生物的生死存亡。

与全球生态危机相伴随的是全球性的河流危机。河流是养育人类文明的摇篮，从世界范围看，人类的几大古老文明都起源于著名的河流和流域。河流及其流域为人类的生产活动提供了肥沃的土壤、丰富的自然物产，为人类的社会、文化活动提供了广阔的空间，塑造了各民族的文化品格，甚至成为特定文明的标志和代称。

长期以来，人类和河流处于良性互动的关系之中。人类对河流既持有感恩、利用和控制的态度，也有在河流泛滥等破坏性的巨大自然力面前的敬畏、恐惧之情；人和河流之间既有因为过度干扰、导致沙漠化和文明消亡的例子，也有人与河流和谐相处的一面，更多的是人类利用河流合理灌溉，河流长期造福人类。进入工业文明以来，人类的生产规模和生产方式发生了巨大变化，随着城市生活方式的兴起和人口的增长，人们的用水需求极大增加，常常超过河流的负载能力，造成河流断流。此外，向河流排放工业和生活废水，造成河流生态系统的退化。为了发电等目的拦河筑坝，还造成河道泥沙淤积、水流减缓，阻断鱼类洄游路线，导致生态多样性减少。

目前，这些恶果已经在世界范围内呈现。据 2006 年联合国发布的《世界水资源发展报告》，近年来世界主要河流半数以上受到断流、污染的威胁，在世界 500 条主要河流之中，除南美洲的亚马逊河和非洲的刚果河外，其他河流的水源和沿岸的土地都因过度使用而变得干涸或受到污染。河流周围生态系统的恶化已威胁到依赖河水来灌溉、生活及发展工业的人们的健康与生计。污染及断流现象最为严重的河流包括各国的主要河流，如中国的黄河、美国的科罗拉多河、非洲的尼罗河、俄罗斯的伏尔加河及印度的恒河。

水资源缺乏、河流功能的退化已是制约我国经济和社会发展的瓶颈之一。我国淡水资源在世界上属于匮乏之列，人均淡水占有量仅为世界平均水平的1/4，最近几十年的经济发展所带来的水污染进一步加剧了这种局面。我国主要河流污染严重，据国家环保总局2005年7月发布的河流水质监测结果，七大水系中Ⅰ～Ⅲ类（达标水质，可用作饮用水源）水质占49.2%，Ⅳ、Ⅴ类（受污染水质，不能用做饮用水源）水质占28.5%，劣Ⅴ类（严重污染水质）水质占22.3%，主要污染指标是氨氮、五日生化需氧量、高锰酸盐指数和石油类。

急剧减少的水资源，不仅严重制约社会的经济、生产发展，影响人民群众的生活，造成流域所属地区之间用水矛盾，不利于和谐社会的建设，而且破坏流域的生态系统，危及人类和其他生物的生存与发展所依赖的物质基础，其后果是十分严重的。

第二节　对生态危机的反思

河流危机是全球生态危机的一个缩影和集中表现。对生态危机的反思为思考和应对河流危机提供了重要的线索。

由于全球性的环境危机发生在科学技术取得巨大进步、全球经济有了长足发展的时期，因此人们最初倾向于从人口增长、经济发展和技术行为的失当等方面去理解环境问题，由此提出解决问题的办法。

例如，生物学家哈丁（Garrett Hardin）在他1968年的文章《公地的悲剧》中认为污染问题是人们滥用公共资源以及作为其表现之一的人口膨胀的结果，主张通过立法、税收、明晰产权、把环境成本计入产品总成本、节制人口增长等胁迫性手段，来减少人们对公共资源的滥用[1]。20世纪70年代后，罗马俱乐部的米都斯（D. Meadows）等人在

---

[1] Garrett Hardin. The Tragedy of the Commons, Science, Vol. 162, 13 December 1968, p. 1243～1248.

《增长的极限》(1972 年)中提出从综合的角度来理解环境和资源问题。他们指出人口、食品、工业化、污染和不可再生资源的消耗是以指数规律增长的,而地球的承受能力和产出能力是有限的,如果上述五方面的增长不受限制的话,那么在不远的将来,人类的经济增长将达到地球的极限。他们因此提倡一种零增长的模式来避免人类社会的穷途末日。

另外,有些学者虽然从经济和技术的角度入手分析环境问题,但是他们看到了在技术和经济背后有着更深层的原因造成了环境和生态的破坏,而经济和技术只不过是这些因素的结果而已。如美国生态学家康芒纳(Barry Commoner)在他 1972 年的著作《封闭的循环》中把环境污染的原因归结为新技术在生产中的运用。但现代技术在生态上的失败是由它的本质决定的,即技术是被设计来解决单一的、分离的问题的,而且人们相信,针对每一问题都存在解决办法,这已经是技术社会的一个普遍信念。康芒纳认为技术的这种缺陷来自于其科学基础。现代科学的最重要的方法是还原论,即认为复杂的系统只有被打碎成为分离的组成部分才能得到理解,整体性质是其部分性质的总和。这种还原论的偏见还往往使科学不去关心实际的生活问题,如环境退化等❶。康芒纳把生态危机的原因追溯到了现代科学的方法论缺陷,这是对危机认识的一种深化。

在 20 世纪六七十年代以后的西方环境运动中,从西方社会文化的深层寻找环境危机的原因已形成一种强大的趋势。因为生态危机只不过是人与自然关系恶化的一种表现,而人们如何对待自然,最终取决于人们如何认识自然以及人与自然的关系。因此,人们认为,当代环境问题和其他许多社会问题一样,产生于代表自然观和价值观的传统哲学、伦理学和宗教之中。以此观之,我们对河流危机的思考和解决也必须突破将之看成仅仅是一个科学、技术、工程或经济问题的片面看法,而深入到哲学、伦理学和宗教文化的层面上来。

---

❶ Barry Commoner. The Closing Circle: Nature, Man and Technology, Alfred A. Knopf, Inc. 1972, p. 185.

第三节　生态伦理与河流伦理

一、伦理学的拓展

20世纪对于环境危机的哲学反思的最重要成果当属生态伦理学的建立，它对传统伦理学提出了重大的挑战，为生态危机时代人和自然的关系提出了一种新的规范。

传统的伦理和道德涉及的是人类社会中个人与个人之间、个人与集体之间以及集体与集体之间的行为规范，认为道德主体只限于人类。典型的如犹太—基督教的摩西“十诫”，其内容为：“不可敬拜别的神，不可拜偶像，不可滥用神的名字，守安息日，尊敬你的父母，不可杀人，不可奸淫，不可偷盗，不可作假证，不可贪恋别人的财物。”其中有四条涉及人与神的关系，有六条涉及人与人之间的关系。儒家讲“仁者爱人”，“己所不欲，勿施于人”，忠恕之道等，都把道德关系限于人和人之间，这种关系中最重要的是所谓的“三纲五常”。在近代西方，笛卡尔认为人类和非人类之间有着不可逾越的鸿沟，因为人类拥有心灵、精神和灵魂，而动物本质上和机器相类，虽具有感知，却无自我意识，因而无法成为道德的主体。康德伦理学的一条重要原则是把人类视为目的而非手段，动物在道德的考虑中也可以有一定的地位，但是人对动物的义务是间接的，附属于对他人的义务，动物本身只有工具的价值。

生态危机促使人们重新思考人对自然的道德关系，要求把道德考虑的范围扩大到动植物和人类的环境，这是伦理学发展史上一次革命性的突破。按纳什（Roderick F. Nash）的说法，“认为人与自然的关系应被视为由伦理学调节和约束的道德问题，这一观念的出现是最近的理智史上最超乎寻常的发展之一。”❶

纳什在《自然的权利》一书中追溯了西方道德共同体扩大的历史

❶ Roderick F. Nash. The Rights of Nature: A History of Environmental Ethics, The University of Wisconsin Press, 1989, p. 4.

沿着“自我—家庭—部落—国家—种族—人类—动物—植物—生命—岩石(无机物)—生态系统—星球”这样的次序发展,而这个道德权利主体范围的扩大被相应的法律所确立:

天赋权利(古希腊、罗马法学)——英国贵族的民权和政治权利(《大宪章》,1215 年)——美国殖民地人民(《独立宣言》,1776 年)——奴隶(《解放奴隶宣言》,1863 年)——美国妇女(宪法第 19 修正案,1920 年)——印地安人(《民权法案》,1924 年)——劳动者(《公平劳动标准法案》,1938 年)——黑人(《保障黑人民权法案》,1957 年)——自然界(《濒危物种保护法》,1973 年)

纳什主张现代环境伦理学中强调的“自然的权利”(rights of nature)的概念可以看成是历史上的“自然权利”(natural rights)概念的推广,即把自然物包含进来。英国哲学家洛克(John Locke, 1632 ~ 1704)在 1690 年的《政府论》两篇中阐述了“天赋权利”的概念。他认为在有政府和社会之前,人们生活在一种“自然状态”中,在这种状态里,人人在上帝面前以及在他人前面都享有平等和自由。在自然状态中的不安全感促使人们组成社会和政府,虽然这样做人们要让出一部分自由,但是仍保有自然的、社会的、神赋的对生命、自由和财产的权利。而社会和政府的宗旨则是保障这些根本的价值。这种自然权利的思想在 1776 年美国《独立宣言》中得到实现。杰弗逊认为“自然和自然之上帝的法律”是理性和良知所揭示的不言而喻的真理的基础,这真理就是“人人生而平等”。纳什认为此后的各种人权运动都是这种精神的延伸,亦即把拥有“自然权利”的主体不断扩大,并最终把权利扩展到自然。

在西方历史上,道德共同体扩大的根据,早期主要受宗教思想的影响。英国早在 15 世纪就有人抗议动物活体切割、斗鸡、钓熊、猎狐等虐待行为,其根据即认为动物也是上帝造物的一部分,人应该为了上帝的利益而负有善待它们、监护其福祉的责任。在 17、18 世纪的欧洲,也有很多思想家提出了世界并不是为了人类而存在,其主要论据之一是,所有自然物的存在是因为造物之上帝,是为了上帝的荣耀。被誉为“生态学之前”的“生态学家”的大卫·梭罗(David Thoreau)的整体主义自然观也来源于他认为存在一种“超灵”或神性的道德力量，它渗透到自然界万物之中。另外一位美国自然保护的先驱约翰·缪尔（John Muir）也表现出相似的神学倾向。他认为尊敬自然的基础在于承认它是人类所属的被造群体的一部分。上帝渗透在万物之中，不仅动物，而且植物，甚至岩石和水也是“神圣灵魂的火花”。

20 世纪初，史怀泽（Albert Schweitzer，1875 ~ 1965）从基督教和人道主义立场出发，提出了“敬畏生命”的伦理学原则。他认为过去的伦理学是不完整的，它的缺陷在于认为伦理只涉及人与人的行为。在史怀泽的“敬畏生命”伦理学中，“善是保持生命，促进生命，使可发展的生命实现最高的价值。恶则是毁灭生命、伤害生命，压制生命的发展。这是必然的、普遍的、绝对的伦理学原则。”❶

生态学的发展促进了生态伦理学的建立，其标志是美国生态学家阿尔多·利奥波德（Aldo Leopold，1887 ~ 1948）《沙乡年鉴》（1949 年）的出版。在该书中，利奥波德明确提出把伦理关系从人与人之间推广到人与土地（生态系统）之间，指出“一件事情当它倾向于保持生物群体的整体性、稳定性和美时就是对的，反之则是错的”❷。

二、西方生态伦理学的问题与理论

除了西方文化的历史渊源，当代环境伦理学的兴起也是主流哲学界对环境问题关注的结果。1962 年雷切尔·卡逊的著作《寂静的春天》极大地唤醒了美国人的环境意识，1969 年阿波罗号登月第一次让人从太空看到地球这个蓝色的、美丽而脆弱的星球家园，激发了 1970 年第一个地球日的确立。60 年代后期《科学》杂志发表了历史学家林恩·怀特（Lynn T. White）的《我们生态危机的历史根源》（1967 年）以及生物学家哈丁的《公地的悲剧》（1968 年），这两篇文章在整个 70 年代引起了广泛的讨论，引起了历史、神学和宗教方面的持久兴趣。这一阶段，环境问题也开始进入了哲学家的视野，其最早标志是 1972 年在

❶ 史怀泽：《敬畏生命》，陈泽环译，上海社会科学出版社，1992 年，第 9 页。

❷ Aldo Leopold. A Sand County Almanac, Oxford University Press, 1949, p. 204.

佐治亚大学召开的第一次环境哲学会议，出版了会议文集《哲学与环境危机》(1974 年)。其后人们围绕是否应该有一种新的“环境”伦理学展开了激烈争论，其焦点在于对环境保护的出发点的认识不同：保护环境究竟是为了人类，还是为了自然自身？这也是环境伦理学中人类中心主义和非人类中心主义的分歧。

我们在此没有必要详述西方环境伦理学的发展，但是给出一个梗概当有助于理解其理论趣旨以及对传统伦理学的偏离[1]。人类中心主义的环境伦理学认为传统的关于人与人之间的伦理学就足以处理当今的人与环境之间的道德关系(约翰·帕斯莫尔)，它不承认自然本身拥有权利和自身的价值，把人对其他自然存在物的义务，视为隶属于人对人的义务；它认为环境问题的根源不在于一般的以人为中心的世界观和价值观，而是在于把人类利益狭隘化，即以个人或集团的贪欲为全体人类的利益。所以，当代的人类中心主义主张者试图重新阐释人类的利益，对之作出某种区分和限制。比如诺顿(B. Norton)的弱人类中心主义把人的偏好区分为感性偏好与理性偏好，认为应该对人的感性偏好进行必要的反思和限制，人们只应满足人的理性偏好，并依据一种合理的世界观对这种偏好的合理性进行评判。还有人类中心主义者(如尤金·哈格罗夫)反对把自然的价值完全等同为经济价值，转而强调自然的精神和审美价值。

非人类中心的环境伦理学承认某一部分的非人类自然具有内在价值，因而拥有生存和发展的权利。根据被承认的自然物的不同，又有不同的流派，其中显著者有动物权利论，它把义务的对象扩展到了动物(至少是有感觉的高等动物)。传统上人们反对残忍地对待动物，其理由是当残忍成为习性后可能危害人类社会。但是，动物权利论的主张者认为，虐待动物之所以在道德上是恶的，是因为动物自身是权利的主体。辛格(Peter Singer)从功利主义的伦理学出发，认为动物具有感受苦乐的感觉能力，因为在功利主义伦理原则看来，善的行为就是减少痛

---

[1] 以下讨论参见杨通进《环境论理学的基本理念》(《道德与文明》2000 年第 1 期)，以及杨通进的《走向深层的环保》(四川人民出版社 2000 年版)。

苦和增加快乐。因此,动物拥有免于无谓受苦的权利,也具有不被剥夺大自然赐予它们的愉快和满足的权利。而雷根(Tom Regan)从义务论的伦理立场出发,主张动物的权利,因为他认为动物是拥有内在价值的生命的主体,具有信念、欲望、知觉、记忆,对未来的感觉、情感生活和苦乐感受、偏好和福利等。因此,动物和人一样,内在地有权利得到尊重。

非人类中心环境伦理学的另一派别是生物中心或生命中心主义。它把道德关怀的对象推广到所有生命。它秉持史怀泽的“敬畏生命”的伦理原则,强调生命的内在价值,认为善的本质就是保持生命,促进生命,使可发展的生命实现其最高价值;恶的本质就是毁灭生命,伤害生命,阻碍生命的发展。在当代,泰勒是生物中心论的最系统的阐发者,他认为如果一种行为是正当的,或一种品格是合乎美德的,就应该体现出“尊敬自然”这种终极的道德态度。他提出的“生命中心的自然观”认为人与其他物种一样,是地球生物共同体的一个成员;人类与其他物种一起,构成了一个相互依赖的体系;所有的有机体都是生命的目的论中心;人并非天生就比其他生物优越。为了使“尊敬自然”的伦理态度具有可操作性,泰勒还提出了四条环境伦理规范以及与之相应的环境伦理美德:不做恶的原则,对应于关照的美德;不干涉的原则,对应于敬重和公正的美德;忠诚原则,对应于诚信的美德;补偿正义原则,对应于公平和平等的美德。泰勒并且提出了当人的福利和其他生命的福利发生冲突时的解决原则。

以上的非人类中心伦理学的一个共同特点是把个体的生命(无论是动物,还是其他生命)当做道德关怀的对象,它并不认为保护一只濒临灭绝的珍稀动物比保护一只普通动物更优先。另一种非人类中心的环境伦理学深受生态学的影响,着眼于生态的整体,认为生态系统的稳定与健康的价值高于个体有机体的生命,人类对自然的义务应该是维护生态系统的完整和稳定。这种整体论的环境伦理学的代表人物是利奥波德。他追溯了人类道德共同体扩大的历史,提出大地伦理学的主旨就是“扩展共同体的界线,使之包括土壤、水、植物和动物,或由它们组成的整体:大地”。主张“人的角色从大地共同体的征服者改变成大地共同体的普通成员与普通公民。这意味着,人不仅要尊重共同体中的其他伙伴,而且要尊重共同体本身”。这种对生态共同体关心的意识被利奥波德称为“生态良心”。从整体论出发,利奥波德看到保持物种和生态的稳定比维持个体的生命对土地更重要。

三、从生态伦理到河流伦理

西方生态伦理学的重要意义在于确立了自然(无论是个体的生命,还是集体的生态系统)的道德地位(moral standing),把人与自然的关系纳入道德的关怀。这对于我们确定河流伦理的哲学合法性是一个基础性的工作。

但是,在西方,“河流伦理”(river ethic)在多数情况下是指人们在河流从事休闲活动(例如游泳、钓鱼、划船等)所应遵守的一些道德准则,主要有安全方面的、环境保护方面的内容。我们现在倡导的河流伦理其涵义包含了这种河流“使用规则”,但内容在深度和广度上又远不止于此,它是一种全面阐述人与河流之间生命关系的理论论述,从共性上说,可以看成是一种将生态伦理学应用于河流的“应用伦理学”,因此生态伦理学的合法性可以传递给河流伦理。

西方生态伦理学是西方对于建立新型人与自然关系、为人对自然的道德关怀寻找基础的最显著的哲学尝试,对于我们认识人与河流关系、建立河流伦理具有指导性的意义。但是,应该看到,生态伦理学自从诞生之日起,就充满了问题与争论,比如人类中心与非人类中心、个体论与整体论的争论迄今未绝。其中有许多概念也存在争议,如自然的权利、内在价值的问题。我们既应看到生态伦理学理论的整体合理性,在不回避理论矛盾的同时,也应避免将理论简单化和极端化,例如在承认自然内在价值的同时,也肯定人类中心观点的某些合理性,务求吸收当代西方生态伦理学的合理因素,阐释一种包容性的、既有前瞻性又适合中国的社会实际和思想实际的河流伦理。

当然,相对于生态伦理,河流伦理有自身的特点。这是由河流生态系统自身的特点决定的。在西方历史上,生态伦理更多地是着眼于和人的文化相对的纯粹自然状态的生态,如美国的荒野保护运动。但在中国的语境里,河流还负载着丰富的文化象征意义,人类和河流存在着漫长的共生共存的关系，围绕河流的道德主体也更复杂。所以，在生态伦理学的框架内讨论河流伦理，对于生态伦理学本身也是一种深化和发展。

第四节　河流伦理与自然观

一、自然观与生态伦理的相关性

如果把河流伦理接续在西方生态伦理或环境伦理上，自然观的重要性和相关性就很清楚地突现出来。

首先，从生态伦理学自身的发展轨迹看，它日渐趋向于形成一种综合的世界观，主张人对自然的态度（和义务）问题其实涉及人对自身生命和生活意义的理解，转而重视对人格、美德的树立，这一点在所谓的深层生态学上表现得更清楚。深层生态学最先由挪威哲学家内斯（A. Naess）提出，后来形成一个关于个人、经济、技术、社会、价值和自然的系统的、适应生态原则的观念体系，要求人在意识深处发生改变，达致一种自我实现。用其后继者德沃尔和塞勋斯的话说，深层生态学试图“超越一种有限的、零碎的、浅层的对待环境的方法，尝试表达一种综合的、宗教和哲学的世界观”[1]。因此，生态伦理学不但突破了传统伦理学囿于人际伦理的樊篱，也突破了近代以来伦理学中流行的重规则和义务、轻价值论和德性论的做法。它以反思人对自然的行为为出发点，达成的是一种新的自然观、价值观，以及对理想人格和理想社会的看法。

其次，正如我们在前面所看到的，环境危机的根源从深处看，是西方的世界观和价值观的危机。我们在此可以借用科学史家、生态学家卡洛琳·麦茜特（Carolýn Merchant）提出的一个模型来看生态危机与自然观的相关性。

麦茜特用生产、再生产和意识这三个层次上的人和自然的相互作用来作为分析生态问题的概念框架：第一是人类生产和生态核心的相

---

[1] Bill Devall, George Sessions. Deep Ecology: Living As If Nature Mattered, Peregrine Smith Books, 1985, p. 65.

互作用。生态核心由动物、植物、微生物和矿物构成，人类的生产通过种植、采矿、加工和生态核心发生作用。第二是人类再生产和非人类再生产。人类的再生产包括作为物种的人的繁殖、日常生活、社会化、法律和管理。它通过家庭经济和政治经济来支配生产，从而和生态核心发生作用，因而影响非人类的再生产。第三是意识，包括宗教、哲学、科学、伦理学、艺术、神话、礼仪、禁忌、游戏等。它们既是关于自然、人类生产和再生产的表象，这些表象又能转化为人类的行为，对自然和社会施加影响❶。在分析人与自然关系的诸多模型中，麦茜特的这个分析可以说是一种更全面的、更接近实际的认识，它表明综合地考虑生态危机应该包含意识层次的特别是自然观和相应的对自然价值观的反思。

二、近代西方自然观的生态后果

"自然"的观念是最古老的哲学观念之一，它常常包括人们如何认识自然以及人与自然的关系这两个方面的内容。

自然观是关于自然界的总体性质的看法，它不同于自然科学对自然的某一方面或某些细节的具体揭示，但是又和自然科学的发展有着密切的联系。它们之间的关系在历史上各个不同时期、在自然科学发展的不同阶段，呈现出不同的特点。在古代，自然观往往来自神话、宗教或哲学的直觉，如上帝创造世界、水是万物的本源等；随着科学对自然界了解的丰富和深入，自然观主要反映这一时期的科学理论，如生物进化论、当代宇宙学等。自然观不仅是描述性的，而且也是规范性的，它常常影响到科学对其研究对象的假设，或者借用托马斯·库恩(Thomas Kuhn)的范式理论来说，自然观是科学范式中的合法要素。比如，很多学者(如怀特海和迈克尔·弗斯特)已经指出基督教创世教义对近代西方科学兴起的影响❷。

---

❶ Carolyn Merchant . Ecological Revolutions: Nature, Gender, and Science in New England, The University of North Carolina, Chapel Hill and London, 1989, p. 6 ~7.

❷ 参见苏贤贵《基督教与近代科学的关联——从生态的观点看》，收于赵敦华主编《基督教与近代中西文化》，北京大学出版社，2000 年版。

我们在此简单总结一下近代西方自然观的变化，以及对于生态方面的影响，就会注意到，这种变化可以分为两个相关而不同的方面，一方面是关于自然是什么样子（性质）的，另一方面是关于自然有什么用处（价值）的。

在原始文化的自然观里，万物有灵论对自然现象作超自然的解释。每一棵树、每一处泉水都有自己的神灵。吹的风、流的水，都有自己的灵魂。

古代东西方文化及美洲人民都把地球看做一位活的、对人类行为有反应的母亲。他们把宇宙设想为一个活的机体，有着身体、灵魂和精神，把地球设想成一个有着呼吸、循环、生殖和排泄系统的滋养万物的母亲。大多数民族和地球的关系是一种我—你关系，在小河上筑堤、砍倒一棵树或挖一个矿井之前需要乞求神灵息怒的。

古希腊的自然观是有机论的，它把自然看做是有活性的，有内在目的的，如亚里士多德的四因说所表明的。古罗马诗人、历史学家西塞罗认为“世界是一个有生命、有智慧的存在物，因为它产生了有生命的、有智慧的存在物”。有机论认为宇宙万物充满生机和活力，连最低等的石头也不例外。宇宙每一部分被创造出来都是为了支持和满足另一部分的利益，每一部分的存在都是为了整体的利益，甚至各种缺陷的存在都是为了整体的最终完美。自然（地球）是一位生养众多的母亲，在一个设计好了的有序的宇宙中提供人类所需的一切。这种形象有助于限制人对自然的行为，尤其是采矿，因为一个人不愿意戕害自己的母亲，深入她的体内去开采黄金，将她的肢体弄得残缺不全。普林尼在《自然史》中这样解释金属为什么深埋于地下：“正是那些从我们眼前隐藏起来的、远沉于地表之下的、没有迅速形成的物质，促使我们走向毁灭，并将我们遣送到地狱深处……何时将是地球枯竭的尽头，人类的贪婪将渗透到何处。”❶

欧洲中世纪的宇宙观把世界看成一个有等级结构、有目的的系统，

❶　参见麦茜特《自然之死：妇女、生态和科学革命》，吴国盛等译，吉林人民出版社，1999年，第一章。

事物从无机物到微小的生物再到植物、动物、人类和天使，形成一个上升的“存在之链”，而上帝位于这一链条的顶端。文艺复兴时期把宇宙视为一个有机生命的统一体，各个部分相互连成一个整体，自然作为上帝不自觉的执行者，是上帝关于世界法则的内在体现。自然界的所有部分都相互依赖，每一部分都反映宇宙其他部分的变化（小宇宙—大宇宙）。文艺复兴时期受新柏拉图主义的影响，认为自然作为世界的灵魂，是变化的自主的且内在的源泉，世界精神把世界灵魂的活动性传达给质料。灵魂内在于自然使它像一个宇宙动物。但质料是被动的，接受灵魂的操纵。这种思想后来被机械论所吸收，但其有机论被消除。

近代自然科学的诞生在西方自然观的历史上是一个革命性的转折。这一过程从伽利略开始，尤其是牛顿的力学体系建立之后，自然不再被视为有机论哲学里的有着生命的东西，也不再被视为亚里士多德哲学里有着目的和潜能的东西，而是被视为一种由原子构成的、可由数学定量化的、具有广延的物质体系。爱德华·伯特（E. A. Burtt）在他的名著《近代物理科学的形而上学基础》（1931 年）中这样评述这一变化：

“牛顿的伟大权威丝毫不差地成为一种宇宙观的后盾，这种宇宙观认为人是一个庞大的数学体系的不相干的渺小旁观者（因为他就像一个关闭在暗室中的存在物），而这个体系的那些符合力学原理的有规律的运动便构成了自然界。但丁和密尔顿那富有浪漫主义色彩的辉煌宇宙，在人的想象力翱翔于时空之上时不曾对它施加任何限制，现在却一扫而空了。空间被等同于几何学王国，时间被等同于数学的连续性，以前人们认为他们所居住的世界是光彩夺目、鸟语花香，充满了喜悦、爱和美，到处表现出有目的的和谐和创造性的理想，现在则被逼到散乱的生物大脑的小小角落中去。真正重要的外部世界是一个坚硬、冷漠、无色、无声的死寂世界；是一个量的世界，一个按照力学规律可以从数学上加以计算的运动的世界。”[1]

[1] 爱德华·伯特：《近代物理科学的形而上学基础》，徐向东译，四川教育出版社，1994 年，第 223 ~ 224 页。

近代科学的世界观的特征是机械论,即以机器的模型去理解物质和整个宇宙。它把物质看成是由部分(原子)构成的,而原子的运动是由外部力的相互作用引起的,这些运动服从牛顿运动定律和万有引力定律。各个部分运动的总和就构成整体,就如机器的零件构成一架机器一样。甚至动物和人的身体也是机器,只不过比平常的机器复杂而已。

很多当代的学者看到了这种机械论的自然观和还原论的认识论的目的是为了对自然加以控制,正合乎罗马人所谓的"分而治之"(divide et impera)的治术❶。有人认为甚至整个近代科学事业就是这一目的的手段。例如,西方马克思主义者、加拿大哲学家威廉·莱斯(William Leiss)在《自然的控制》(1972 年)中反对把环境问题看做是一个经济代价问题,他认为"把环境质量问题归属于无所不包的经济核算问题,那就会成为落入陷阱的牺牲品。按照这种思路,结果是完全把自然的一切置于为了满足人的需要的纯粹的对象的地位。这一过程就是那个更深困局的根源,而环境的衰退只是这种困局的一个征兆。"❷他也反对把环境问题归咎于科学技术本身,他认为"现代科学仅仅是控制自然(the domination of nature)这一逐渐广为人知的更大谋划的有利工具"。莱斯历史地考察了对自然的支配的观念在古代希腊神话和犹太—基督教传统中的起源和发展,特别是这一观念和近代自然科学的关联,指出控制自然已经成了现代社会的一个重要的意识形态。

以控制为目的的近代科学和以机器为比拟的自然观的结果是造成了自然的"死亡"。麦茜特(Carolyn Merchant)在《自然之死:妇女、生态和科学革命》(1999 年)一书中详尽讨论了近代科学革命中"机器的隐喻"(machine metaphor)和"统治自然"(dominion of nature)的观念的联系。麦茜特指出,在西方历史上,自然一直被赋予女性的形象,被看做

---

❶ 如休斯顿·史密斯在《现在之道》("Tao Now",in Ian Barbour ed. Earth Might Be Fair, Prentice Hall,1972,p. 69)中,莫尔特曼在《创造中的上帝》(God in Creation, Fortress Press, 1985,p. 2)中都指出这一点。

❷ 威廉·莱斯:《自然的控制》,岳长龄等译,重庆出版社,1993 年,第 3 页。

是有机的，而科学革命受当时社会的、理智的因素的影响，则充满了男性中心色彩，因而，压迫自然和压迫妇女成了一个合而为一的过程。这一过程是由一种“机械秩序”(mechanical order)的出现而完成的。麦茜特说：“在有机的世界中，秩序意味着每一个部分在更大的整体中的功能，是由其性质决定的，而力量则是通过社会的或宇宙论的等级结构从上到下而扩散的。在机械的世界中，秩序被重新定义为每一部分在一个由理性决定的规律系统中的可预测的行为，而力量则来自于在一个已被世俗化的世界里主动的、直接的干预。秩序和力量一起构成了控制。对自然、社会和自我的理性控制是通过这种新的机器隐喻重新定义实在本身而实现的。”❶在《自然之死》一书中，麦茜特站在女性主义和生态学的角度重新审查科学革命和它所支持的机械论自然观。

与自然被几何化、数学化的过程相对应，近代西方对自然的另一种“抽象”发生在经济学的领域。在商品经济中，自然物是以商品的形式进入流通领域被人消费的，而商品的交换是以表现为价格的经济价值为基础的，因此自然物在其自身进化和演变过程中形成的特殊品性就被抹杀了，自然就被齐一化了：一桶石油可以等价于100公斤小麦，而不论它们是可以再生的，还是不可再生的；我们可以购买貂皮大衣、象牙饰品，而不用去想它们究竟来自何处。在经济学家们的核算里，自然的价值被约化为经济价值，而经济价值又被等同为以货币表示的价格。因此，自然又一次被数字化了。

英国经济学家舒马赫(E. F. Schumacher)在《小的是美好的》(1973年)一书中对于西方经济学的环境后果作了精辟的分析和批评。他指出，在我们今天的社会中，经济效率、经济增长等已经成了人们最关心的事情，任何反对经济发展的人都会被视为破坏分子或傻瓜。但是，经济学的评价却是一种片面的评价，因为除此之外还有社会的、美学的、道德的或政治的评价。经济学评价的片面性首先在于它只计算事物的市场价值，而不考虑事物自身的、内在的价值，这样，无价的物品标上价格后，就成了没有个性的东西，可以在市场上进行买卖，经济学

---

❶ 麦茜特：《自然之死：妇女、生态和科学革命》，第211页，译文有改动。

上的成功意味着买卖中的获利，而环境的损害是不在经济学考虑范围内的。舒马赫认为，经济学应该了解超经济学（metaeconomics），即考虑经济学之外的意义、人的因素和物的因素。比如，商品在质上的区别，即相对于环境的重要性。另外，经济学是受形而上学（哲学）的影响的，现代功利主义的生活方式孕育了现代西方经济学，而另一种文化则会有不同的经济学，比如"佛教经济学"。总之，文化价值的目标决定了什么是"经济的"行为。如果我们的目标是追求获利，我们就会用机器代替人力，并采用更高的技术手段；如果我们把人的幸福和自我实现当做目标，我们就会创造更多的工作机会，让更多的人能参加创造性的劳动。舒马赫主张后者，并为此提出"中间技术"的概念。在他看来，人们应当因地制宜地采用一种介于先进技术和传统技术之间的"中间技术"来安排生产，因为这种技术对资金和人员的要求都比较低，而且是一种能把人的双手和大脑结合起来的具有"人性"的技术，能够适应生态学的规律。舒马赫认为对经济学起支配作用的是经济学后面的哲学和价值，因此他把教育视为最大的资源，因为"教育的首要任务是传授价值观念，传授如何对待生活"❶。

现代西方数理经济学对数字化的迷恋确实带来了现代西方资本主义社会高效率地管理生产和流通的好处，正如西方近代科学对自然的数学化带来了认识自然和改造自然方面的巨大成就一样。但是，在科学世界中被蒸发掉的不可数字化的东西可能正是生活世界中人们借以和自然界打交道的最重要的东西。在生活世界中人们通过自然物的声音、颜色和气味来了解自然，通过四时景物的变化来感受自然，这样的自然是人们生活世界的一部分，也是人们精神世界的一部分。比如，在中国古代文化中，山水可以入诗、入画，自然可以是人的情感和心志的寄托。这样一些对待自然的态度正随着全球化、现代化（其核心是现代科学和现代工业）进程对各种传统文化的冲击而渐趋式微。

人们常常批评自然科学和基督教的世界观对自然的"祛魅"。在这里，自然之"魅"（enchantment）与其说是神秘的、超自然的魔力，不如

❶ E. F. 舒马赫：《小的是美好的》，商务印书馆，1984年，第50页。

说是它在各个层次上的性质的丰富性、呈现出来的多姿多彩，从而引起人们对美的惊异、对生命的敬畏、对自然的亲近的情感。正如著名的后现代哲学家大卫·格里芬(David Griffin)所言，“对自然的祛魅”，从根本上讲，意味着否认自然具有任何主体性、经验和感觉。由于这种否认，自然被剥夺了其特性即否认自然具有任何特质，而离开了经验，特性是不可想象的❶。对自然的“祛魅”就是剥离自然给予人的情感方面的性质，把它化约为某种能为理性(科学理性、经济学理性)所把握的东西。

三、生态的自然观

近代西方“祛魅”的机械自然观的生态缺陷已经受到广泛批评，要求有一种符合生态学原则的新的自然观来取代它。按照麦茜特的看法，这种新的哲学包含这样一些要点：①每一事物都和另外的事物相联系。如果把一样东西从生态系统中移走，必定会影响整个生态系统。②整体大于部分之和。生态系统具有协同作用，子系统的效应不是简单的线性叠加。③知识依赖于处境。在整体论中，每一部分的意义都依赖于它和整体的关系。④过程优先于部分。生态系统是一个开放的、有物质和能量交换的系统，这个稳态的系统与其说是由部分构成的，不如说是由过程构成的。⑤人与非人自然的统一。在整体论中，人和其他自然物都属于同一个有机的宇宙系统，不存在文化与自然的二元对立。❷

这种替代性的整体论自然观，不是对前科学的有机论的简单回归，而是被概括在后现代主义名下的20世纪诸多思想领域的发展的结晶。它不但是生态学的产物，并且也从量子力学、相对论、系统论和混沌理论等当代科学中受到启发，还从东方的宗教和传统思想中吸收了营养。

---

❶ 大卫·格里芬编著：《后现代科学：科学魅力的再现》，中央编译出版社，1995年，第2页。

❷ Carolyn Merchant. Radical Ecology: The Search For a Livable World, Routledge, Chapman & Hall, Inc., 1992, p. 76～78.

比如，生态学所揭示出来的生态系统中各要素的相互依赖性、系统整体的平衡性、有机性和整体性都提示了一幅与传统的机械论自然观迥然不同的图景。和传统的认为事实及价值分离的观点相反，环境哲学家罗尔斯顿(Holmes Rolston, III)认为生态学的描述和对生态系统的评价是一起产生的。生态学的描述发现了统一、和谐、相互依赖、稳定等，而这些价值上被认可的性质之所以被发现，在某种程度上，是因为我们带着赞赏秩序、和谐、稳定和统一的倾向去搜寻的。

物理学家大卫·波姆(David Bohm)在《后现代科学和后现代世界》一文中也论述了相对论和量子力学的“非机械论”性质。他指出：“量子物理学认为，根本不存在连续的运动；而部分与整体之间的内在联系、不同部分之间的联系以及与事物密不可分的环境依存却是存在的。各要素之间的不可分割的联系也是存在的，而且不能够进一步分解。这一切表明，世界是一个不可分割的整体。”❶

生态哲学家卡里科特(J. Baird Callicott)也认为，“新生态学”和物理学中的量子理论(“新物理学”)结合在一起，相互补充，具有一些重要的形而上学含义：首先，在新生态学的“有机”自然观中，如同在新物理学中一样，能量似乎是比物质对象和分立的实体更根本、更首要的实在，而原先被视为首要的个体对象只不过是能量的形式、扰动和聚集。其次，从新生态学和新物理学中产生的自然观是整体论的，有机体是生命之网中的关节，不可以被割裂出来加以考虑。卡里科特甚至认为，从生态学的角度看，关系“优先”于发生关系的事物，由这些关系构成的系统整体也“优先”于它的组成要素❷。

弗里乔夫·卡普拉(Frijof Capra)在《物理学之道》(1974年)和《转折点》(1980年)中对道家哲学的推崇，使得许多生态运动人士把道教思想作为和生态思想相适应的形而上学基础。

---

❶ 大卫·格里芬编著：《后现代科学：科学魅力的再现》，第90页。

❷ J. Baird Callicott. The Metaphysical Implications of Ecology, in J. Baird Callicott and Roger T. Ames ed., Nature in Asian Traditions of Thought: Essays in Environmental Philosophy, State University of New York Press, 1989, p. 59~60.

第五节　敬畏河流

一种新的思想被接受不完全是一个逻辑论证和说服的过程，遑论自然观这样根本的观念。即使像量子力学这样今天从科学角度看理所当然的科学理论，在最初也为很多科学家所反对，以至于普朗克说量子力学被普遍接受不是因为它让人信服，而是因为不接受者已经被时间所淘汰。因此，在认同和接受一种信念的时候，情感和体验往往起着很关键作用，这也是审美和欣赏在环保教育里应该占据非常重要的位置的原因。

"敬畏生命"伦理的创始人史怀泽把自己对这种普遍的生命意识的觉醒追溯到孩提时代。史怀泽 8 岁时一个五旬节的星期天上午，他和同伴拿着自制的弹弓出去打鸟，正当他瞄准鸟儿的时候，教堂的钟声响了。"对我来说，它就像是来自天堂的声音。我扔下了弹弓，吓走了鸟儿，这样它们就能逃脱我同伴的弹弓了，我也逃回了家。自此之后，每当五旬节的钟声在阳光中没有树叶的树林里响起的时候，我就会心怀感激地回忆起那一刻，钟声曾在我的心中敲响了一条诫命：'不得杀生'。"❶

生态伦理学家利奥波德以提出"土地伦理"著称，但他年轻时是一位实用主义的资源保护者。他记叙了自己思想转变的一个契机：有一天他和一群朋友在一个峭壁上吃饭，看见一头母狼带着六只狼崽涉水过河。他朝母狼扣动了扳机。等他走近母狼时，正好看到了垂死的母狼眼睛里正在消逝的凶性的绿光。这给利奥波德极大的震撼，他从此认识到了一种新的东西，一种只有狼和它所生活的大山才能了解的东西。这种转变是看世界的眼光的转变，就是利奥波德所说的"像山那样思考"。

著名的灵长类动物学家、环保宣传家珍妮·古道尔多次描述了在自然中独处时所感受到的与万物合一的神秘体验，她记叙了自己 1974

---

❶ 史怀泽：《敬畏生命》，陈泽环译，第 1、2 页。

年春游览巴黎圣母院时的一次强烈的宗教体验:突然响起的管风琴使她感受到一种永恒,进入一种如痴如醉的对神秘世界的陶醉。她说:“我必须承认宇宙中存在一种引导力量——换句话说,我必须相信上帝。”从此,她把小时候听到的布道、森林里体会到的精神力量、教堂里的感悟与人对地球上其他生命的责任连为一体,甚至把自己献身环保的转变称为“皈依之路”。

今天是一个科学的时代,但是我们的科学教育不应该消除人们对自然的神秘感和敬畏感,而应该教育人欣赏自然的深邃和统一,培养对自然的谦卑和感恩。正如大科学家爱因斯坦所说的:“每一个认真参与科学事业的人都会逐渐坚信,在宇宙的规律之中显现着一个精神——这个精神远高于人的精神,在它的面前,我们力量单薄的人类必须感到谦卑。”

或如大科普家卡尔·萨根(Carl Sagan)所说:“当科学与大自然相遇时,科学总是使人产生对大自然的敬畏的感觉。理解行为本身就是对与宇宙之辉煌的结合和融合的礼赞,哪怕这种融合在规模上是很不起眼的。”❶

当然,也不是所有人都有能力和机会欣赏宇宙之美,并产生敬畏感的,那么就让我们从欣赏身边养育我们的河流做起。阿尔多·利奥波德的儿子鲁纳·利奥波德(Luna Leopold)是一位著名的水文地质学家,长期在加州大学伯克利分校地质学与地球物理学系任教,他也是一位坚定的环境保护主义者。他在1977年的一篇文章中提出了“敬畏河流”的概念。

他说人类的工程能力几乎是无限的,而我们的经济视角太不敏感,以至于无法成为判断河流有机体健康的唯一标准。我们需要一种更为温柔的基础来评价我们工程的后果。这种关于我们同水文系统关系的更谦卑的观点需要对河流的敬畏。

他赞赏地理学家威廉·戴维斯把河流系统视为有自己生命的观念:河流的“青年的发源地是陡峭的、高低不平的。它冲向大海,沿途

---

❶ Carl Sagan. The Demon-Haunted World, Ballantine Books, 1997, p. 29.

侵蚀河床和堤岸。它在中间的部分是成熟的,它沿着开阔的河谷恬静地蜿蜒前行,自我调节以适应其输水和沉积的功能。在其入海口,它进入老年阶段,它到达了一片几乎水平的平原,在那里它似乎沿着一条漫无目标的路径徜徉,流向最终的灭绝点,汇入海洋,而后者为它的一生提供持续的水源。"

利奥波德满怀激情地写到:

"在自然系统中存在一种受物理学定律支配的平衡与和谐,是在40亿年的地球历史中逐渐形成的。维持这种平衡不仅是对人类组织的好处,它也应该成为我们惊奇和欣赏的对象。保持这种和谐的欲望也必须包含进任何一种关于水管理的哲学,而我和希罗多德一样,将之称为'敬畏河流'(reverence for rivers)。如果这是环境理想主义,那么就让人们叫我理想主义者吧。"❶

❶ Luna B. Leopold. A Reverence for Rivers, Geography, Vol. 5, p. 429、430.

第二章

自然概念的变迁

在任何一种文化中，自然作为一种观念、图像、隐喻、象征占有极为重要的位置。人们总是在新的知识背景、文化氛围、历史条件下，修正旧的自然图景，重新调整自然象征在文化中的地位。在某种特定的历史关头，在人的生活世界和精神世界均面临着重新塑造的境况时，“自然”往往成为思想关注的焦点，成为哲学反思的重大课题。通过考察自然概念的历史演变，我们可以为河流伦理的建构提供理论背景。

第一节　“自然”概念考略

一切概念都被染上了时代的痕迹，特别是那些时代所属的、由之支配着的本质框架相关的概念，更是无可奈何地处在特定眼光的透视之中。像“空间”概念，在现代成了某种先验范畴，以致一说到希腊人的“空间”概念，这个概念就被加于希腊人了，而再要指明希腊人并没有这个概念就变得极为困难❶。这里问题的实质在于,我们处在一个世界图景化的时代,或者说一个世界图景空间化的时代。我们的概念受着我们时代的支配。

不幸的是,"自然"概念的命运与此完全相同。现代关于"自然"概念的理解可以举穆勒最著名的定义。在《论自然》一文的结尾,他对伦理学上的"自然主义之误"作了总结,并给出了这个说法:

"自然一词有两个主要的含义:它或者是指事物及其所有属性的集合所构成的整个系统,或者是指未受到人类干预按其本来应是的样子所是的事物。"❷

"自然"的这两种含义常常被分别看成是其广义的和狭义的含义。重要的是,这种说法已成了现代人习惯的看法,诸多百科全书和辞典的解释可以为证。这意味着,我们一旦思考自然,某个预定的框架就已经在支配着我们。这个框架是:自然是事物的集合,某些事物或所有的事物的集合,但首先是事物。

在这个框架支配下,思考"自然"马上被转换成思考"自然物"。关于自然的界定工作,主要是关于自然物的分类和描述性工作,"自然"逃之夭夭,躲避于哲学反思的视野之外。这就是我们时代的状况:关于自然物的科学研究甚嚣尘上,关于自然的哲学研究销声匿迹。

语词含义的演变隐藏着观念上的变化,掩盖了事情的真相。我们须追根溯源,搞清楚"自然物"是如何取代了"自然"的。

现代欧洲语言的"自然"(英语 Nature,德语 Natur,法语 Naturel)一词均有两种基本的含义,第一指自然物的集合,第二指"本性",只不过前一种含义为主,在哲学文献中尤其如此。它们的母语拉丁文 Natura 和希腊文 Φυσιs(拉丁拼音 Physis)也具有这两种意思,但占支配地位的是第二种,与近代语言正好相反。博学的英国学者柯林武德说:

"在现代欧洲语言中,'自然'一词总的说来是更经常地在集合的意义上用于自然事物的总和或聚集。当然,这还不是这个词常常用于

---

❶ 吴国盛:《希腊空间概念的发展》,四川教育出版社,1994 年。

❷ J. S. Mill. Three Essays on Religion, New York, 1874, p. 64.

现代语言的唯一意义，还有另一个意义，我们认为是它的原义，严格地说是它的准确意义，即本源。……

Φυσιs 一词在古希腊时亦有这些方面的应用，并且在古希腊中两种含义的关系同英文中两种含义的关系是一样的。在我们关于古希腊文献的更早期的记载中，Φυσιs 总是带有被我们认为是英语单词 Nature 的原始含义。它总是意味着某种东西在一件事物之内或非常密切地属于它，从而它成为这种东西的行为的根源，这是在早期希腊作者们心目中的唯一含义，并且是作为贯穿希腊文献史的标准含义。但非常少见地且相对较晚地，它也富有第二种含义即作为自然事物的总和或聚集，它开始或多或少地与宇宙、世界一词同义。”❶

在古代希腊和中世纪，“自然”一词主要指的是“本性”，而到了近代又主要指“自然事物的总和”，虽然两种含义一直存在于古代和近代的语言之中。这种词义重心的转移意味着一个重大的观念转变：在近代思想中，“自然物”取代了“自然”的位置。

这种观念转变是如何可能的？有西方思想发展的内在脉络可寻。古典希腊的自然与近代的自然虽然含义的侧重点不同，但毕竟都有两方面的意思，这两方面的意思很可能相辅相成地发展起来：关于“本性”的学问的发展有助于我们区分出“自然物”来，特别是将“非本性的”等同于“人工的、人为的”之后。这里有两个重要的因素在起作用，一是关于“本性”的学问化，二是“人工物”与“自然物”之对立变得显著。

也就是说，“自然”之被“自然物”所取代早在希腊古典时代就有种子埋下。我们为追究“自然”之本源，尚需继续追溯，因为越是早期，physis 的含义就越是单纯。亚里士多德在《形而上学》第五卷的第四章总结了这个词的几种含义：第一，生成或诞生；第二，事物由以生长的种子；第三，事物生长的动力源泉；第四，事物由以组成的原始材料；第五，事物的本质或形式；第六，一般的本质或形式；第七，自身具有运动源泉的事物的本质。❷

---

❶ 柯林武德：《自然的观念》，吴国盛等译，华夏出版社，1990 年版，第 47 页。

❷ 亚里士多德：《形而上学》，商务印书馆，1988 年。

这几种含义中，第七种是亚里士多德自己的意思，第三、四、五、六种是亚里士多德总结出来的，因为它使我们太容易想到他的四因说。唯有前两种意思没有被亚氏整合掉，当属于前亚里士多德范围，应引起我们足够的重视。第二种含义已显露了“自然”与“事物”的区分，似仍在亚里士多德的视野之内。第一种意思最陌生也最古老，它说的是，“自然”即“生长”。

中国人也许更能理解这种原始的含义。中文“自然”一词如果不算后来受到西方近代思想的影响，主要意思一直是“自然而然”。没有什么比生命的诞生、成长更自然的了，它没有理由、没有原因，它完全是自然的。“玫瑰开花，因为它开花”，“生长”先于一切对象性的思想。

待到希腊思想家要找出“生长”的“源泉”、“种子”、“动力”、“本源”以及“原则”时，“自然”就准备退避了。如果能紧紧抓住自然，在自然之中探求“本原”(αρχη)，则“自然”当然不会被遮蔽。中国思想家老子提出的“道”也就是本原：

“有物混成，先天地生，寂兮廖兮，独立不改，周行不殆，可以为天下母。吾不知其名，字之曰‘道’，强为之名曰‘大’。大曰逝，逝曰远，远曰反，故道大、天大、地大、人亦大。域中有四大，而人居其一焉。人法地、地法天、天法道、道法自然。”

由于“道法自然”，道即自身之道，中国思想家就没有脱离事物去发展纯粹道的理论。相反，希腊思想家开辟了对象化的思维方式，他们要追问“自然”之“本原”是“什么”，是哪一种事物，水？火？土？气？不一而足，这就是追问“自然”(本原)是什么的结果：出现了一门自然(哲)“学”。

老子说：道可道，非常道。问题就在这里，希腊思想家要将“道”(本原)说个明白，说出个道道儿来，可就要离道而去了。

亚里士多德进一步改变了问题的提法，探究“本原”被探究“本性”和“原则”所替代，因为，在他那里出现了“自然物”的说法，“自然物”与“非自然物”的区分已成了一个基本的事实。他的“自然学”要探求自然物的本性，探求自然物之为自然物的原则，这些原则构成了他内容丰富的自然学体系。

西方思想史上,“自然”经历了一个由“生长”,到万物之“本原”,再到自然物之“本性”、“原则”,直到“自然物之集合”的演变过程,它反映了西方自然哲学的大致走向。当然,自然哲学的一盛一衰,其历史原因要复杂得多,下面试予考察。

第二节　亚里士多德的自然学(physica)

希腊人有一个可贵的直觉,即认为世界是一个自身有生命的、渗透着神性的、处在不断的生长过程之中的有机体,世界中的万事万物均是从这个有机体中生长出来的。最原始的“自然”概念,指的就是这种生长的过程。

“自然”概念最早的分化与希腊哲学的诞生相伴随。希腊的知识论传统引入了一种新的自然概念,这种传统强调世界显现着某种理智的秩序,因而是可理解的,这种理智的秩序成为事物的“自然”(本性)。当哲学以知识的面目出现时,就在不断塑造这一新的自然(本性)概念。

事实上,这是一种更为古老的二元倾向在自然概念上的反映。世界是一个正在生长中的过程,这是一种动态的眼光;世界是一个现成的由万事万物组成的体系,这是一种静态的眼光。人们可以持一种动态的眼光,也可以持一种静态的眼光,这是人类无法逃避的选择。从原始的自然概念即生长过程出发,产生了两种自然概念:动的哲学强调自然作为过程、作为生长本身,静的哲学强调自然作为万物的本性、作为物背后的原理。希腊哲学本质上是一种静的哲学,它发展了作为万物之本性和原理的自然学体系,所幸的是,他们没有丢弃“世界是一个生长发育着的有机体”这一“本原性”观念。

后世关于前苏格拉底哲学家有许多误解。其误解之一就是,认定他们均在寻找万物由以构成的始基,比如泰勒士找到了水,阿那克西米尼找到了气,赫拉克利特找到了火,等等。这种误解首先来源于亚里士多德,他为了便于整理希腊哲学直到他那时的成就,设定了一个框架:所有的人均在寻求运动的原因,而原因不外乎两种,即质料因与形式因。因此,为了理解前苏格拉底自然哲学的演变,这个框架是需要打破的。

爱奥尼亚的“自然”哲学家们起初给自己规定的任务是探求“本原”而非“始基”，因为“自然”是生长（诞生和发育成长），与其最相关的问题是生长的来历即本原。而且像泰勒士和阿那克西曼德，也只是在追究本原的名义下，重新表述创世神话：本原或者是“水”，或者是“混沌”❶。到了阿那克西米尼，本原问题转化成了始基问题，气被作为万物构成的共同基础。米利都学派完成了由注意宇宙机体生长的过程，向注意自然物的共同构成的转变。

注意自然物的共同物质构成，只是静的哲学的米利都式的表现，并非它唯一的表现形式。事实上，动与静的哲学对立（除了赫拉克利特，希腊时代并没有突出的动的哲学）在希腊古典时代并不那么鲜明。由于禀有世界机体的观念，变化和生长等动的因素并不为希腊哲学家所忽视，但他们的知识论要求他们用“永恒”的理智秩序来整合这些动的因素，这些理智秩序可能是：结构、构成、规则、形式等。柏拉图学派的“拯救现象”纲领就是这种知识论传统的体现。

静的自然哲学不再关注作为生长过程的“自然”，而关注支配事物如此而不如彼的“本性”。在毕达哥拉斯学派看来，事物的“自然”（本性）就在于它们的数学结构。因此，数学也就是他们的自然学。

“本性”概念确定了希腊自然哲学的一个基本走向。它意味着两件事情：第一，有依“本性”而运动变化的自然事物，也有并无本性而运动变化的事物，这后一类事物主要指人工制品（τεχνη，techne），如雕像、床、房屋等，这样一种区分已经确实无疑；第二，本性是内在的固有的，它支配着该事物如此如此，像它所是的那样。

由于本性是内在的，我们有理由怀疑柏拉图并没有所谓的自然哲学，他也许根本就反对有“本性”这个东西。柏拉图作为希腊知识论传统的最大代表，发展了某种静止的、绝对的哲学，吸引他注意力的是现象界与形式理念世界的对立，以及如何通过形式来拯救现象的问题。西方有的学者认为，柏拉图有两个自然概念，一是把现象界叫做自然，一是把形

❶ 详见苏贤贵《米利都学派的宇宙论阐释》一文，收入《希腊空间概念的发展》，四川教育出版社，1994 年。

式叫做自然。这可能都是误置，前者是现代人（如康德）的看法，后者是亚里士多德的看法，况且在柏拉图看来，支配事物运动变化的原因不是内在的（理念世界是超越的），因而它的形式也不能看成是本性。

由于自然只是自然物的自然，并非所有的事物都是自然物，都有其自然，又由于知识论传统通过爱利亚学派和柏拉图发展出了关于存在的知识论，到了亚里士多德，自然哲学成了第二哲学。这件事情可能具有象征意味，存在占了先，而自然退居其后。据海德格尔在《形而上学导论》中的考证，“存在”一词在希腊文中有两个词根，一是 eimi，原意是“依靠自己的力量运动、生存”；二是 phyo，原意是“依靠自己的力量生长、涌现、出现”。前者静止、绝对、抽象，后者变化、相对、现象。前者在爱利亚学派那里固定为“存在”，后者成了“自然”。在希腊哲学家这里，世界的真相以“存在”的方式表述。

亚里士多德的自然学最值得注意的是其目的论，这是亚氏保存希腊思想中世界作为活的有机体观念的主要手段。哲学（爱智慧）就在于寻求事物之原因或原理的知识，因为“智慧就是有关某些原理与原因的知识”❶。从第一哲学的角度看，任何事物的变化均不外乎由四种原因引起，它们是质料因、形式因、动力因和终极因（目的因）。在亚里士多德看来，从前的哲学家着重探讨了质料因和形式因，如爱奥尼亚学派，找出了不同的质料；再如毕达哥拉斯学派，找出了数这种形式。但这些都还不够，或者说，还没有说到点子上去。

在《物理学》中，亚里士多德指出，对于自然物而言，形式因、动力因和目的因可以合而为一，因为形式既是目的同时也是动力，奔向目的以实现自身，这本身就构成了一种动力。“尽管有石块压顶，种子依然要努力破土而出；幼小的动物努力使自己的形体达到成年动物的形体标准。当它的目标达到了，它的努力也就停止了。整个过程包含着潜能与现实之间的区别，潜能是奋争的基石，凭借着奋争，潜能朝着现实的方向进发。”❷因此，归根结底，对自然物而言，导致运动和生长的原

❶ 亚里士多德：《形而上学》，982a。

❷ 柯林武德：《自然的观念》中译本，第 87 页。

因只有两种,一种是质料因,另一种是目的因。但是,“虽然质料和目的这两个原因自然哲学家都必须加以论述,但比较主要的是论述目的因,因为目的是质料的原因,并非质料是目的的原因。”❶由于质料因总是潜在地起作用,也可以说目的因就是自然。“自然是一种原因,并且就是目的因。”❷

这是与柏拉图颇不相同的。柏拉图可以承认形式因即是目的因,但它本身并不构成动力因,使世界朝向终点生长的是另外的某种动力。在《蒂迈欧篇》中,柏拉图所编造的创世故事很清楚地说明了这一点:动力来自造物主。生长的动力是内在的还是超越的?这一点具有重要的意义。生命的原则之一是自律性,生长的动力来自自身的生命力。动力超越的观点是对世界机体生命性的背离,而亚里士多德的目的论正是对生命原则的守护。

总的来讲,希腊自然概念及自然理论的发展受两种观念的支配,第一是世界是一个自我生长着的活的有机体的观念,第二是世界显现着理智的秩序从而可理解的观念。从后者发展出了著名的形式理论,以柏拉图的理念论为最。亚里士多德的目的论就是这两种观念共同支配的产物。

尽管自然物与人工物已经区分开来,但这种区分不同于近代人与自然的对立。人以及人类社会的诸多事物在当时均属于自然物的行列。人由人生长出来,所以是自然物;医生治病这符合他的本性,是自然的;田径运动员跑得快,也是自然的。在医生治病、运动员赛跑时,他们都是自然物,只是在他们被迫做本不是他们该做的事情时,他们才是不自然的。同样,一块石头自由下落,它是自然的,而被人拿在手里晃来晃去,却不是自然的。

希腊时代是自然哲学的第一次兴盛时期,亚里士多德的自然学集前苏格拉底自然哲学之大成,亦是对某种本原的把守,从中我们尚能忆起原始的生命之流。但是,知识论倾向已经蔓延开来,人注定要从自然

---

❶ 亚里士多德:《物理学》,商务印书馆,1982 年,200a30。

❷ 亚里士多德:《物理学》,199b31。

中分离出来。

第三节　转折时期

“科学思想的深刻革命发生于 16 和 17 世纪。无论我们这个时代发生了多么巨大的变化，普朗克、爱因斯坦和玻尔都未能使牛顿的科学理论废弃不用。然而，从哥白尼到牛顿所创立起来的经典科学即近代科学，却使大部分古代与中世纪科学变得毫无用处了。”[1]古代和近代精神之间由于科学革命而产生了一个巨大的差异，任何思想史家均不能无视这种巨大的差异。

蕴含在这些巨大差异之中的，首先是自然观念发生了根本的变化。文艺复兴时期酝酿了自然概念的这一重大转折，掀起了自然哲学的第二次研究高潮。

基督教中世纪强化了上帝绝对创造的观念、绝对一神论的观念。世界自主生长的权利被剥夺，作为自身渗透着灵魂的有机体的自然概念被视为异端。对于基督教的上帝而言，他要求对一切事物的绝对权利，他创造了它们，它们的一切均无条件地归属于上帝，上帝有绝对的权利支配他的所有造物。这里不存在什么“自然”和“本性”，一切均出自上帝的意志。

基督教大大降低了“自然”的位置，希腊人充满神性令人敬畏的自然概念被拒斥，自然界永远只是上帝的作品，没有自律性，它是上帝的他在，是外在的。

希腊后期，随着“自然物”概念的明确，所有自然物的集合开始被称为“自然”（也就是我们中文所说的自然“界”），这一新的概念与旧的概念逐渐分化。由于对“本性”的拒斥，新的概念很快占了上风，但传统的惯性仍然存在。经院哲学早期将希腊哲学与基督教教义相融合，出现过准泛神论的观念，认为上帝与自然是一体的，上帝是其中创造性的方面，自然则是其中被创造的方面，前者是主动的方面，后者是

---

[1] 霍伊卡：《宗教与现代科学的兴起》，钱福庭等译，四川人民出版社，1991 年，第 1 页。

被动的方面。公元9世纪的经院哲学家爱里根纳(又叫约翰·司各特)写过一本《论自然的区分》,书中就创造与被创造两方面区分了四种自然:自身不被创造但能创造的(上帝)、自身被创造亦能创造的(形式)、自身被创造但不能创造的(自然物)、自身不被创造亦不能创造的(上帝)。这些区分是基督神学与亚里士多德哲学相结合的产物。12世纪的回教经院哲学家阿维罗伊在注释亚里士多德的著作时创造了natura naturata(相当于英文natured nature)一词,指被自然创造的自然;此后与此对应又出现了natura naturans(相当于英文naturing nature),指创造自然的自然。这种泛神论背景下自然概念的二分,被文艺复兴时期的自然哲学家所借用。创造者(上帝)与被创造者(自然)之间的绝对的对立已经建立起来了。

文艺复兴时期自然概念的重铸是由如下三种相互联系且相辅相成的观念运动完成的,基督教中世纪为此奠定了基础:第一,"自然"与"人工"之差异的消除;第二,人类统治和征服自然;第三,世界图景的机械化。

一、自然与人工之差异的消除:人可以制造自然

自然(physis)与人工或技艺(techne)的区别,是亚里士多德自然学的一块基石,也是希腊时代人们的一般观念。这种区分本身已经包含了某种价值评判:自然高于人工,技艺只是对自然的模仿。在这个意义上,人造物永远次于天然物,人工不可能巧夺"天工"。而且,由于自然本性是神性的,人类无法进入这样一个神圣的王国。人工在自然面前不仅是十分藐小的,而且人工如果有所僭越,那将有背天道。古代社会每一件大规模改造自然界的活动,必得佐之以安慰神灵的礼仪,也是这种观念的体现。

柏拉图在《法律篇》中描述了这种观念。他说,从前的哲学家们均认为,日月星辰,天地万物均出自自然,是自己生长的结果,而技艺是人类产生之后才出现的,而且只是对自然的模仿,有些技艺是与自然相协调的,如医学、农耕和体育,还有些技艺协调得差一些,如政治,而立法,

则协调得最差❶。

但是，柏拉图本人并不赞成这种观念，他是将它们当成批判的靶子提出来的。

首先，在他看来，自然并不是一个自足自律的过程，同样也是被创造的，也是技艺的产物。他在《智者篇》中写道："所谓自然生成的东西，其实是神工所为；只有人从这些东西中制造出来的，才算是人工所为。因此，制作和生产有两种，一种是人的，一种是神的。"❷也就是说，天工开物实乃神工开物。人工模拟自然，其实是在模拟上帝。

其次，由于自然也只是造物，创造者必先于被创造者，所以作为被造之物的自然乃是第二位的。当然，这并不意味着人工物是第一位的，因为它们与自然物一样同样是被创造的。第一位的是创造借以为鉴的形式、理性❸。

柏拉图的创造者的观念很接近《圣经》的创世观念，正因为此，柏拉图主义引起了基督教思想界的广泛同情。从理论上，作为造物的自然物与人工物之绝对差别被大大缩小了；但在实践上，这种观念的突破是由机械制造者、巫术工作者和炼金术士实现的。

机械本身是一种奇迹。叙拉古国王希罗二世使用阿基米德制造的机械，毫不费力地将一艘大船从港口一直拉到岸上，他当时惊讶得说不出话来。任何人对于机械都有过这种"奇迹"的感受。奇迹是超自然的，因此古代人对此均感到不安。在西方中世纪，从事机械制造常被视为巫术活动。庄子也讲述过一个关于机械之危害的故事：

"子贡游于楚，反于晋。过汉阴，见一丈人方为圃畦。凿隧而入井，抱瓮而出灌。滑滑然，用力甚多而见功寡。子贡曰：'有械于此，一日浸百畦。用力甚寡而见功多。夫子不欲乎？'圃者仰而视之，曰：'奈何？'曰：'凿木为机，后重前轻，挈水若抽，数如泆汤，其名为槔。'为圃者忿然作色而笑曰：'吾闻之吾师，为机械者，必有机事；有机事者，必

---

❶ 柏拉图：《法律篇》，888b。
❷ 柏拉图：《法律篇》，265a。
❸ 柏拉图：《法律篇》，892c。

有机心。机心存于胸中,则纯白不备。纯白不备,则神生不定。神生不定者,道之所不载也。吾非不知,羞而不为也。'"

机械的大量发明与使用可能要从社会历史条件的变化中得到解释,但其直接的后果是极大地改变了自然界的面貌,从而最终影响了人们对自然界的态度和看法,形成了机械自然观。而机械自然观——将自然也看成一台机械——最终消除了自然物与人工物的差别。

巫术一直被认为是一种恶的力量,因为它试图欺骗和操纵自然,同时对一般人而言,它又是不可捉摸、不可思议的。但是,中世纪后期流行的巫术工作者为自己辩护说,他们只是自然的仆人,他们所做的一切只不过是忠实地执行自然的命令,实现了自然本来就应该实现的过程。

观念在一点点地改变。巫术不是在改变自然(这意味着人工与自然有别),而是与自然一致(这意味着人工与自然无异)。人们逐渐相信,人可以参与自然并实现自然过程,人工可以是自然的一部分。这是新自然哲学(自然巫术)的信条,它的主要鼓吹者是帕拉塞尔苏斯(1493~1541年)。这个人对于科学革命的重要意义,近几十年得到了科学史界越来越深刻的认可。

人工与自然之间二分的打破对近代科学的意义是不难理解的。人们常说,牛顿最重要的工作不过是将苹果落地与月球公转看做一回事(天的力学与地的力学的统一);人们还说,伽利略最重要的工作不过是将抛物运动与自由落体运动看做同一种运动(受迫运动与天然运动的统一)。所有这些统一均是对亚里士多德设立的诸种二分的打破,而这些二分中最根本的一种即自然与人工的二分是由自然巫术的倡导者们打破的,难怪有那么多近代科学的先驱们热衷于巫术(炼金术、数字术等)。

炼金术士向人们表明,他们在实验室里加速了自然的过程,制造了自然界需要几千年甚至更长时间才能生长出来的东西,这些东西确实与自然物没什么不同。在这种对人工物与自然物并无差异的强调背后,潜藏着对人的能力的一种大胆预言:人能制造自然物。

这一预言在当时是不太明显的。人们刚刚小心地证明了炼金术士实验室里制造出的硫酸盐与天然的并没有什么不同,人类大规模地制造自然物的时代尚未到来，但今天，这个思想已不新鲜。科学所能制造出来的东西，无论在质上还是量上都远远超出了近代早期人们的想象，以致我们重新怀疑，人工物与自然物真的没有区别吗？人真能制造自然物吗？

人能制造自然，这在古代是一个显然矛盾的概念。然而，在将自然"物"与人工"物"进行精确的分析、比较后，自然巫术家们没有发现任何差别，由此产生的人制造自然的观念，使"自然"一词的含义发生了最彻底的改变：自然被彻底物化，自然物完全取代了自然，自然被遮蔽起来。

二、人类征服和统治自然

在一种泛灵论的自然图景面前，人类对自然充满了敬畏和崇拜。但是在中世纪，自然已被降到了被创造物的位置，而且《圣经》中写道："上帝说，我们要照着我们的形象，按着我们的样式造人，使他们管理海里的鱼、空中的鸟、地上的牲畜和整个大地，以及地上所爬的一切昆虫。"❶这就是说，地球是为了人的利益而设计的，人是万物的主人。虽然人和万物都是上帝创造的，但他是按照自己的样子造人的。因此，人在万物之中处于一个优越的位置，它被上帝授权管理、统治和支配万物。人类统治自然的观念首先来自基督教教义。

人工（技艺）与自然的二分被打破了，但另一个二分随之出现，即作为制造者、支配者、统治者的人类，与作为被制造者、被支配者、被统治者的自然的二分。人开始登上了思想史的舞台中心。

在希腊—中世纪的观念里，人对理解自然充满自信（这是希腊伟大的知识论传统），而在支配自然力方面是软弱无力的。文艺复兴时期的人文主义者对此有充分的意识，并对人类的这种境况充满了道德上的义愤，他们要高唱人之赞歌，呼唤人类的普遍觉醒。

柏拉图已经指出，自然并不神圣，神圣的是理性的创造者，而人因为拥有理性，所以是最优越的种类。阿奎那在《神学大全》中反复强调，人之胜过动物不是与生俱来的力量，而是因为他有理性和认识能

❶ 《旧约全书·创世记》。

力。理性成了人类高贵的标志(以及人类以自我为中心的依据),而知识则是人类力量的标志。

弗兰西斯·培根在确立人类征服和统治自然的观念方面,担当了一个极为重要的角色。他明确地提出了人类中心论的论断:

"如果我们考虑终极因的话,人可以被视为世界的中心;如果这个世界没有人类,剩下的一切将茫然无措,既没有目的,也没有目标,如寓言所说,像是没有捆绑的帚把,会导向虚无。因为整个世界一起为人服务;没有任何东西人不能拿来使用并结出果实。星星的演变和运行可以为他划分四季、分配世界的春夏秋冬。中层天空的现象给他提供天气预报。风吹动他的船,推动他的磨和机器。各种动物和植物创造出来是为了给他提供住所、衣服、食物或药品的,或是减轻他的劳动,或是给他快乐和舒适;万事万物似乎都为人做事,而不是为它们自己做事。"❶

这段话与后来启蒙运动的思想家们的许多言论如出一辙,它所展示的是一种全新的人道理想,也是征服自然的逻辑前提:如果自然只是为着人类的目的而存在,那么人类统治自然以服务于自己的利益,就是理所当然的。由于技艺可以制造自然,因此支配自然是人类完全力所能及的,剩下的问题是:人类如何才能更好地支配和统治自然?

培根的答案是:发展科学和技术。这一观点概括在他的名言"知识就是力量"中。这里的力量是"支配"的能力,是有效的控制的实现。这种支配和控制作为一种知识形态,就是将自然对象化,并框定在一个逻辑和理性的框架内,使我们能够准确方便地预期;作为一种实践形态,就是按照我们的意志让自然奉献出我们所需要的东西。

关于知识形态,培根的理论并不那么一贯和深刻,他说过"只有顺从自然,才能战胜自然",似乎是比较重视理论研究的。然而,他最关心的是支配自然的实际操作实践。因为第一,"科学的真正合理的目的在于,以种种新的发明和手段来丰富人的生活",科学的目的在于为人类服务;第二,在他看来,技艺最能激发自然吐露出它真实的秘密,更有助于自然知识的积累,"正如日常生活中的人,当他陷入激情时,就

❶ 《古代的智慧:普罗米修斯》。

比较容易展现自己的思想境界和情绪状态，自然也是如此，只有在技艺的折磨下，才能比在人们听凭它自行其是时，更好地揭示自己的奥秘”（《新工具》）。

理论科学的发展以及它的逻辑基础虽然不是直接建立在实践需要之上的，但它与古代科学相比，本质上更富有支配的意向。近代科学之所以能转化为技术，就在于它本身蕴涵了可操作的、可控制的因素：自然被看成一架机器，它可以被分析、预测。

三、世界图景的机械化

这一观念运动虽然有其自身的历史来源，但也可以看做是对前两者的响应。文艺复兴时期的自然概念实际上是在一次有机论大泛滥之后，完成它的机械化的。巫术最初的自我辩护，落实在对自然的追随，这时的自然是有机论的、泛灵论的自然，巫术工作者通过一种通灵的方式，把握到世界机体生长的奥秘，从而能够完成自然过程。泛灵论流行了很长期间，布鲁诺也主张这种观念，直到开普勒，这一局面才有所改观。

自从自然巫术被理解为一种人类征服和改造自然的工作后，其神秘的成分被逐渐淡化，成了实验的自然哲学，自然则由有机体变成了一架机器，不再需要像巫术之士那样钻进世界机体的内部、与之融合，相反，要站在自然的外面，像技师那样分析它、改装它、设计它。

尽管如此，世界图景的机械化运动固有的历史来源仍是起支配作用的。柯林武德在他的《自然的观念》中提出，上帝创世观念在近代早期机械的大量制造和使用这样的社会条件下，使人们通过类比（上帝造物与工匠制造机器之类比）得出了自然是一部机器的结论。这个说法是有道理的，但还有思想史的内在根源。

在我看来，机械与机体有两个根本的区别，第一，机械是构成的，而机体是生长的，机械只有结构没有历史，而机体既有结构又有历史；第二，机械的构成要素是同质的，不同的机械构成之差异纯粹是量上的，而每一机体都是独特的、不同质的，不可能还原。近代早期的自然哲学与亚里士多德自然哲学的对立主要表现在后一差别上，因为历史性一直未进入古代世界的视野。亚里士多德的有机论自然哲学认为，自然是一个多样化的质的世界，每一种质都由一个形式来标志，追求形式、实现这个质，是自然物生长发育的动力；有机世界的各部分都不是同质的，每一部分都承担着独特的功能，因此这个世界的结构是一种等级结构；对这个质的世界，恰当的研究方法是分类。

与这个质的世界对立，展现在机械论者面前的是一个量的世界，一切表面上五光十色的质的差异均可以“还原”为量的差异，对这个量的世界，恰当的研究方法是数学运算。因此，机械自然观有两个要点，一是还原论的说明模型；二是自然的数学结构。而这两点均有其希腊背景。

希腊原子论是最早的还原论模型，它主张一切事物的差别均在于其组成原子的不同以及它们数量和排列的不同，而原子除了形状、大小、位置这些外在的数学特征外，没有性质上的不同。自然的数学结构的思想可以追溯到毕达哥拉斯，柏拉图发展了自然界按照数学方式设计、自然界的真谛在于其数学结构的观念，后世称之为柏拉图主义。原子论与柏拉图主义这两种从来源上未必没有关联的思潮，在文艺复兴时期产生了重要的影响。

原子论的影响比较晚才出现，而且原子论复兴之时机械自然观已经初具势头，所以柏拉图主义这根线索更为重要。自然的数学设计的观念起初以数秘术这种巫术的形式传播和流行，数理天文学的发展充分显示了这一观念的支配作用。从哥白尼到开普勒，追求宇宙的数学和谐一直是新天文学发展的动力，而开普勒后期，正式抛弃了泛灵论的自然观，接受了宇宙是一部机器的观念。他在给朋友的信中写道：“我的目的在于证明，天上的机械不是一种神圣的、有生命的东西，而是一种钟表那样的机械（凡相信钟表有灵魂的人应该把钟表匠的光荣给予钟表本身），正如一座钟的所有运动都是由一个简单的摆锤造成的那样，几乎所有的多重运动都是由一个最简单的、磁力的和物质的动力造成的。我也要证明，何以应当用数字和几何来表达这些物理原因。”[1]

伽利略关于自然的数学结构有一段被人反复引用的名言：“哲学被

---

[1] 转引自霍尔顿《物理科学的概念和理论导论》中译本上册，人民教育出版社，第68页。

写在那部永远在我们眼前打开着的大书上，我指的是宇宙。但只有学会它的书写语言、把握了它的使用符号以后，我们才能理解它。它是用数学语言写成的，符号是三角形、圆以及其他几何图形，没有它们的帮助，人们一个字也读不懂；没有它们，人们就只能在黑暗的迷宫中瞎逛。”

世界图景的机械化在科学史界已经是一个被仔细研究过的主题，有关文献无计其数，这里我们只讨论它的哲学后果。伽利略已经明确了机械自然观的基本观点，在他看来，“自然界中真实存在的只有物质微粒、它们的运动以及微粒的大小、形状和数目，其他各种各样感性的质、颜色、气味、声音都只是人的参与才出现的，自然界本身并没有这些东西，这些感性的质是由外界特定物体的特定运动引起的。伽利略的这一思想具有划时代的哲学意义，它给出了机械自然观的基本框架：第一，把自然界完全还原为一个量的、数学的世界，千百种感性的质的东西被抛弃在一边，自然界中只有物质微粒的运动，没有其他。第二，把人从自然界中分离出来，把人的因素从自然界中清除出去，使人成为自然界的旁观者，而不是参与者。”❶

伽利略提出了第一性与第二性的问题，提出了自然作为人之外在对象的问题，为近代的自然概念定了型。笛卡尔则从哲学方面系统表述了机械自然观：第一，自然与人以及物质与心灵是两个相互独立的实体，人是自然界的旁观者；第二，自然界只有物质和运动，别无其他，各种感官感受到的性质均由物质的运动造成；第三，所谓运动就是位移运动，即机械运动；第四，宏观的感性事物由微观的分子所构成；第五，自然界一切事物包括人体都是某种机械，可以用人工的机械模型去模拟自然现象；第六，自然这部机器是上帝创造的，上帝造好这部机器后给它以第一推动，以后上帝就不再干预，让它按照恒常的自然规律运行。

世界图景的机械化从某种意义上可以看成是世界图景的空间化，柯瓦雷称之为“从有限封闭的世界走向一个无限的宇宙”。这一思想主题反映在许多方面：在天文学方面，最终抛弃了天球的概念，而将天体撒向一望无垠的宇宙空间；在物理学方面，最终抛弃了亚里士多德目的论的

❶ 吴国盛：《自然本体化之误》，第64页。

天然运动概念,而提出了惯性运动概念,这种运动除非受到干扰,将沿一条直线无限地运动下去;在视觉艺术的创作方面,定点透视代替全景透视,确立了欧几里得几何学在观察世界时作为先天形式的地位,人,随之被确立为观察世界的主体,世界即是观察者眼中的世界;在精神生活方面,对人类有限性的深刻意识以及从而对上帝的虔诚、恭敬,被无神论的狂妄、放肆以及对主体无限能力的崇拜所取代;在经济活动领域,对自然资源无限的开发和索取代替适度规模的小农经济。这一切,实际上都是“从封闭世界走向无限宇宙”这一时代主题的表现。

更重要的是,世界表现为一个“图景”,宇宙表现为一个舞台,供人类施展其意志。斯宾格勒称近代西方的文化是浮士德式的文化,将其描述为“一种掌权的意志嘲弄一切时空的极限,把无边无限之物作为己任,它使五洲屈服,最后以交通和新闻业的形式包围全球,并通过实际能量的威力和异乎寻常的技术方法使它转变……这里没有以取得不可知物的印象和纯理论为目标的空想……一开始就是工作的假设。它不必正确,只要实际可用就行。它不想揭示我们周围世界的奥秘,而只是想使它为一定的目的服务……自己建造一个世界,自己成为上帝——这曾是浮士德式的发明家之梦”(《西方的没落》)。尼采称科学为了统治自然的目的而将自然转化为概念,这正是自然被图像化的人性的根源。海德格尔恰当地称近代是一个世界图景的时代,想表达的也是这些意思,当他看到宇航员从太空中拍到的地球照片时,十分惊恐,世界图景如此逼真地呈现在面前。

第四节　牛顿的自然哲学(natural philosophy)

把近代自然哲学的起点定在笛卡尔和培根是恰如其分的,正是他们分别从认识论和社会学上确立了人与自然的基本关系:自然成了人的外在的认识对象,也成了人借以为自己谋取利益的支配的对象。这两方面相辅相成,因为作为知识形态的现代科学本身就是操作的、预测的、有支配意向的,它先验地适合于向技术的转化并成为征服和改造自然的现实力量。这也正是近代科学区别于古代科学的本质特点。

新的自然哲学由作为顺从自然的自然巫术，演变成了用概念的结构网罗自然从而达到支配目的的自然科学。培根的方法——通过细致地考察自然现象从而摸清自然的脾气的自然巫术式的方法，被证明是不够的，自然需要用数学来建构。新的自然哲学是关于自然之数学结构的科学，它的最伟大的体系是牛顿的《自然哲学的数学原理》。

牛顿说："自然哲学的全部任务看来就在于从各种运动现象来研究各种自然之力，而后用这些力去论证其他的现象。"❶他还说，"我不是从物理上而是从数学上来考虑这种力的。因此，读者不要以为我使用这些字眼，是想为任何一种作用的种类或形式及其原因或物理根源作什么定义"。力成了牛顿自然哲学的核心概念，这使得后人将他所开创的科学称为力学。牛顿关于力的补充说明，指明了新自然哲学与亚里士多德自然哲学的区别：力并不是物理的动因，而是某种数学原则，是这些原则在支配着自然界的运动。

现在，自然是一个有规则和有秩序的物质体系。自然哲学的任务已不再是寻求"本原"和"本性"，而是可以支配"一切"自然现象的数学规律。对于那些喜好"沉思"而不懂操作技巧和数学技术的哲学家，自然哲学已与他们无缘。"自然"已被纳入这样的概念框架，以致只有科学家才有权对之发表意见。严格意义上的自然哲学已丧失存在的根据。

各式各样的人也全被引入这个由牛顿力学之巨大影响带来的概念框架之中，19 世纪的英国浪漫主义诗人柯勒律治在其哲学著作《思维之助》中说："我们所理解的自然概念，是指这样的万物，对它们可以用空间和时间的形式来描述，并且，它们受因果关系所制约，从而其存在的原因总能从以前的某种事物中找到。"这段话读起来令人极为耳熟，它显然得自康德的《纯粹理性批判》。令人惊异的是，一位浪漫派诗人一样没有跳出牛顿的自然概念框架，足见其影响之深远。此外还可以提到伟大的生物学家达尔文，他在《物种起源》中郑重声明："有人以为我所说的自然是指一种主动力或神力……我所谓自然，是指许多自然

❶ 牛顿：《自然哲学的数学原理》1687 年第一版序。

定律的综合作用及其产物;所谓定律,是指我们所能证实的各种因果关系。”19世纪一个生命科学家的自然概念亦深深地笼罩在牛顿的阴影之下。自然是上帝的作品,而且是按照数学设计的作品。贝克莱对此作了严格的哲学论证,其结论是,自然完全是一个被动的东西,它完全依赖上帝。但贝克莱一样承认自然是一个遵守普遍且确定的法则的机器,他没有超出牛顿的自然概念。

康德的自然概念是很难一概而论的,在他身上存在着调和与折中的气质。如果我们单谈他的《纯粹理性批判》,那么下一个结论是可能的。十分明显,牛顿科学给康德以极深的印象,他的知识论是以牛顿力学为出发点的,力学知识何以具有普遍必然性、自然何以具有数学规则?这是康德知识论要解答的基本问题。与贝克莱不同,康德并没有简单地将之归于全能的上帝,而是将自然从上帝手中拯救出来,“数理世界不是上帝的杰作,而是根源于人心中的先验形式,人心制造了自然,但并未创造自然,人心中的先验感性形式造就了现象界,但物自体外在于人,不为人心所知。自然确实是一幅图像,但这幅图景不是上帝制造的,而是人心的先验图式。”❶至少在《纯粹理性批判》中,康德将自然看成是人心制造的图像,因为时空、因果性这些牛顿自然概念的本质要素,均出自人心中的先验形式。康德以严密的逻辑,将人与自然的对立铸就成一套伟大的知识论体系。

哲学的任务从此发生了改变,对自然的直接关注是科学的事情,哲学只能探究研究自然是否可能以及是如何可能的。自然哲学逐渐被自然科学所代替,新成长起来的哲学不再是自然哲学,而是科学哲学,一门关于科学认识和科学知识的学问。

牛顿的“力”并不是自然界的“生长力”,而是对于自然事物的支配法则,这种支配权起初不言而喻地由上帝掌管,后来由康德还给了人——先验的、大写的人。这充分暴露了近代科学的真相,人支配自然的真相。《纯粹理性批判》出版(1781年)后10年,康德又出版了他的《判断力批判》。在这后一本书里,他提出“自然合目的性”概念,不再

❶ 吴国盛:《自然本体化之误》,第87页。

将自然视为一个只受因果性制约的机械体系。生命的合目的性原则重新出现在自然概念之中，这为即将到来的德国自然哲学开辟了道路。

第五节 德国自然哲学（naturphilosophie）

与启蒙运动高举牛顿的旗帜、传播牛顿的自然观相反，浪漫诗人一直对自然的失落表现得忧心忡忡，他们本能地看护着这个生命之源。在蒙田的《散文集》中，充满了对自然的赞美和对人工的贬低："让自然来驾驭我们的行动比让我们自己来驾驭自己的行动更为安全。自负的臆测使得我们倾向于把我们的本领归功于我们的力量，而不归功于自然慷慨的施舍。"席勒在《论朴素的诗和伤感的诗》中更有一段对自然诚挚的赞美和留恋：

"当我们为自己的自由而陶醉时，我们就已经离开了它，而把自己抛入了一个奇怪的世界。我们为这种平安的处境感到懊悔，当我们开始感受到了文明的辛酸时，我们马上就急切地渴望回到它那里去，而且，在我们被放逐于非自然的日常生活中时，我们都在怀着深厚的感情倾听我们母亲的声音。当我们仍然只是大自然的儿女时，我们既幸福又完美：现在我们自由了，但我们却失去了这两个优势。"

诗人的感伤并没有阻止世俗生活中自然的真正失落。但是，18世纪的后期，在德意志民族中成长起了一种与牛顿的自然哲学大异其趣且一欲争雄的新的自然哲学，它构成了对近代主流自然观的一次重大冲击。

德国自然哲学作为一次哲学运动，当然有许多浪漫派诗人参与推波助澜，但作为一种理论形态，是继承了德意志民族自己独特的哲学传统。这个传统可以概括为两个方面，第一是以帕拉塞尔苏斯为代表的有机论的、物活论的、泛灵论的、神秘主义的自然哲学传统，第二是以雅各·波墨为代表的辩证的泛神论哲学传统。

帕拉塞尔苏斯的自然巫术导致了作为主流的近代实验科学，但其神秘主义的、泛灵论的成分并没有被荡涤干净，依然在民间流传，且很有势力，在他的故乡德国尤其如此。这种传统将自然界看做一个活的有机体,每一部分都充满了活力,意欲有所作为。人与自然的交流是在一种神秘的气氛中进行的,人进入自然的生命之中,把握到它内在的气息。

这种早期自然巫术的残余观念本来不敢与金碧辉煌、光芒四射的牛顿科学相抗衡,但它一旦与德国的富于辩证色彩的哲学传统相结合,情况就不一样了。波墨这位对我们已十分陌生的人物,被黑格尔称做第一个德国哲学家,"由于有了他,德国才出现了具有独特风格的哲学"。"他的根本思想,是努力使一切事物保持在一个绝对的统一体中,这就是绝对的神圣的统一,一切对立在神中的联合……他的贯穿一切的唯一思想,就是在共相中把握神圣的三重性,在一切中把握神圣的三位一体,把万物看做神圣三位一体的显现和表露,这样,三位一体就是包罗一切、产生一切的原则。"❶这种原则蕴涵了后来被充分展现出来的联系的原则、发展的原则、对立统一的原则等辩证法的精神。

机械自然观本来就建立在一系列二元对立之上,克服这些二元对立成了近代哲学的一个根本任务,一元论者无论是唯物主义还是唯心主义的解决方案均有明显缺陷,而辩证法自然是另一种可供选择的道路。

康德青年时代关于天体起源与演化问题的研究就已经显示了一种辩证的自然概念的可能性。机械自然观将自然看成上帝的一个造物,这便引入了上帝(创造者)与自然(被造物)的二分,而且逻辑上必然存在着世界的开端问题,牛顿没有办法提出了"第一推动"的观点。但如果将自然本身看成是演化和发展的,开端问题就不必在创造者与被创造者的框架之内解决。

机械论的世界图景是一幅均匀等质的画面,一切差别均归于量。然而,展现在我们日常生活世界中的似乎处处是质上完全不同的两极的对立,德国思想家将之确立为"极性原理",以与机械图景的齐一性相对立。诗人歌德关于颜色的著名研究就基于这个"极性原理",他认为,颜色并不像牛顿所说的来自白光的分解,而是"光"与"暗"两极相互冲突、相互作用的结果。

❶ 黑格尔:《哲学史讲演录》中译本第四册,商务印书馆,1992 年,第 38 页。

极性原理被谢林作为他自然哲学的基本原理，自然被看成一个不断创造的生命机体，其内部包含着一种原始的两极对立和统一的趋势。正是这种对立而又统一的力量，展开了自然界无限多样的形态。

谢林的自然哲学产生了巨大的影响，一大批德国的青年科学家追随他，以一种联系的、发展的、对立统一的辩证眼光，去研究自然，并且也产生了一些重大的成果，著名的物理学工作有奥斯特发现电流的磁效应、李特尔发明蓄电池（这基于对电学与化学的统一性的认识）、西贝克发现温差电（这基于对电学与热学的统一性的认识）；至于在生命科学方面，其积极影响要更大一些。

谢林的自然哲学不久就遭到了厌弃。人类征服自然、改造自然的事业，正势如破竹地向前推进，没有人能不被这一历史洪流裹挟着，没有人能不被拖入这一伟大事业所设定的概念框架和思维定势之中。机械论已被证明对于支配自然是最有效的观念形式，比巫术有效得多，而德国自然哲学试图以根源于自然巫术的有机论来加入这一征服自然的历史性事业，并争得一席地位，结果肯定是徒劳的。谢林的自然哲学之兴隆一时，确有一些喜剧的色彩。

然而，黑格尔的自然哲学完全是个悲剧。他原以为自然哲学遭到厌弃只是因为谢林这样的生手弄得过于草率所致，所以他花了很大的功夫去钻研当时的自然科学，试图在此基础上将自然哲学建造得更精致一些，但他精致的自然哲学完完全全不合时宜，而且悲剧性十足。

黑格尔自然概念的基本特征是它的外在性，它不仅对精神是他在，而且是自身的他在，自然中的每一事物均相互外在，所以黑格尔说，外在性构成了自然的规定。这个自然概念是对时代精神的极大让步，同时也是对生命原则的极大背离。在这样一个框架内，怎能容得下有机体自然的生长过程？生命的原则若要强行塞进这个自然概念之中，必定是以扭曲的形式出现。

这种扭曲表现在，整体的原则、发展的原则被当做某种逻辑的必然的东西起着支配作用。自然虽然是一个整体，但这是一个逻辑结论，自然是发展的，但只是逻辑的过渡和推演。这就实际上否定了自然界的自律性、自组织性和真实的历史性，而历史性正是在那个时代逐渐突现出来的全新概念。

柯林武德非常替黑格尔惋惜，说他既不能抛弃当时的科学观念，又想自己创造点新的观念，结果两方面都没讨到好。还可以提到的是，“海德格尔嘲笑歌德去跟牛顿的物理学进行倒霉的讨论。在他看来，歌德还不能看出他自己的自然观念还是活动在对象性的范围内，活动在主客关系中，因而从根本上与物理学并无不同”❶。德国自然哲学的悲剧性全在于此。

德国自然哲学由于是一门“哲学”，是依然固守对象性思维方式的“形而上学”，所以无法摆脱对自然施行概念的网罗。相反，浪漫派诗人的许多作品却具有更强的生命力，更能胜任对“自然”（生命之本原）的追寻，荷尔德林的诗作被后期海德格尔反复吟咏、唱和，用以表达对失乐园的忧思，就说明了这一点。

德国自然哲学是对牛顿自然哲学（即近代科学）的一次不成功的进攻，其原因是多方面的。第一，正如柯林武德所说，自然科学的问题必须在自己的发展过程中、用自己的方法来解决，科学思想不允许提前使用，它只尊重那些通过科学方法得出的结果；第二，当时的社会历史条件，不允许人们对于科技时代人与自然之关系的本质，作彻底的反思。这两个方面在今天均已发生了很大的改变，自然哲学正在走向真正的复兴。

这次不成功的进攻所留下的影响，到今天仍能感觉到。举例说来，关于“自然哲学的复兴”的讨论每每被拉向由如下问题组成的陷阱中：在探究自然的奥秘方面，自然哲学如何能比自然科学更有所作为？如果不能，它在探究科学知识的本性方面能比科学哲学做得更好吗？如果不能，它究竟能做什么、要做什么？这就是陷阱：它已将自然安排为对象，将自然科学安排为对此对象的研究，将科学哲学安排为对此对象研究的研究。如果陷入这个陷阱，自然哲学当然就没有存在的根据。然而，自然哲学的复兴首先要破除这个陷阱：自然不是自然科学的对

❶ 宋祖良：《拯救地球和人类未来》，中国社会科学出版社，1993年，第88页。

象。这不是说自然尚未成为自然科学的对象，而是说，它永远逃避于对象性思维方式之外，它永远在科学的视野之外。自然哲学直接面向自然，无须任何中介。

第六节　自然概念的重建

牛顿的自然概念是机械论的，它与亚里士多德自然概念的对立集中反映在质还原为量，数学定律代替目的论趋向，实验和预测代替沉思和理解。正如前面已指出过的，这只是机械论与有机论之对立的一个方面，另一个方面即历史性与非历史性的对立。这在当时并未成为主导的方面，因为历史在希腊思想中也不是占主导地位的观念。而今，机械论与有机论对立的这一方面被大大突出出来，成了新自然概念的生长点。自18世纪后期以来，在自然科学内部形成了一股新的思潮，即重新发现时间，这指的是生物学、地质学中进化论的确立，物理科学中热力学不可逆定律的确立；与此相应，在社会思想领域，则出现了"进步"、"发展"的观念，它们共同形成了19世纪思想史上的所谓"时间的发现"❶。我认为，新的自然哲学必须充分意识到这一思潮的重要性。

近代科学独占鳌头的是数理科学，牛顿科学即是数理科学的典范之作，而数理科学则成了一切科学的典范。人们常常说，一门科学只有充分数学化了才算是一门科学；还说，只有出现了该门科学中的牛顿，这门科学才算是成熟了。1969年诺贝尔委员会决定设立诺贝尔经济学奖，其理由是，这门科学已经日益朝着数学的精确性方面发展，达到了一门科学所应具备的水平。这些已经成为常识的观念将科学等同于数理科学，将数理科学等同于牛顿科学，而这两个等同都是不正确的。

首先，将科学等同于数理科学者大大忽略了近代科学的另一股源流、另一个传统，这就是与数理实验科学传统相对立的博物学（自然史）传统，进化论正是这一传统的最高成就。与数理科学重视可控制的实验设计、重视普遍规律的数学表述不同，博物学重视搜集历史材

❶ 参见图尔敏的《时间的发现》（The Discovery of Time）。

料、重视亲缘关系和比较分类。在近代生命科学的发展中,实验生理学传统和博物学传统齐头并进,共同谱写生物学的历史篇章。但由于受数理科学的影响,实验生理学受到了人们的重视,而博物学则被认为科学性不强。诺贝尔奖中只有一个医学与生理学奖,并无生物学奖,此奖与博物学家无缘。

其次,将数理科学等同于牛顿科学则忽略了热力学在数理科学中的独特位置。牛顿力学是动力学,它给出运动的改变与力的作用的相关关系即动力学方程。这个方程是普适的,对于任何一个力学体系,只要知道了它的初始条件,便可以由方程算出它全部的运动轨迹,无论过去、现在还是未来。动力学有两个基本的特征,第一是运动方程对时间可反演,将方程中的时间 t 代之以 $-t$,则方程依然可以成立,这表明它所刻划的物理过程是可逆过程;第二是运动方程与初始条件的不相干性,也就是说,它们两者之间互不影响,运动方程是普遍适用的,是唯一的,而初始条件则有无穷的可能性。19 世纪诞生的热力学所揭示的恰恰是不可逆的物理过程的物理规律,其最著名的定律即热力学第二定律,也就是常常说的熵增定律。它表明,任何孤立的物理系统,其自然的演化结果是无序度越来越大,可用的能量越来越少,热量越来越均匀分布,温度越来越趋向平衡。热力学的不可逆性与动力学的可逆性是相互矛盾的,这对于那些牛顿科学时代的科学家们是一件很不舒服的事情。各门学科均在向牛顿力学还原、归化,以完成物理科学的统一,当时也有许多物理学家试图完成热力学向动力学的归约,最伟大的尝试是将概率引入热力学解释中,建立了统计力学。但是关于热力学第二定律的概率论解释不可避免地陷入主观主义,这使得第二定律被认为只是人们的主观幻觉而已,并不真实。

19 世纪末的统计物理学家们致力于将不可逆热力学建立在牛顿动力学的基础之上,但均没有成功,最后,彭加勒证明了,一个动力学体系经过一个适当的时间均会回到其最初的状态。这就是说,任何一个动力学过程均是循环的,而不是不可逆的。热力学不能归约为牛顿动力学。

如果我们破除了将科学等同于数理科学、将数理科学等同于牛顿力学的不正确观念，那么，就不应该认为自然概念的重建是对整个近代科学的对抗，它也可能是近代科学获得新生的哲学前提。

当代自然科学的世界图景事实上并不是完整的统一的，相反，它处于一种非常明显的分裂状态。我们至少有四种世界图景现在正处于并列状态[1]。按所描述的自然过程是否是时间性的可以分出两类，其中由量子物理学所表述的微观世界是无时间性的，这是第一种图景；在有时间性的自然过程中按向低熵发展还是向高熵发展又可分出两类，其中由热力学第二定律所表述的热力学过程是熵增（序减）的，这是第二种图景；在有时间性而且是熵减（序增）的过程中还可以按是否可预测分出两类：由现代宇宙学所表述的宇宙演化进程，属于有时间性的、熵减（序增）的且可以预测的自然过程，是为第三种图景；而由进化生物学所表述的生命世界的发展道路，属于有时间性的、熵减（序增）的且不可能预测的自然过程，是为第四种图景。存在科学和演化科学并立，共同孕育着新的自然概念。

无论自然科学将如何为自己开辟道路，它都必须对近代科学的形而上学基础有一个深刻的反省和批判。这个工作不仅对科学是重要的，而且对哲学同样重要，因为近代科学的世界观已经在很大程度上支配了现代人的生活世界，支配了现代心灵的悲喜忧欢。

我想，可以把由笛卡尔和培根肇始的近代自然概念概括为两个相互关联的方面：第一是自然的图像化，第二是人类支配自然的观念。这两个方面均是在重建自然概念之时必须加以仔细分析、考察的。

一、图像化自然概念及其限度

牛顿自然哲学将自然看成一个由力的数学定律支配着的物质体系，自然界丰富多样的质被归结为单一的量，而人则被看成是这个“巨大数学体系的微不足道的旁观者”，自然的数学化与人—自然的二元关系是牛顿自然概念的两大主要特征。

---

[1] 参见雷泽尔《创世论——统一现代物理·生命·思维科学》，河北教育出版社，1992年版。

在《自然本体化之误》中,我用“自然的图像化”来概括这两大特征(参见该书第一章第二节之二以及第二章第二节之三)。我认为,用“图像”一词来表征近代的自然概念非常恰当,因为“图像化”既意味着“对象化”,又意味着“空间化”(几何化、数学化):一幅图像首先作为一个既存的东西摆在我们的面前,是我们的对象,外在于我们,同时,它又是被创造出来的,图像、观者与画师正好对应于自然、认识者与上帝(或人类理性);其次,图像是静止的、空间化的,本身没有变化的动力,正好对应于牛顿的轨道化的、可逆的、非时间性的自然界。

不仅如此,“图像”一词还揭示了“对象化”与“空间化”之间的内在关联,为“自然本体化之误”的昭示提供了无可比拟的直观帮助。“空间化”也就是“外在化”,因为空间性本身就是外在性,处于空间中的事物相互外在,相互成为对象,空间性事物的基本关系就是外在关系,是对象关系,各自将自己摆在对方的面前,也将对方摆在自己面前,从这个意义上讲,对象化也就是空间化,“图像”的真正象征是“空间性”象征。

所谓时间的空间化不仅指时间成为空间的第四维,而主要是指时间被赋予外在性,时间中的事物像空间中的事物一样被认为相互外在,相互成为对象。在牛顿力学中,并非没有时间的概念,但它的概念是空间化的,是相互外在的事物的并存序列,在自然图像中,它是第四维空间,相对论只是在形式上确认了这一点。

空间性的自然图像将人类置于一个位置,这个位置与世界的其他部分相互外在,但是,它并不与世界整体相互外在,它是世界整体中的一部分,它属于世界,它本身是被图像化的。这就是进化的人类科学所得出的结论。然而,另一方面,自然的图像之所以可能,是因为它承认了自然图像对于人类认识者的外在性(图像之所以可能,是因为有在它之外的画师创作)。

于是,我们便有了两种外在性:认识主体对于自然图像的外在性,与自然图像中的人类对于图像中其他部分的外在性,而且后一种外在性依赖于前一种。

我们马上可以发现,这两种外在性是不相容的。可以得出两种可能的推论：

第一，如果我们确认自然图像的本体论地位，则认识主体自然应置于自然图像为人类所安排的位置之中，也就是将认识主体嵌入图像之中，这样，认识主体与自然图像之间的外在性就被打破了，认识主体不再外在于自然图像，而成为图像的一部分。而我们知道，这个外在性一旦被打破，则全部自然图像就成了无本之末、无源之水。自然（自然图像）本体化之误正在于此。

第二，如果我们确认认识主体与自然图像之外在性的优先地位，从而不把认识主体置于自然图像之中，而使人与自然处于一种绝对的对象性之中，则自然图像为人类所安置的位置变得毫无意义。自然图像关于人的论断是不真实的。在巨大的时空背景下，人只是宇宙之中沧海一粟的结论便不足挂齿。因为相反，而且由于人与自然绝对的外在，我们完全可以逻辑地推出一个非常惊人的结论：人并非宇宙之中一可有可无的东西，而是与宇宙共存；并非自然创造了人，倒是相反，是人构造了自然。

这就是图像化自然概念必然推出的两个可能结论：或者将自然图像本体化（赋予最高的实在性），则人不再可能作为认识主体，而自然图像也不再可能；或者将人与自然绝对地二分，则自然图像关于人的位置的断言全为虚妄。我在《自然本体化之误》中否定了前者，暗含地肯定了后者，现在看来，否定前者固然不错，但肯定后者则大有问题。从逻辑上讲，肯定后者乃是坚持图像化自然概念且否定自然图像本体化的必然结果❶，因此人与自然绝对二分的问题是由图像化自然概念带来的，我们对人与自然二分的质疑必定指向图像化自然概念的局限所在。

图像化自然概念的局限性始于人的因素的引入，在人的问题进入我们的视野之前，图像化作为一种控制实在的手段是十分有效的，因为空间性是那种将自己和盘托出、接受整体把握的东西。自然科学的有效性和力量证实了图像概念的价值。全部的麻烦来源于我们试图以图像化方式来解决人的问题，自然本体论之误在于将人置于自然图像之中。

---

❶ 其逻辑形式是$((p\rightarrow(q\vee r))\wedge(q))\rightarrow r$。

因此，要揭示图像概念的限度也必得从人的问题开始。人是一种生命的存在，有生有死；整个人类作为一个物种也是一种生命的存在，有始有终。人是一种生命，这大概是一个形而上学的终极事实，无法究诘。正因为此，我们无法相信由人与自然的绝对二分推出的惊人结论：人与宇宙共存和永生。我们必须承认不是人构造了自然，而是自然孕育了人类。

单纯的图像概念使人与自然陷于一种纯粹的空间性关系之中：人与自然之间绝对的外在，同时各自使自己成为静止和无生命的僵持着的东西。事实上，图像只是呈现于表面的东西，它依赖于"创造者"，创造者是它的本质，因此图像本身已经存在着一种至少是单向的流动性。《自然本体化之误》正是强调了这种单向流动性，而将主体的创造性置于本体的地位。这里可以看出自然图像概念的支配性：它不仅可以导致自然本体论，同样可以导致实践本体论。《自然本体化之误》因为既认定只有一种自然概念即由自然科学所提供的自然概念，又认定自然科学只可能有一种自然概念即图像化的自然概念，因而批评了自然本体论，但欲以实践本体论代之。

这两种认定当然值得深究。自然科学是否能摆脱图像化的自然概念？这个问题在本节的开头就有过一个暗示。古典数理科学显然是图像化的，新兴的数理科学比如研究复杂性、探索不可逆性的科学能摆脱传统为它预设的追求控制和预测自然现象的功能目标吗？我暂时找不到明确的答案。如果新科学还是数学化的、预测性的、普适性的，那么，新旧科学的区别就只是不同图景之间的区别，而并没有摆脱图像化概念本身。至于明显被《自然本体化之误》忽视了的进化科学❶，则有可能是摆脱图像化概念的一个途径，因为它是解释性的而非预测性的，它将人的认识活动汇入自然的进化之流中，而不是将认识活动独立于认识对象之外。

不仅自然科学尚有可能建立起非图像化的自然概念，而且也存在科学之外的自然概念。创造活动的本质不在于将自然高悬于我们生活世

❶ 我想，这大概是学数理科学出身的科学哲学家的共同弊病。

界之上(或之外),而在于使创造者融入自然之中,由空间性关系进入时间性关系,由纯粹的外在关系转变成内在关系。因此,问题不在否定这种理性的创造活动,而在应将创造活动看成人与自然由空间性关系向时间性关系过渡的中介。自然不再是我们所面对的东西,自然就在我们融入自然的同时进入了我们。自然即是生活世界的流动和生长。

自然不是单纯外在性的王国,这意味着它的确有时显现出外在性,而有时显现出内在性。星空宇宙难道不是外在于我们的天国吗?唯其如此,它才那样完美地遵循着数的规律,永恒地奏着天体的音乐。然而在我们生活的世界上,偶然性与必然性、随机性与决定性、有序的与混沌的、生长的与衰败的、进化的与退化的诸多事物与过程,交织在一起,纷然杂陈,汇成一股时间之流,我们根本无法一一地将它们图像化。这可能就是图像化概念的限度所在:它只对天国有效,而在人间则过于理想。

二、人类支配自然概念的限度

图像化自然概念的真正限度应该从人类支配自然概念的限度中找到。图像与支配具有某种同构性:它们均基于一个二分,主体与客体的二分,或者人与自然的二分。在这个二分的基础上,主体向客体加于图像,人向自然加于支配。同样,它们的限度也具有某种相似性:当图像被加于主体时,当支配加于人自身时,这些概念的极限出现了;当图像用于人及其生活世界本身时,图像失去效力;同样,当支配到达某一个程度时,支配者反成了被支配者,支配不再有效。

不仅如此,人类"支配"自然的先验基础是自然的图像化。真正的"支配"对象只能是缺乏自主性、唯有被动性的东西,当自然界被认为充满了神性和灵气的时候,真正的支配是不可能的。只有在自然被物化、被沦为被创造之物、丧失了独立性之后,它才可能在效用的意义上被充分支配。自然的物化抹掉了一切神性和诗意的光辉,被齐一化了,与此同时,理论科学的自然图像概念被建立起来。

人类大规模地支配自然是从工业化开始的,工业化的实质是将自然作为一个巨大的能量库和物质资源库,以供人类支配和利用。瓦特的蒸汽机作为一种万用动力机械,实现了将自然作为一个齐一的能量库的目标理想。从此，不再是顺从自然天然的能量转换，风车有风则转、水车无水不动的局面不再存在，自然开始在人类的支配下连续不断地供给能源。

热力学在工业革命中诞生，简直是一个神谕般的事件。热力学第一定律宣布了能量转化的普遍可能性，从而为工业革命奠定了理论基础，这是工业革命初始阶段牛顿动力学提供的自然图像。然而，几乎同时出现的热力学第二定律却宣布了能量转化并非普遍可能，而且断言，一切物质系统，一切作为孤立个体的物质系统，全都处在耗损、衰退的过程中。这意味着，如果自然被彻底物化，在理论上被视为物，从而在实践上当做物来处理，则自然将处于整体的衰败之中。

机械理论上无历史，但无历史的东西不可能是现实的，因为一切现实的均是有历史的。因此，牛顿动力学所描述的机械，只是一种理想图像，并非现实。任何现实的机械均有历史，只不过是退化的历史。任何物的东西，均有一个由新转旧的过程，任何机械都在磨损，最后无法使用而被废弃。因此，牛顿的世界并不是一个现实的（实在的）世界，而是一个理想世界。

在现实的世界中存在着进化的生命流向，也存在着退化的物质流向，它们相互交织，相互渗透。如果将现实世界齐一化（空间化）为牛顿的图像世界，则只能认为完成了一个抽象过程，而未渗透、进入真正的现实世界。

当世界观上的图像化被转化为人类支配自然的实践活动时，则一种大规模的机械行为指向了自然界，指向了现实的生命过程。时间之流被截断，成为横断的空间截面；生命经受机械的磨炼，退化成为物质。于是，生命之流改道加入了退化的历史的行列，自然的生长过程被破坏，而人，作为生命之流的一支，同样不知不觉地改道进入了退化的物质之流。这就是支配自然的后果：本来融汇于生命之流的人类，在“支配”的过程中脱离了生命之流，被非人化、被异化（在这个词的生物学意义上，异化即是被排除于生命体之外）、被“支配”。人类支配自然的结果是人类被支配：不仅一部分人被物化而成为另一部分人支配的对象（这大概不是近代才有的现象），而且人类整体上被逐去生命之流，在物质世界中随波逐流。

在这里，我不必具体地描述人类在当代所面临的能源危机和生态危机，已经有无数的文献可供阅读。这两大危机可能是诸多危机中最为严重的两个，其他的或从属于它们，或较为次要。能源危机关乎“发展”问题，生态危机关乎“生存”问题。当代世界有什么问题比“发展”和“生存”更为重要的呢？但我们确实应该看到，这两大危机均内在地根源于近代欧洲建立起来的图像化的世界观和人类支配、统治和征服自然的观念。能源危机的实质是人类机械行为对有机自然的损耗，而生态危机则表明人类整体上有被逐去生命之流的危险。

图像化自然概念的限度和人类支配自然观念的限度的确立，是我们重建自然概念的起点。限度同时意味着两件事情：在一定限度内的有效性与在此限度之外的无效性。近代科学造就了我们今天的生活世界，我们的生活已经离不开现代科学技术，这是它有效性的一面，但我们同时应当清醒地认识到科学已经和可能给我们带来的危害，从而保持一种批判的态度。这是当代社会面临的一种二难。人类是一种活的存在物（生命），因而从属于自然；同时，人类又是一种理性的存在物，因而总是将实在对象化，总是将对象纳入支配和控制的范围，这是人类面临的普遍的二难。我们应该如何处理这些根本的二难？

我们或者二中择一，或者宽容地同时接受二者。前者虽然彻底，但总是失于独断和偏激；后者中庸，但总是流于空洞。空间性思维方式为二难问题设置的先验答案是，或者二中择一，将一种颜色布满画面，而将另一种颜色暗淡下来；或者二者绝对外在、色调分明地并存着。也许，我们需要彻底破除空间性思维方式。我们需要将科学还原回到生活世界中，来考察它的有效性；我们需要将理性和意志作为一种生命形式来理解。

第三章

整体论自然观的兴起

20 世纪以来，在自然科学本身的革命性进展中，自然的观念实际上发生了巨变。在这些变化之中，整体论的兴起具有突出的意义。它特别地与系统科学、生态科学的出现相联系，可以成为河流伦理的自然观基础之一。

第一节　还原论与古典科学

整体论是与原子构成主义相对立的一种世界观。继承自希腊的数学理性传统，原子构成主义支配着近代科学的主流研究纲领。总的来看，“物质实体 + 形式法则”的模式是西方思维的核心特征，不仅表现在对自然界的构造上，而且表现在对人类社会运作模式的构思上。由自由的个人（原子）所组成的社会，得以保持其有序运作的唯一办法是制定某些规则，这些规则就是法律（Law），而 Law 既是人类社会中的“法律”，也是自然界的“定律”。对“规则”和“程序”的强调与个体自由的强调相辅相成，是西方民主体制不可或缺的两大要素。同样，对物质实体和自然规律的强调，是近代科学思想中一系列二元论的根本来源。物质与运动、空间与时间、惯性与力、实体与场、数学与物理等的二分对立，都在某种程度上来源于依赖于“原子”加“规则”的西方思维模式。

原子构成主义是实体主义和形式主义相结合的产物。早期希腊自然哲学提供了科学思想的两大传统，一是由泰勒斯开创的实体论的构成主义研究纲领，二是由毕达哥拉斯开创的结构论的形式主义研究纲领。泰勒斯的名言是“万物源于水”，这个平凡的说法中包含着科学思想的精髓。首先，它表现了对世界统一性的把握，其次，它指出了世界统一性的把握方式是找出其“始基”。在这个纲领之下，米利都学派分别找出了“水”、“气”作为万物由以构成的始基。阿那克西米尼不仅找到了“气”作为始基，而且发现了由这个东西去解释自然界各种事物的方式，即由气的“凝聚”和“稀释”产生出不同的事物。毕达哥拉斯学派自然哲学的问题不是“万物由什么组成”，而是“是什么使得万物彼此呈现出差别”。他们的答案也是肯定的：“是数学结构的不同导致了它们表观上的不同。”数量上的差异和几何结构上的差异在他们看来更具有哲学意义，是事物的本质，至于事物是由什么物质实体构成的则不重要。始基永远是均匀同一的，即使找到了也无法解释自然界中复杂多样的事物，而数学形式本身即具有无穷的样式，用它来解释万物不存在本质的困难，更具说服力。

米利都学派的实体主义和毕达哥拉斯学派的形式主义经过后来的发展，形成了相互支撑、相互制约的局面，希腊原子论只是这种局面的一个样本。原子论认为，世界由无数原子在无限虚空之中以各种各样的排列组合构成，我们经验中各种不同的物质就反映了它们不同的排列组合。近代以来，亚里士多德的四因说中的目的因和终极因被否弃，而质料因和动力因突出出来。其中的质料因具体为物质微粒，而动力因则成了“力”，一种微粒与微粒之间相互发生的关联，正是“力”将整个微粒世界结成一体，不至于一盘散沙。在古典力学中，“力”的作用服从方程所拟定的规则。

牛顿力学的方程是线性的微分方程，其“线性”意味着大尺度现象可以看成是小尺度现象的放大,其应用"微分"方程意味着整体等于部分之和。微分的意思是把一个对象无限地分割下去,微分方程表述的是把一个研究对象无限分割之后所找到的函数关系。牛顿力学能够以微分方程的方式出现,意味着对对象进行无限分割之后所得到的函数关系,也正是整个力学体系所具有的函数关系。一叶知秋,窥一斑而知全豹,这是牛顿力学的方法论准则。阿尔文·托夫勒生动形象地表述说:"在当代西方文明中得到最高发展的技巧之一就是拆零,即把问题分解成尽可能小的一些部分。我们非常擅长此技,以致我们竟时常忘记把这些细部重新装到一起。……在科学中,我们不仅习惯于把问题划分成许多细部,我们还常常用一种有用的技法把这些细部的每一个从其周围环境中孤立出来。这种技法就是我们常说的 ceteris paribus,即'设其他情况都相同'。这样一来,我们的问题与宇宙其余部分之间的复杂的相互作用,就可以不去过问了。"❶

的确,蕴涵在牛顿微分方程之中的方法论精神不仅包括拆大为小,还包括"孤立法",即不考虑与其余部分复杂的相互联系,孤立地分析本系统的受力情况从而分析运动状态。在高中时代,如何用简单的牛顿定律去解决复杂的力学问题,是每一个高中生面临的难题——这大概是他或她第一次碰到与生活世界相分裂的物理世界,并且要亲自把这个物理世界从生活世界中提炼出来,他们通常手足无措。大量的常识混杂在分析之中,因而难以建立一个纯正的物理世界。我个人的经验是,一个优秀的物理老师之所以优秀,就在于把孤立法这个牛顿科学的方法论准则显示给学生,使学生学会孤立的受力分析法。在受力分析完成之后,运用牛顿定律进行计算就非常简单了。

牛顿力学拆整为零的方法论对整个古典科学起了示范作用,把复杂的事物分解成简单事物的组合,把宏观的物理现象归结为微观现象的组合,成了近代科学一个占主导地位的方法论原则,这个原则通常称为还原论(reductionism)。

还原论具体表现在,力图将心理意识现象还原为大脑的生理机能,

---

❶ 普里戈金:《从混沌到有序》,曾庆宏等译,上海译文出版社,1987 年版,第 5 页。

把生命现象还原为物理和化学现象，把化学现象还原为原子和分子的运动与结构，把物理学还原为力学。简而言之，把人类所面临的一切问题都还原为科学问题。霍尔姆霍兹曾经说过："自然科学的最终目的是要发现所有变化下面的运动，以及它们的动力；那就是说，把全部自然科学分解成为力学。"这是还原论的宣言。从科学史上看，还原论的确产生了丰硕的成果。由于近代原子论的建立，化学的大部分都已经成了原子或分子物理的一部分；21 世纪分子生物学的发展，部分沟通了生命科学和物理科学。

还原论有过许多形式，有原子论的还原论，有机械还原论，有力学还原论，但总的原则是将某种不好处理的现象看成是某种好处理的现象的变种，以获得对本来不好理解的现象的理解。还原有强弱之分，强还原坚持还原即是完全归结完全等同，弱还原不坚持归结的完全性。自然界的现象林林总总、变化万千，还原方法几乎是人的认识所不可避免的，只要把科学的目标定在把握宇宙的统一性，而且相信这种统一性确实存在，那么就必定要用还原方法。爱因斯坦曾经说过："人们总是以适当的方式形成一个简化的和容易领悟的世界形象，一幅世界图像。"说明某种最基本意义上的还原论是不可避免的。

问题只在于：向哪里还原，以及还原是完全的还是不完全的。作为一个实际的科学家，他可能只关心向哪里还原而不关心还原是否完全，他也许认为能还原多少算多少，只要能工作起来、能增进知识，是否最终完全把握了对象的一切并不重要。每当一种还原方法开始投入使用时，使用者必定持有坚定的信念，相信该种还原论是完全的，而随着该方法大面积的使用，涉及越来越多的现象，暴露越来越多的问题，还原论才开始弱化，但不会取消。除非一种新的还原论兴起，取代从前的还原论。但还原论本身可能永远会是科学的方法，建立起一种还原论的说明模型是科学成熟的表现。

近代还原论纲领到了今天有所弱化，但不是全面弱化。其最核心的还原即质还原为量的纲领已成共识，根本没有弱化，相反，还在不断强化。在科学共同体看来，未能完成这一还原不是因为质不能还原为量，而是科学水平不够，科学之光尚未照亮这一领域。

近代还原论可以概称为机械还原论，但细分起来，机械还原论只是其最初的阶段，以笛卡尔为代表。第二阶段的还原论可称之为力学还原论，以牛顿为代表。第三阶段是物理还原论，主要反映在生命科学中。这三种还原论不是后一个否定前一个，而是更加精细化，基本思路是一致的。机械还原论在发展过程中，始终受到批评，但一直是占主流的，因为批评者提不出新的还原论纲领，或者提出的纲领无法与主流相抗衡，或者提出的纲领只是对机械论的改进，是一种新的机械还原论。

在物理科学（包括物理学、天文学、化学等）的发展过程中，机械还原论走的是不断修正的路子。牛顿力学建立之后，力学还原论一直占据着统治地位。牛顿力学本身巨大的成功使人们相信它就是自然科学的典范，只有建立了像牛顿力学那样的体系，一门学科才算是成熟了；只有出现了像牛顿那样的伟人，一门学科才有值得夸耀的地位。牛顿力学之后，物理科学里出现了一大批“力学”，最先是天体力学、热力学，再是电动力学。直到 19 世纪末，自然界中的各种物理现象，包括热、声、光、电都可以用力学方法加以说明。在世纪之交的物理学危机中，有两派就物理学的前途进行争论，其中一派是力学学派，另一派是批判学派。力学学派为古典的力学还原论辩护，批判学派则对旧的体系发起攻击。在物理学革命中诞生的相对论和量子论抛弃了古典的力学还原论，建立了新的力学还原论，即相对论力学和量子力学。相对论和量子论的“力学”之为力学，在于它们一是建立了普适方程，二是依然是原子主义的，虽然物理学的原子论受到一定程度的冲击，但数学的原子主义突出了，物理现象由从前的向微观粒子还原，变为向几个数学概念还原。相对论把物理学还原成张量方程，量子力学把物理学还原为波函数方程。总的来说，在物理科学中，原子主义的力学还原至今仍是卓有成效的。

在生命科学的发展过程中，机械还原论也一直是一条主线，但受到生物学自主论者的严重冲击，甚至形成了两军长期对垒的局面。机械还原论者的基本思想是把生物学看成与物理学同等无质的区别的学科，力图用物理学中比较成熟的研究纲领处理生物学问题。在近代早期，将人体与机械类比极为盛行，达·芬奇用静力学观点解释骨骼的杠杆作用,塞尔维特用水力学的观点解释人体内的血液循环,哈维则进一步在机械论的基础上建立了血液循环理论,笛卡尔本人特别对人体的机械构造作了详细描述,以致在唯物主义哲学家阵营里,人人都相信人是机器,法国哲学家拉美特利干脆写了一本书,名字就叫《人是机器》。随着物理科学的发展,生命科学中出现了生理学、生物化学、生物物理学、分子生物学。这些学科都力图运用机械的、力学的、原子主义的还原纲领,力图将生命现象在微观层次上加以解释。但由于生物学固有的特殊性,总有相当多的生物学家怀疑物理的还原论,坚持生物学的目的论解释、活力论解释、有机论解释、系统论解释等,所有这些在当代以同一个声音发出,即强调生物学的自主性。

20 世纪分子生物学取得巨大的成就后,机械还原论又极为深入人心,几乎所有的分子生物学家都主张物理基础主义的还原论。DNA 双螺旋结构的发现者之一克里克说:“事实上,当代生物学运动的最终目标是根据物理学和有机化学解释所有的生物学。”[1]在他们看来,物理还原纲领是真正有成效的生物学研究纲领,虽然现在仍有许多生命现象不能由物理化学方法得到说明,但这不是原则上的不可能,随着生命科学和物理科学的进一步发展,最终都可以得到彻底说明。另一方面,依然有许多生物学家坚持生物学不可能完全还原为物理化学。

总而言之,笛卡尔时代成形的机械的还原论在当代有所弱化,在物理科学中还原的具体方式发生了变化,在生命科学中物理还原论本身遭到非议,但依然是当代古典科学中占主导地位的研究纲领。

第二节　系统科学与整体论

真正对还原论构成冲击的,是系统科学在 21 世纪的成长壮大。所谓系统科学通常指的是在第二次世界大战之后兴起的控制论、信息论和系统论,20 世纪 60 年代以后出现的耗散结构论、协同学、突变论、超循环论等自组织理论,以及 80 年代以来日渐活跃的混沌学。这些学科

---

[1] F. Crick. Of Molecules and Men, Seattle: University of Washington Press, 1966, p. 10.

有一些像维特根斯坦所说的“家族相似性”，但并没有一个通行的名称概而称之，人们从不同的角度称它们是复杂性科学、非线性科学、整体性科学，我们权且称它们为系统科学。

第二次世界大战中，为了提高战时通信的效率和可靠性，许多科学家致力于研究通信技术及其理论问题。1948 年，美国应用数学家申农(C. E. Shannon)发表“通信的数学理论”，标志着信息论的诞生。申农首先把信息传输过程理想化，划分为五个部分，即信息源、发送器、信道(传输媒介)、接收机、信息接受者；其次，他提出信息量的量化概念，即把信息同熵联系起来；最后，他提出了信道定理，即信道容量是信道能够几乎无误差地传送信息的最大速度，在这个速度之内，信道原则上可以无限地降低噪声造成的误差。信息论的最重要贡献在于，把通信过程看成是一种信息的传输过程，而信息本质上是统计的，其量化形式与熵密切关联。申农的信道定理可以看成是热力学第二定律在通信问题中的特殊形式。美国物理学家布里渊(L. Brillouin)发展了信息与熵相联系的思想，在信息与熵等价的基础上提出了广义熵增定理，以此解释麦克斯韦妖❶。此后，信息论主要在通信工程领域发挥作用，而它对一般系统科学的贡献则是提出了与热力学相关的信息概念。

也是与第二次世界大战中弹道计算的要求相联系，控制论在美国科学家维纳手里被创立出来。维纳当时正从事防空火力自动控制装置的研究，对系统通过信息交换和处理进行控制的机制深有领悟。当时他与工程师别格罗合作，研究高射炮自动瞄准问题。他们仔细分析了飞行员与高射炮手的目的性行为，并力图采用技术手段进行机械模拟，

---

❶ 麦克斯韦妖是麦克斯韦假想的不耗费能量而在分子层次上制造秩序的小精灵，他可以使热力学第二定律失效。设一箱气体分子被一隔板隔成 A、B 两段，其中 A 段分子平均速度大，因此宏观温度高；B 段分子平均速度小，则宏观温度低。麦克斯韦设想的小妖能够判别分子的速度大小，并能根据速度大小来开闭无质量的隔板，以使 B 段的高速分子进入 A 段，使 A 段的低速分子进入 B 段。结果是，A 段分子平均速度越来越大，B 段平均速度越来越小。提高了该箱分子的有序度，实现了熵减。实际上，麦克斯韦妖为了完成他的使命需要耗费能量和信息，生成正熵。总起来，由麦克斯韦妖和这箱气体共同构成的系统依然遵循热力学第二定律。

以实现自动跟踪。在这些研究活动中，他抓住了自动控制过程中的两个核心概念即“信息”和“反馈”的概念，构造了控制论的基本框架。

信息概念引入预测过程，表明了一种革命性的转变。维纳在1948年出版的《控制论》一书的第一章，就富有启发性地提出了“牛顿时间”与“柏格森时间”的区别，以及天文学与气象学的区别。前者是确定的、决定论的、可精确预测的、可逆的，而后者是不确定的、非决定论的、不可精确预测的、不可逆的。关键问题是，从前后者只被看成是前者的补充，不具有决定性意义，而在维纳这里，后者第一次以一种无法回避的、成为主要关注焦点的面目出现。维纳写道：“我们是受时间支配的，我们跟未来的关系和我们跟过去的关系并不相同。我们的一切问题都被这种不对称性制约着，我们对这些问题的全部答案也同样受着这种约束。”[1]他承认，明确这一点对我们理解通信问题非常关键，因为“能够与我们通信的任何世界，其时间方向和我们相同”[2]。由于时间性的引入，偶然性最早在通信和控制的问题中，成为科学研究的主要对象。

防空火炮的自动控制需要解决两个问题。首先是瞄准提前量的预测和计算，这涉及通信，导致维纳提出了“信息”概念；其次是自动调整偏差，这涉及控制作用，维纳提出了“负反馈”的概念。这个概念并非维纳首创，早在蒸汽机时代的速度调控器就运用了负反馈的原理，而1868年麦克斯韦更对该原理进行过理论上的探讨。但维纳的贡献在于，把反馈过程在控制中的作用普遍化，指出任何一个有效的行为都必须通过反馈过程来取得信息，从而判定自身是否达到了预定的目标。

维纳并没有把控制过程局限在自动机领域，他意识到，以信息和反馈为基本机制的控制过程，不仅可以用来描述自动机，大概也可以用于神经系统以及更大范围的其他领域。整个20世纪40年代，控制论的思想先是在脑神经生理学领域，再是计算机科学领域，直至最后，蔓延到了心理学、生理解剖学、人类学和经济学领域。这些不同领域的科学家们相互交流，对他们从事的事业有了基本的认同。1948年维纳的

---

❶ 维纳：《控制论》，郝季仁译，科学出版社，1962年版，第33页。

❷ 维纳：《控制论》，第35页。

《控制论》一书宣告了这门学科的诞生。

反馈问题的研究把原来为生命系统独有的行为目的性普遍化了,控制论学者们在许多控制论有效的非生命科学领域中发现了这种目的性,使被近代科学否定掉的亚里士多德四因说中的目的因,又以某种形式复活了。

信息论与控制论把一类特殊的对象即通信和控制问题提上了科学研究的主战场位置,系统论则从更加广泛的角度,展开了更加广阔的问题空间。这就是,把系统及其“复杂性”突出出来,与古典科学对“简单性”的寻求与解决,形成鲜明的对照。

系统论有两个来源。一个来源是与具体的管理工作相联系的系统工程,与之相关的学科有归之于运筹学之下的线性规划、非线性规划、对策论、排队论、搜索论、库存论、决策论和统筹论等,它们都直接地来源于并服务于大企业管理和大工程管理。系统工程强调系统的整体目标,并围绕实现整体目标的最优化来配置和管理系统各部分的运作。这里最重要的思想是,整体高于部分,部分受整体的支配,服从整体的目标,整体不简单是部分的线性相加。

另一个来源是关于系统一般原则和规律的一般系统论研究,其主要代表人物是奥地利血统的美国生物学家贝塔朗菲(1901 ~ 1971)。贝塔朗菲的系统论最早来自他的生物有机论。在解释生命这种神奇的现象时,向来有两种观点。一种是机械论,试图用还原论将生命还原到物理化学甚至力学层次。另一种是活力论,主张生命有某种科学无法解释的神秘因素在起作用。机械论解释不能令贝塔朗菲满意,因为它取消了生命的特质;活力论也不能令贝塔朗菲满意,因为他毕竟是一位科学家,在一种科学的解释中乞求于非科学的神秘因素只表现了科学上的无能。在他 1928 年出版的《现代发展理论》和 1932 年出版的《理论生物学》中,贝塔朗菲提出了比较系统的有机论思想,即把生命看成是一个既具有高度的自主性,又与外界交换物质和能量的开放系统。他强调生命的整体性、动态过程性、能动性和组织等级性。生物系统论的思想已初步具备。此后的战争年代,贝塔朗菲把生物系统论推广到一般系统论,但他的新思想没有引起注意。1948 年,他出版了《生命问题》一书，系统地论述了他的一般系统论，宣告了这个新理论的诞生。

虽说一般系统论力图概括包括生命系统在内的所有系统的一般规律，但贝塔朗菲所依据的依然是生命系统的那些不可归约和还原的突出特征，而他居然能够把生命系统论推广到一般系统论，也就表明他意识到，生命的那些不可还原的特征无处不在，是具有普遍意义的，这些特征是代谢、生长、发育、繁殖、自主性活动——贝塔朗菲将它们均看成是自我调节的稳态活动，而生命系统是本质上能自主活动的系统。

诚然，贝塔朗菲的系统论更多的是一种哲学思想，尚未定量化、可操作化，因而它的影响就比不上控制论和信息论，也比不上那些具体的系统工程。但是，作为对传统世界图景的一个重大修正，系统论第一次试图把整体论作为哲学原则加以科学的实施，其目标是要建立"整体论"的科学。贝塔朗菲本人把一般系统论看成是"一种整体的逻辑数学科学"。系统哲学家拉兹洛在《用系统论的观点看世界》中对这种新的科学有如下的述说："当代科学拿这种复杂情况怎么办呢？它提供了一种解决办法。这是另外一种对事情真实状态进行简化的办法，但这种办法能更充分地把握事态的复杂性：那就是把这种复杂情况当做结合在一起的一整块来考虑。"[1]系统科学力图恢复世界真实的复杂性，但科学总是要简化，系统科学是科学，同样也要简化。

系统科学所力图凸显的"整体性"，用通俗的话来说，就是所谓"整体大于部分之和"，系统整体上凸显出了某些为它们的组成部分所不具有的特征，这些新的特征决不是通过对组成部分的分析可以得出的。我们身体中的细胞大约7年之后就全部换过一遍，但我依旧还是我，使我得以保持我之同一性的不是构成我的细胞，而是我的身体系统整体性的东西。一个国家大概100年，它的人民就会全部更换，但这个国家依然是这个国家，在这里起同一作用的是国家系统整体性的东西。这个意义上的整体性，在物质世界的各个层次上，包括无机界、有机界直至人类社会，都可以或多或少地找到。

[1] 拉兹洛：《用系统论的观点看世界》，闵家胤译，中国社会科学出版社，1985年版，第4、5页。

系统科学所凸现的“整体性”的另一方面是系统自我保持、自我修复的稳定性，这种稳定状态，贝塔朗菲曾经称它是“稳态”。这样的稳定性依赖于系统的开放性，因为唯有系统与外界进行物质和能量的交换行为，才能保持这样的稳定性。

控制论、信息论和系统论这三门大致在第二次世界大战结束后形成的学科，实际上有强烈的家族相似性，即都以系统中的信息问题为主要研究对象。它们的突出特征是与具体的工程技术问题联系密切，因而有着广泛的实际用途，其影响也来源于此。它们在理论上的成就是，在由“还原论”科学向着“整体论”科学的道路上迈出了一大步，虽然它们中走得最远的“一般系统论”并不是影响最大的。也许正是由于它们与具体的工程问题联系过于紧密，影响了它们在一般世界观意义上发挥作用。中国学术界通常有所谓“老三论”、“新三论”之说，老三论指的正是控制论、信息论和系统论。说它们“老”，除了指时间上在先，也指它们在走向“整体论”的道路上还走得不太远。

新三论是耗散结构论、突变论和协同学，后来有人也把“超循环理论”添加进来，组成系统科学的新生代。新生代的系统科学群朝着“整体论”方向走得更远，理论成就也更大。它们的共同特征是，不仅指出了系统的整体性，而且将这种整体性予以动力学的表述——如果说老三论更多地强调了系统静态的整体性，那么新三论则强调这种整体性的动态方面，因而在基础理论层面上更富有成果。新三论突出了系统的“自组织”能力，发展出了在或大或小范围内有效的自组织动力学。这种动力学假定，当系统满足如下三个条件时就会出现系统的自我组织、自我维护、自我修复、自我复制和自我更新现象，这三个条件是：第一它是开放系统，第二它远离平衡态，第三它内部各要素之间非线性的相互作用。对一个封闭系统而言，热力学第二定律确认它必定走向无序和混乱，因此唯有系统开放，从外界引进负熵流以抵消系统内部的熵增，才有可能出现有序结构；开放系统还必须远离平衡态，对于近平衡态的系统，它的必然趋势是回到平衡态，在这里自组织机制难以发挥作用；远离平衡态的系统最终能够出现高度有序的结构，原因在于非线性作用给出了多种多样发展的可能性和分支，其中就存在高度有序的分支，这些有序分支通过随机涨落被选择出来。

普里戈金领导的布鲁塞尔学派经过近 20 年的努力，终于在 1969 年推出了“耗散结构”理论（dissipative structure theory）。该理论认为，一个远离平衡态的开放系统，当其变化达到一定的阈值，通过涨落有可能发生突变，由原来的混沌无序状态，转变为一种在空间上、时间上或功能上的有序状态和有组织结构。这种结构由于需要与外界交换物质和能量才能够维持，所以被称做“耗散结构”。导致由混沌到有序的，是极度的非平衡，是随机涨落。耗散结构理论把发展的方向性、系统的复杂性、演化的不确定性所有这些整体性特征，整合进了一个完整的动力学模型之中。

普里戈金的模型最先在化学系统的研究中取得成果，并使他本人获得 1977 年度诺贝尔化学奖。大概在普里戈金获奖的同一年，德国理论物理学家哈肯（Hermenn Hacken）系统而全面地提出了协同学（Synergetics）理论，从另一个角度解释系统的自组织行为，即系统的自组织是由于子系统之间的协同运动造成的，而协同学就是给出这种协同运动的条件和规律，从而为自组织提供理论依据。

哈肯 1927 年生于德国莱比锡，毕业于爱尔兰根大学，24 岁以群论方面的论文取得数学博士学位，1956 年在爱尔兰根大学任数学讲师，1960 年成为斯图加特大学理论物理学教授。1959 ~ 1960 年因担任美国贝尔实验室顾问而参与了世界上第一台激光器的研制工作，哈肯从激光现象得到启发开始研究远离平衡的物理相变问题，因为激光正是系统在远离平衡时出现的典型的非平衡相变。通过分析和比较多领域的非平衡相变问题，哈肯确信可以建立一门统一的学科，来阐述处理非平衡相变问题的统一方案。1971 年，哈肯发表《协同学：一门协作的学说》，给出了协同学的主要概念构架。1977 年，哈肯出版了《协同学导论》，全面推出了协同学的理论体系。此后，哈肯致力于协同学的应用研究，研制协同计算机。

协同学认为，任何系统的子系统都同时存在两种运动倾向，第一是无规则运动，它通常导致系统走上无序的道路；第二是由于子系统之间的关联引起的协调运动，它导致宏观有序，不同的协同运动导致不同的宏观结构。这两种运动倾向同时存在,如果前者占上风,则系统表现出均匀的无序状态;如果后者占上风,则系统会在某一个关节点上突然表现出高度有序的结构。这两种运动的此消彼长,受制于外界环境条件的改变。因此,协同学把这些决定着系统相变的环境条件称做控制参量。随着控制参量量上的变化,系统则会发生由无序到有序的质的转变。协同学就是研究这种变化的动力学。

贝塔朗菲已经指出,系统科学的任务就在于揭示"整体大于部分之和"那多出来的东西,它是什么,是如何出来的。他也提出了"突现"(emergence)的概念,以说明这种多出来的东西的发生方式。新三论致力于以动力学的语言描述这些突现过程,耗散结构论在化学领域,协同学在物理学领域均做出了卓有成效的工作,突变论则是法国数学家勒内·托姆(Rene Thom, 1923~)在数学领域里的贡献。

凡人皆知,哲学上有所谓"量变引起质变"的命题,但刻画这些变化的机制的科学理论只是到了20世纪70年代才出现,突变论就是这样的数学理论。托姆1951年获巴黎大学国家博士学位,1958年获国际最高数学奖——四年一度的菲尔兹大奖。托姆从60年代开始研究突变现象,1968年发表第一篇论文"生物学中的拓扑模型",1972年出版《结构稳定性和形态发生学》,系统地论述了突变理论。

从前的数学分析以及用微分方程表述的理论物理学,处理的都是连续和光滑的情况。对不连续和突变现象的研究不在传统数学的视野之内,个别数学家就奇点和奇性的研究也没有引起数学界的注意和重视。托姆注意到微分拓扑学领域关于奇点研究已取得的成果与生物形态分类学有密切的关系,从这个角度切入,发展出了突变理论。突变论提出后引起了很大的反响,20世纪70年代中期开始,曾经一度出现所谓的"突变热",有人甚至认为它是"自牛顿发明微积分以来数学史上最大的成就",还有人认为它是"说明参数的连续改变怎样会引起不连续现象的第一种理论"。不久,有的科学家提出批评,突变热开始降温,但突变理论的应用部分所取得的成果还是被人们所接受,一些被突变论所深化了的概念如"奇点"、"临界点"、"分叉"等被人们继续使用。

也是从20世纪70年代开始，德国生物物理化学家曼弗雷德·艾根（Manfred Eigen, 1927 ~）提出超循环理论，以解释生命起源问题，即生命如何从物理和化学的层次突现出来的问题。超循环论认为，在化学进化之后，存在一个生物大分子的自组织进化。在这个进化过程中，原始的蛋白质和核酸之间的相互作用形成了某种超循环组织，这种超循环组织能够稳定地、协同整合地朝着自我优化的方向进化。艾根认为，这个超循环的自组织进化阶段，是理解自然界由化学进化过渡到生物学进化的关键。

所谓超循环，是相对于在化学反应中普遍存在的循环反应而言的。在通常的循环反应中，催化剂与反应底物相结合生成产物和催化剂，形成了催化剂的自我再生。如果这样的循环反应本身就构成了某种催化剂，那么就可以形成更高层次的催化循环。而超循环，就是比催化循环再高一个层次的循环，即把催化循环本身作为催化剂的超级循环。超循环具备自我复制能力，而且作为一个整体具备自我选择的能力。艾肯揭示出，超循环可以作为生物大分子的一般模式，由它的种种高阶形式可以解释由化学过程向生命过程的种种突变现象。

超循环对生命必然发生的解释引起了国际学术界的不同反响。主张生命纯属偶然事件的法国生物学家莫诺对此不以为然。有的科学家认为，艾根的理论只涉及“复制”问题，只相当于生命起源的“软件”层次，并没有涉及生命起源的“硬件”层次即“代谢”问题。艾肯及其同事尚在继续他们的研究。

系统科学的新生代大多在20世纪50、60年代酝酿，于70年代提出，显示了这个研究方向的大趋势。他们分别在数学（托姆的突变论）、物理学（哈肯的协同学）、化学（普里戈金的耗散结构论）、生物学（艾根的超循环论）上有为科学共同体所认可的建树。但是，从70年代末开始，致力于探索复杂性、非线性和整体性的科学家们，几乎又被另一个新的领域所吸引，这就是混沌学。

正像新生代的系统科学注重系统整体性的“自组织”的方面，在解释“整体突现”的机制方面下了许多工夫，混沌学则抓住了系统整体性的“随机”的方面，研究偶然性、无规则性、不可预测性背后的非线性动力系统的确定性规律。来自各门学科的混沌研究者们，从各自的领域都发现了“混沌现象”，即服从确定性规则的非周期性的随机现象。这里既有心脏的运动、昆虫数目的更迭、股票价格的涨落，也有电路噪声、云的形状、闪电的路径、行星的轨道、地震、气象的“蝴蝶效应”。它们来自流行病学、种群生物学、生理学、电学、天文学、气象学和经济学等领域。

混沌是非线性造成的，气象学家洛伦兹在保留非线性的前提下将模型简化到只剩下三个变量，混沌依然能够出现。混沌来自确定性的规则，是由确定性导致的随机性，对一个非常简单的非线性方程进行迭代，就能得出混沌。混沌局部的不稳定性是与整体的稳定性相适应的。混沌学家们普遍认为，混沌是普遍存在的而非特异的，相反，倒是古典力学所给出的情况是十分少见的理想状态，对混沌的研究将导致世界图景的改观。

半个多世纪的系统科学发起的整体论运动并非结束，毋宁说正在开始。因此，对这一运动的走向还不能说得十分清楚。非线性既导致自组织，也导致混沌。何时出现自组织，何时出现混沌，这两者是什么关系？所有这些问题提示着，非线性科学、复杂性科学，或者说系统科学需要一个新的概念框架，以整合在多个领域、多个战场奋力开拓的系统科学大军。

1984 年，包括诺贝尔物理奖获得者盖尔曼、安德森，诺贝尔经济学奖获得者阿罗在内的一批大科学家，在美国成立了圣塔菲研究所(Santa Fe Institute)，试图建立一元化的复杂系统科学理论，整合系统科学半个多世纪的发展。他们提出的重要概念就是系统的“突现性”。这个概念早就被贝塔朗菲提出过，但经过半个多世纪的发展，这一概念的内涵已经非常丰富。人们可以规定整体突现的不同程度和水平。如果说控制论和运筹学处理的是简单大系统，那么协同学等自组织理论所处理的就是简单巨系统，但真正复杂的巨系统的研究还没有十分明显的成果。圣塔菲研究所的学者们在经过 10 年努力之后，居然有“从复杂性走向困惑”的感叹。

第三节　量子力学与整体论

正如古典科学内部同时浮现“时间之矢”一样，古典科学内部也出现了“整体论”因素，这特别表现在量子力学中。与系统科学所涉及的宏观领域不同，量子力学在最微观的领域，逐步巩固了整体论的基础地位。

量子力学发端于唯象描述，即对铺天盖地而来的新奇的实验观测结果进行描述和概括，从两个不同的方式分别出现了薛定格的波动力学和海森伯的矩阵力学。薛定格以德布洛意的物质波概念为基础，海森伯则以可观察量为基础。这两个看起来完全不同的理论体系都很好地解决了量子理论所碰到的难题，后来证明波动力学和矩阵力学在数学上是等价的。形式上统一了的量子力学数学体系开始面临着物理解释问题，因为当初都只是唯象描述，理论体系中新引入的概念需要予以物理解释，赋予物理意义。比如，波函数、算符究竟意味着什么？微观领域的粒子究竟有没有定域性？等等。

以尼尔斯·玻尔为首的哥本哈根学派，整合了以物质的波动图像为基础的波动力学和以物质的粒子图像为基础的矩阵力学，提出了波函数的统计解释（玻恩）、测不准原理（海森伯）和互补原理（玻尔），形成了对量子力学的系统解释。由于哥本哈根学派在量子力学创造过程中发挥了巨大的作用和影响，他们的解释通常被称为正统解释。

正统解释的核心是确立了量子领域的波粒二象性，即经典意义上的粒子和经典意义上的波各自都不再能独立地描述量子行为，而应该把它们以互补的方式组合在一起，共同描述量子图景。哥本哈根学派提出的许多原理、解释，均从各个不同的角度阐明波粒二象性。玻尔的互补原理旨在克服这种“二象性”与经典图景“一象性”的矛盾之处。他说：“互补一词的意义是：一些经典概念的任何确定应用，将排除另一些经典概念的同时应用，而这另一些经典概念在另一种条件下却是阐明现象所同样不可缺少的。"❶玻姆在《量子理论》中这样概述:"从量子尺度看,任何客体最一般的物理性质都必须用成对的互补变量来表示,其中每个变量仅仅以相应地减小另一变量的确定程度为代价才能成为比较确定的。"❷这种确定程度的代价以海森伯的测不准原理来定量地刻画。测不准原理表明,位置测量和动量测量不可能同时有完全确定的值,它们各自不确定量的乘积大于某一些常数,这意味着如果一个量完全确定,另一个量就完全不确定。这种不确定关系表现在任何一对正则共轭变量之间,如动量与位置、能量与时间。玻尔认为,不确定关系是人们不得不使用经典描述所必须付出的代价。

正统解释所给出的世界图景的突出特点之一是,在微观领域引入了概率随机性。玻恩对波函数的几率解释,是对波粒二象性的一个物理描述。玻恩认为,波函数是用来描述量子客体在某一给定位置的几率,它所给出的数学描述与量子客体的物理行为并不直接对应,而是统计对应。玻恩的几率波解释澄清了波粒二象性中"波"的含义,即它不是经典意义上的三维实在波,而是多维位形空间中的几率波。测不准原理和几率波解释也同时澄清了波粒二象性中"粒子"的含义,即它不是经典意义上拥有精确位置和轨道的粒子,而是处在不完全确定状态。光在通过小孔发生衍射时,光是作为波起作用的;类似的,电子通过狭缝后,打在对面的屏幕上,其位置并不是确定的,而是几率分布的。

正统解释所给出的世界图景的突出特点之二是,量子现象的整体性以及伴随而来的主客体分界的模糊性。由于量子力学直接建立在实验观测结果之上,而实验观测又依赖于测量仪器以及测量程序的选择和安排,并不只是一个独立不依的客体世界的不走样的反应,因此量子力学所提供的世界图景原则上无法排除观察主体的作用。它所展示的是一幅主体和客体相互交融、相互作用的图景,"在存在的这出伟大戏剧中,我们既是观众又是演员"(玻尔语)。

正统解释极大地动摇了古典科学的传统概念框架和思想方法,引

❶ 玻尔:《原子论和自然的描述》,商务印书馆,1964 年版,第 40、41 页。

❷ 玻姆:《量子理论》,商务印书馆,1982 年版,第 190 页。

起了许多争论，其中最有影响的是爱因斯坦与玻尔之间就量子力学是否完备所发生的争论。爱因斯坦本来也是量子论的创始人之一，但他却对量子理论后来的发展以及哥本哈根学派的解释不满。对于正统解释所给出的量子世界图景的两大突出特征——概率随机性、量子整体性，爱因斯坦都持异议。爱因斯坦坚决认定，科学的目的在于发现隐藏在自然界背后的确定性的规律，上帝不是赌徒，不会掷骰子。因此，只给出了统计规律的量子力学，肯定是不完备的。玻尔与爱因斯坦所进行的争论，被科学史家称为“物理学史上伟大的科学论战之一，也许只有 18 世纪初的牛顿—莱布尼兹论战才能与之比拟”（雅默语）。

1927 年，在布鲁塞尔索尔维研究所召开的第五次索尔维会议（由比利时化工实业家索尔维资助，自 1911 年以来每 3 年举行一次）上，爱因斯坦与玻尔发生了激动人心的争论。爱因斯坦想出了一个理想实验，试图证明所谓的量子力学不确定性关系（测不准原理）是可以被打破的。理想实验是这样的，通过屏幕上一条狭缝的电子（或光子），随后通过有着两条狭缝的第二个屏幕，最后落在一个照相底片上。由于电子（或光子）在量子领域的波动性质，传向第二个屏幕的电子将作为波列离开这个屏幕，并互相干涉，在照相底片上形成干涉图样即明暗条纹。自然，这个条纹是由电子打在底片上形成的点造成的，这体现了电子的粒子性；这些条纹是按照波动的规律分布的，这体现了电子的波动性。以上这些说法是爱因斯坦和玻尔两人都同意的。现在，爱因斯坦的设想是，调整第一个屏幕的狭缝使其充分的小，以致只有一个电子打向第二个屏幕，这个电子作为一个粒子，或者通过上缝，或者通过下缝。它在通过上（下）缝时会对屏幕有一个轻微有向上（下）的反冲，通过测量电子传给屏幕的这一动量，再加上对底片上衍射图样的分析，我们知道了该电子通过狭缝时的动量的情况，同时，通过测量电子传给屏幕的动量是向上还是向下，我们还可以知道电子究竟是通过上缝还是下缝——这样电子的位置也清楚了。爱因斯坦认为，这样就可以打破海森伯的不确定关系。

会议期间一次早饭后，爱因斯坦把这个理想实验交给了玻尔。当天傍晚，玻尔就准备好了答案。玻尔说，考虑到第二个屏幕的量子性质,同时测定它的动量和位置是不可能的。我们的精度要达到能够测量出电子是通过上面还是下面的狭缝,狭缝的位置就存在一个相应的不确定量,而这一不确定量足以使底片上的衍射图样面目全非。

看起来量子力学在逻辑上是无矛盾的,爱因斯坦没有话说,只好把争论的话题引到哲学层面。他无奈地说:“你们真的相信全能的上帝只会掷骰子吗?”据说玻尔风趣地回答说:“指导上帝如何管理世界那可不是咱们的任务。”时间到了1930年,下一次索尔维会议的时候。爱因斯坦又带来了一个新的理想实验,向玻尔们挑战。这个实验装置是一个封闭的箱子,一个面上装有一个快门,快门由一个定时装置控制,定时装置的时钟与盒外的时钟已经对准。箱子里面有一定的辐射,快门打开时就会有一个光子放出去,一秒钟之后打在离箱子30万公里处的照相底片上。把箱子挂在弹簧秤上,可以称出因光子的跑出所减少的重量。这个箱子后来常被称为爱因斯坦光子箱。爱因斯坦说,按照你们的测不准关系,能量和时间不可能同时测准,但在我这个理想实验中,跑出一个光子的时间以及这个光子的能量(通过质能关系由质量的减少来测定)是可以同时精确测定的。

这个新的理想实验更加精致,而且用上了爱因斯坦本人的相对论。据说玻尔思考了很长的时间,为此度过了一个不眠之夜,但最终他还是给出了答案。这个答案非常巧妙,他用其人之道还治其人之身,即用爱因斯坦的相对论来驳斥爱因斯坦的这个理想实验。玻尔说,回答这个问题的关键在于这个盒子是处在(地球)引力场中,因为只有在引力场中,才有可能根据弹簧秤的变化(重力的变化)测出质量的变化。按照相对论,处在引力场中的时钟,其走时依赖它在引力场中所处的位置。当从快门飞出一个光子时,盒子在引力场中的位置发生了变化,因而就影响了盒子内时钟的(相对于外部时钟的)准确性。在这里,飞出多少光子的测定与时间的测定不可能同时准确。

爱因斯坦又一次不得不表示同意,理想实验并没有难倒玻尔,他开始相信玻尔在逻辑上是自洽的。不过,他怀疑量子力学是否是完备的。逻辑一致性与完备性不是一回事,从前爱因斯坦都想证明量子力学在逻辑上是不一致的,但他承认失败了。1935年,爱因斯坦与波多尔斯基(Podolsky)、罗森(Rosen)合作发表了《能认为量子力学对物理实在的描述是完备的吗?》,提出了以他们姓氏的第一个字母合称的 EPR 论证,表明量子力学对物理实在的描述是不完备的。论证由四部分组成:

第一,定义完备性。所谓一个物理理论的完备性指的是,它的必要条件是,物理实在的每一要素在物理理论中都有其对应物(完备性判据)。所谓物理实在指的是,它的充分条件是,如果在物理系统未受任何干扰的情况下,我们能够确切地预言一个物理量的值,那么对应于这个物理量存在着物理实在的一个要素(实在性判据)。

第二,描述量子力学的一般特征。对量子力学而言,两个由不可对易算符代表的物理量(比如位置和动量、能量和时间等)中,对其中一个的精确知识,将排除对另一个的精确知识。如果这两个物理量都对应着一个物理实在,那么,基于波函数描述的量子力学是不完备的,否则的话,这两个物理量不可能同时是实在的。这是一个非此即彼的推理:或者量子力学是不完备的,或者这两个物理量不可能同时实在。

第三,对一个特例的应用。考虑一个由 A、B 两个粒子组成的系统,这两个粒子开始相互作用着一段时间,此后,各奔东西,不相往来。按照量子力学,在它们分开后,只需对其中的 A 粒子进行测量(比如动量),就能准确测算出 B 粒子的动量,而无须对之做任何干扰。或者测量 A 粒子的位置,就能准确测算出 B 粒子的位置。很显然,前一种情况下的动量和后一种情况下的位置,都应被视为实在的要素。

第四,由第一和第三可以得出结论:动量和位置可以同时被视为实在的,因此量子力学是不完备的。

EPR 论证的要害在于利用了 A、B 两个粒子不再相互作用这一事实。由于它们不再相互作用,EPR 就认为,对 A 的任何测量不会影响到 B 粒子的实在性,也就是说,B 粒子的实在性并不取决于对 A 的测量。不论对 A 测量其动量,还是测量其位置,相应算得的 B 粒子的动量或位置的实在性都不应该受到影响。因此,要确认 B 粒子的位置或动量的实在性,既不要求对 A 同时测量位置和动量,也不要求前后测量或者只测量其中的一个——根本就没有关系。这一“无关性”概念虽然 EPR 没有明白地说出来,但却在论证过程中起着关键的作用,后人称之为“定域性假设”。通俗地说，定域性假设就是指任何两个物体不存在神秘的远距关联。

玻尔反驳说，EPR 提出的实在性判据中“物理系统未受任何干扰”这样的说法是含糊不清的，是测量 A 的动量还是测量 A 的位置，这对 A + B 系统是决定性的，而 B 的动量或位置被计算出来依据的正是 A + B系统的波函数。玻尔强调说，经典力学物理客体与测量装置之间的相互作用原则上可以排除或者被补偿，但在量子力学中，这种相互作用成了量子现象的不可分割的部分。玻尔说：“真正的量子现象的无歧义的说明，原则上必须包括对实验装置的所有有关特征的描述。”测量条件应该被看成是整个量子现象的一个不可分割的部分。

玻尔对 EPR 的反驳揭示了量子现象的整体论特征，两个粒子即使相隔遥远，用光速也不可能发生相互作用，但从量子力学的意义上，它们仍旧可以有密切的、决定意义的联系。这种超距作用显然违反相对论精神，是爱因斯坦所不能同意的。量子现象被认为是物理世界最基本和最普遍的现象，这种整体关联将渗透到世界的每一角落。即使宇宙的起点与现在也存在着某种量子关联。物理学家惠勒就曾经构想出了这样的可能性，我们今日所做的某些事情将改变着在宇宙的开端处发生的物理事件。我们的宇宙是一个我们参与着的宇宙。这乍看起来不免有点荒谬。哥本哈根学派的狄拉克也承认量子力学面临着“定域性破坏”的困难，感到丧失了明确的物理概念。有的物理学家在 EPR 论证的激励下，试图寻找一个“定域性”的隐变量理论，即把量子力学作为唯象理论从隐变量理论中推导出来，而这一隐变量理论保持完好的定域性。

然而，半个多世纪过去了，并没有一个更好的理论出现以解释量子力学已经解释了的那些现象，这一事实似乎提醒人们量子力学的确是完备的。1965 年，贝尔(J. S. Bell)提出，任何定域性的隐变量理论都不能重复给出量子力学的全部统计性预言。这个论断被称为贝尔定理。他导出了一个自旋关联的不等式，即著名的贝尔不等式。把这个不等式的预言与量子力学的预言进行比较，可以发现定域性隐变量理论给出的自旋相关变量不总是等于量子力学给出的相关度。贝尔不等式比量子力学弱。以后的多次实验均表明贝尔不等式被打破,贝尔定理某种程度上被证明了。1979年,美国加州大学伯克利洛伦兹实验室的斯塔普(H. P. Stapp)进一步把贝尔的发现发展成为广义贝尔定理:没有任何定域性理论能够重复给出量子力学的全部统计性预言内容。

量子力学的定域性破坏显示了量子力学与相对论的某种冲突,对这两大理论的整合有待时日。但贝尔定理日益得到证实,向人们展现了奇妙的量子关联的实在性。这种关联表现在人与自然之间、主体与客体之间,也表现在宇宙的过去与现在之间。量子领域的整体论特征,是从古典科学自身中生长出来的新的思想,它在某种意义上给诸多新兴的整体论科学以极大的鼓舞。

第四节 生态科学与整体论

20世纪整体论勃兴的另一个线索是生态科学提供的,这门兼具理论与现实意义的学科,为整个新科学开辟了概念平台和广阔的发展空间。

生态学天然地属于整体论,它一开始就是关于事物与其环境相互关联的理解和研究。"生态学"(ecology)一词源于希腊文oikos和logos,前者意指"住所"或"栖息地"。因此,生态学是关于居住环境的科学,它研究生物的聚居地或生境(environment)。1866年,德国博物学家海克尔(E. Haeckel)在其《普通生物形态学》(Generelle Morphologie der Organismen)中首先使用"生态学"这个词,他把生态学理解成"研究生物在其生活过程中与环境的关系,尤指动物有机体与其他动、植物之间互惠或敌对关系"。

生态学是从近代科学的博物学传统中孕育出来的。1859年,达尔文《物种起源》问世,促进了生物与环境关系的研究。1895年,丹麦植物学家瓦尔明(E. Warming)发表《以植物生态地理学为基础的植物分布学》,1909年改写为《植物生态学》(Ecology of Plants)。1898年,波恩大学教授A. F. W. Schimper出版《以生理为基础的植物地理学》。这两本书代表了19世纪生态学的最重要成就。

20 世纪上半叶，出现了不少生态学派，但主要限于生物学内部的发展。动物生态学和植物生态学各自独立地发展。1935 年，英国植物生态学家坦斯莱（A. G. Tansley, 1871～1955）正式使用“生态系统”一词。与此同时，德国水生生物学家蒂内曼（A. Thienemann, 1882～1960）把生态系统分成生产者（如植物利用日光能合成糖类）、消费者（食草动物和肉食动物）、分解者（微生物）三个部分，建立了生态系统物质循环的概念。20 世纪 50 年代以后，生态学打破了动植物的界限，并超出生物学领域。奥登（E. P. Odum）在其著名的教科书《生态学基础》中把生态学定义为“自然界的构造和功能的科学”。人们进一步认识到，生态学是研究生物与其环境的相互关系的科学。

从 20 世纪 60 年代开始，由于人类活动大大改变了自然环境，居住环境的污染、自然资源的破坏和枯竭，对人类本身的存在构成了威胁。生态学开始成为关心和注目的聚点，进入大规模立体发展的现代生态学时期。

纵观 20 世纪生态科学的发展，从研究对象上看，层次越来越丰富，包括单种生活环境的研究、群落研究、生态系统研究、各生态系统之间相互作用研究，以及生物圈和全球生态学研究，研究对象更加宏观。从研究方法上看，系统科学被大量引入，系统方法和数学模型用于生态学，诞生了系统生态学，用计算机模拟生态系统的行为。另一方面，生态科学的应用性更强、交叉性更强，出现了像生态经济学、工程生态学、人类生态学、城市生态学这样的新兴交叉学科。

任何生物与其环境构成一个不可分割的整体，任何生物不能脱离环境而单独生存，这被美国学者康芒纳确定为生态学的第一定律。运用系统科学已经取得的成就，生态学家寻求耦合、选通、放大、延迟反馈或相互作用的一些新花样，运用稳恒态、反馈、能量流等概念，来研究生态系统间的相互作用。在整体论思维的支配下，生态学重视种群，重视在群落中研究个体。

在整体的观念之下，循环的观念、平衡的观念、多样性的观念，是生态学中突出的三大观念。

构成生态系统之整体性的，首先是生态系统各子系统之间构成的循环关系。自然生态系统基本的循环是生产者—消费者—分解者之间的循环。通过光合作用贮存太阳能的绿色植物和光合细菌是生产者，食草动物是初级消费者，食肉动物是次级消费者，大型食肉动物是三级消费者。在这些逐次为后者提供能量和营养的生命之间，形成了一个金字塔形的食物链。中国有句俗话叫“大鱼吃小鱼，小鱼吃虾米，虾米吃泥巴”，形象地反映了这个水生生物的食物链。所谓金字塔是指，越是处在塔基的生物数量越多，植物最多，初级食草动物次之，食肉动物再次，大型食肉动物最少。比如昆虫吃植物，鸟类吃昆虫，狐狸吃鸟类，狮、虎吃狐狸，狮、虎是最少的，因此才有“一山不容二虎”的说法。以海洋食物链为例，一条鲸鱼一顿要吃一吨约5000条鲱鱼，一条鲱鱼饱食一顿需要近10个小甲壳动物，一个甲壳动物一顿要吃约13万片硅藻。

如果只是一味地单向生产和消费，那么一个有限的地球就会很快被消耗掉。地球上将会到处是动物和植物的尸体，新生的动植物既没有生存物质，也没有生存空间了。所幸的是，地球生态系统中还有极为重要的一个环节，那就是分解者——微生物。微生物直到19世纪才被法国生物学家巴斯德发现并确立起来，从而将地球生命系统由原来的植物—动物两界说扩展成植物—动物—微生物三界说。微生物专事分解动植物的尸体，将之转化成为植物生产所需的养料。有了微生物这个分解者，地球生命系统的循环就建立起来了。在一个池塘里，浮游植物是鱼的营养源。鱼死后，水里的微生物把鱼的尸体分解为基本的化合物，这些化合物又是浮游动植物的营养源。

通过食物链，大大小小的生态系统各以其特有的方式紧密地联系在一起。达尔文在他的《物种起源》中讲过一个“猫与三叶草”的故事。英国盛产三叶草，它是牛的主要饲料。英国也盛产野蜂，而且正是因为盛产野蜂才盛产三叶草的，因为野蜂有很长的舌头，能够有效地替三叶草深红色的花朵传授花粉。但是，田鼠喜欢吃野蜂的蜜和幼虫，从而影响三叶草的授粉。但猫吃田鼠，有猫的地方，田鼠少，三叶草就长得茂盛，养牛业就发达。猫少的地方，田鼠多，三叶草少，牛饲料就少，养牛业发达不起来。达尔文举这个例子后，十分感叹地说：“自然界地位相去极远的动植物，常由一种网把它们很复杂地互相联系着。”后来有人将这个故事进一步演绎下去说，英国海军的主要食品是牛肉罐头，英国之所以雄霸海上，大功臣应该是猫。生物学家赫胥黎听了这个故事之后，又补充说，英国的猫主要都是由老小姐们喂养的，因此英国有如此强大的海军，功劳在英国的老小姐们身上。

像猫与三叶草这样的故事在地球生命系统中普遍存在，因此一种生物的减少或灭绝将会引起一连串意想不到的神奇的连锁反应。美国西部落基山脉以东，曾经是辽阔的大草原。印第安民歌这样唱道：“高高的落基山，无边的大草原，莽莽苍苍的绿色原野，曾是我们祖先的家园。”但如今，这里已是一片沙漠。是早期的欧洲移民导致了这一切。他们为了自己的经济利益，大办畜牧业，改造大草原。他们大量枪杀野牛和羚羊，因为它们与家养的牛羊争夺水草；他们大量枪杀狼，因为它们吃家养的牛羊；他们还在草原上放毒药，大量捕杀草原犬鼠，因为它们的洞穴使牛足深陷其中，伤害牛腿。没有多长时间，草原上野牛、羚羊消失了，狼和鼠灭绝了。但是不久，那些误食了有毒犬鼠尸体的鹰隼和其他动物纷纷死去。再过些时间，那些过去被鹰隼捕食的小型啮齿动物大批繁殖起来，对草原进行大肆破坏，加上牛羊越来越多，过度放牧，草原上的草越来越少，最后连草根也被吃光了。植被破坏后，经风力的侵蚀，大草原逐渐被沙化，成了荒凉的大沙漠。

生物之间的食物链关系、金字塔结构和循环体系处在一种动态的平衡之中，如果这种平衡被打破，则整个生态系统都会受到损害，正所谓“一损俱损，一荣俱荣”。20 世纪初年，美国老罗斯福总统为了保护亚利桑那州北部森林中的鹿，大肆捕杀狼。结果，鹿过量繁殖，小草和树木都被吃光了，绿色植被急剧减少。植被一减少，鹿又大量死亡，结果森林和鹿都没有保住。本来狼吃掉一些鹿，可以控制鹿的种群数量，而且吃掉的都是一些病鹿，反而有效地控制了疫病对鹿群的威胁。老罗斯福总统为了保护鹿，却毁了整体森林生态系统，这真是人算不如天算。

由于生命系统复杂而微妙的相互关联，任何一个环节的缺损都会招致意想不到的生态后果，因此生态学上强调保护生物物种的多样性，强调多样性导致稳定性。正如“生物与其环境构成不可分割的整体”被称为生态学第一定律，“多样性导致稳定性”也被称为生态学第二定律。生物多样性的丧失，直接威胁着生态系统的稳定。在非洲岛国毛里求斯曾经有两种特种生物，一个是渡渡鸟，一个是大颅榄树。渡渡鸟身体大，行动迟缓，不过岛上没有天敌，它们过得很好。16、17 世纪的欧洲人来到毛里求斯，带着猎枪和猎犬，不会飞又不会跑的渡渡鸟大难临头了。1681 年，最后一只渡渡鸟被杀死了。令人奇怪的是，渡渡鸟灭绝后，大颅榄树也日益稀少，到了 20 世纪 80 年代，毛里求斯只剩下了 13 棵这种珍贵的树种。生态学家们为了保护这个物种想了多种办法，甚至猜测是毛里求斯的土壤出了问题，在土壤改造方面下功夫，但想了许多办法，情况并没有改观。直到 1981 年，美国生态学家坦普尔发现，大颅榄树的年轮正好是 300 年，而这一年正是渡渡鸟灭绝 300 周年。原来，渡渡鸟的灭绝之日正是大颅榄树绝育之时。坦普尔经过进一步的考察发现，渡渡鸟喜欢吃这种树木的果实，果实经渡渡鸟消化后，外壳没了，但种子排了出来，排出的种子正好可以发芽生根。原来，渡渡鸟与大颅榄树相依为命，大颅榄树为渡渡鸟提供食粮，渡渡鸟则帮助大颅榄树繁殖后代。

地球生态系统中诸多生物，有的共生，有的寄生，有的相互竞争，有的构成捕食关系。上述渡渡鸟与大颅榄树属于共生关系，白蚁与其体内的鞭毛虫，人与其肠道中的细菌，也是共生关系。一个人如果服用过量抗生素，大量杀死肠道内的细菌，则人体可能会患维生素缺乏症等其他疾病。构成共生关系的物种自然是唇齿相依，缺一不可。就是寄生关系，寄生物明摆着侵害寄主的利益，但寄生物也不会过分损害寄主的健康，因为寄主的健康是寄生物自身生存的基本前提。生存竞争使得物种之间保持进化的动力和活力，食物链则控制各种群数量的稳定性和生态平衡。

生态科学所揭示的生态系统的整体论特征由如下事实得到确证：对生态系统的破坏通常是由那些反整体论的思维方式做出的。康芒纳这样写道：

“环境的恶化很大程度上是由新的工业和农业生产技术的介入引

起的，这些技术在逻辑上是错误的，因为它们被用于解决单一的彼此隔离的问题，没有考虑到那些必然的‘副作用’。这种副作用的出现，是因为在自然中，没有一个部分是孤立于整体的生态网络之外的。反之，技术上的支离分散的设计是它的科学根据的反映。因为科学分为各个学科，这些学科在很大程度上是由这样一种概念所支配着，即认为复杂的系统只在它们首先被分解成彼此分割的部分时才能被了解。还原论者的偏见也趋于阻碍基础科学去考虑实际生活中的问题，诸如环境恶化之类的问题。”❶

面向环境日前恶化和生态危机之现实的生态科学，是新科学的曙光。它以活生生的例证向人们展示整体论被打破的恶果，呼唤整体论科学的全面复兴。可以期望的是，在量子力学这样的古典数理科学，以及在系统科学这样新兴的亚微观和宏观层次的数理科学中，会有新的整合了既有成就的统一理论出现，它们将与生态科学联手，弭平近代科学革命以来物理科学与生命科学的鸿沟、自然科学与人文科学的鸿沟、人与自然的鸿沟。

❶ 康芒纳：《封闭的循环》，侯文蕙译，吉林人民出版社，1997 年，第 154 页。

第四章

盖娅假说对河流伦理的支持

“曾几何时,‘黄河在咆哮’喊出了‘保卫全中国’的震撼声音。而现在,我们的母亲河却无力嘶吼了,她病了——气候的变化导致黄河源区近年来生态环境不断恶化、水资源大量流失……现代工业的发展,人类活动的频繁,对于地球气候的影响越发显著,表现之一就是全球气温的升高。”❶

“拉夫洛克意识到:生命在任何行星上都必须利用这个行星上的流体——在地球上,这些流体就是大气、海洋、湖泊和河流——以使生命需要的元素循环起来。营养必须得到供应,废物必须予以清除。他推论说,有生命的行星上的化学活动,必定与没有生命的行星存在显著差别。”❷

根据2007年6月5日国家环保总局公布的《2006年中国环境状况公报》,我国地表水污染严重。“在国家环境监测网监测的745个地表水

❶ 任黎明:《气候变化“导演”现代版“保卫黄河”》,《科学时报》2005年11月1日。

❷ 林恩·马古利斯:《生物共生的行星》,上海科学技术出版社,1999年,第92页。

监测断面中，一至三类、四五类、劣五类水质的断面比例分别为40%、32%和28%。后两者比例之和高达60%，显示中国的地表水质依然让人担忧。七大水系中，除珠江、长江水质良好外，松花江、黄河、淮河为中度污染，辽河、海河为重度污染。国家曾投入大量资金进行污染治理的湖泊中，太湖、滇池为劣五类水质，巢湖为五类水质。”[1]除此之外还有断流、沿江(沿河)用水矛盾等一系列问题。立足长远，解决这些问题需要许多手段并用，特别需要改变对大自然的观念，不断提升河流伦理意识，在每个人的内心安装一个道德警钟。伦理观念的形成、变迁是一个缓慢的过程，但却是持久的、深刻的，根据协同学的原理，系统演化过程中，长远看仍然是“慢变量”支配“快变量”。我们今日倡导并论证河流伦理，要做的就是为重视此慢变量提供素材、资源和支持证据。

河流伦理涉及的伦理主体(agents)非常复杂，甚至难以用统一的标准进行分类，因为标准本身体现着某种价值判断。应当从生态系统整体协调的观点来看待河流生命的问题，采取多种划分标准，尽可能全面枚举出所涉及的主体。

(1)上游居民与下游居民之间的关系。这是最容易理解的一对主体，其间的关系也几乎一目了然。这不是一种完备的分类，但其间的关系具有普遍性，是讨论其他主体关系的基础。上游无疑处于某种自然优势之中，对下游负有更多的责任，不能仅仅为了满足自己的需要而严重损害下游居民的利益、权利。许多民间传说、童话、神话故事，都讲述了这种关系，并自然地纳入传统的教育体系，形成了基本的地方性知识。

与此有关的关系，包括河流流经之毗邻省区县之间的关系、毗邻国家之间的关系。如澜沧江—湄公河不同的河段属于不同的国家，它发源于中国青藏高原，向南流经中国青海、西藏、云南3省(区)和缅甸、老挝、泰国、柬埔寨、越南五国。又如中国的钱塘江，在不同河段也有不同的名字：新安江、富春江、钱塘江等(钱塘江主要支流有乌溪江、金华江、分水江、浦阳江等)。

---

[1] 邹声文，顾瑞珍：《从数字看中国环境的“好消息”和“坏消息”》，新华每日电讯，2007年6月6日。

(2)富人与穷人之间的关系,或者称强势群体与弱势群体之间的关系。这涉及河流作为一种资源其分配的社会公正问题、公民基本用水权与大公司水资源占有权问题等。富人已经用了很多水,还将用更多的水,但不肯对水资源的保护、可持续利用花更多的钱。发达国家已经消耗地球上大量的水资源,跨国公司现在大规模到国外开发利用他国的水资源。

(3)当代人与子孙后代人之间的关系。这涉及可持续发展问题,涉及当前利益与长远利益的平衡。这涉及不同世代主体之间的伦理、利益关系,也涉及传统与现代的关系。为了经济发展,四川都江堰上游要修建新型水库,但这一定程度上影响了人类遗产都江堰的保护和自身调水功能的发挥,所以这类项目的提出立即引起全社会特别是环保组织的高度关注和争论。

(4)农业、工业、服务业等社会不同产业部门之间的关系。

(5)农村与城市之间的关系,中央与地方之间的关系,城区与郊区之间对水资源的拥有、利用关系。

(6)人类与其他物种在利用河流资源时所表现的复杂关系。

(7)地球盖娅系统中"万物"之间的关系。应用伦理学的范围已经不限于人类自身,即使只考虑人类,也不得不涉及其他外物。

伦理与自然科学的关系十分微妙,在相当程度上,应用伦理学与当今自然科学已经密切结合在一起。就一般情况而论,科学与伦理都在变化之中,前者变化相对快一些。两者是相互依存的,其间的关系既相克也相生。伦理学的约束、论证对自然科学既有反省也有大量吸收和借鉴。反过来,当代自然科学特别是应用性科学也越来越社会化,为广义的社会科学。自然科学也开始重视将伦理纳入自身,使伦理学的考虑成为自然科学本身的一个内在维度,科学内在地包含伦理道德的成分。比如,联合国资助的一些科学研究项目,就明确要求考虑伦理问题。我们2007年所参加的一个联合国资助的陕北榆林地区水资源管理研究的自然科学项目,就在研究人员组织和课题设计方面要求有伦理学的内容。这是一个可喜的变化,但仅仅是一个开端,还远未形成科学界的共识。

也就是说应用伦理学的空间在不断扩大,在此时刻,我们也要特别注意自然科学本身的发展,对应用伦理学发展所能提供的新的支持。在当前情况下,任何伦理的考量,都要顾及自然科学的当前进展,在整体上不能与自然科学的结论有根本性的冲突、矛盾(在一些方面可以不同)。自然科学本身是多样性的,其内部就有足够多的异质资料可供各种伦理论证使用。对于自然科学新近发展出来的、有利于河流伦理论证的资源,我们要给予高度重视,要把它们发掘出来、充分阐发。

本章将用大部分精力,描述20世纪70年代以来兴起、一点一点被接受的盖娅理论。此理论在科学界内部曾经有激烈的争论,但是现在它基本上成功了。此成功带来的思想观念的变革正是我们环境伦理论证所需要的资源。

第一节　从泽尔说起

20世纪最有趣最有争议的科学理论之一是拉夫洛克(James E. Lovelock)提出的"盖娅假说"(Gaia hypothesis),其热烈支持者和强烈反对者都大有人在。"盖娅"指"大地女神",象征了人类生存于其中的地球大自然。这种象征意义上的大自然或超级生命体有拟生、拟人、目的论的味道,地球好似活着的能够自我调节的超级生命。这种想法激起了科学保守主义者强烈的愤怒。

人们对待盖娅假说的态度反映了人们对自然的态度和科学观的变化。现在是科学技术的时代,科学技术拥有最强大的话语权。当代科学技术对于环境伦理的微妙关系是特别值得讨论的一部分。

盖娅假说有些神秘,但直观上离经验科学并不遥远,此假说在相当程度上是可检验的。比如,地球大气的组成为什么是现在这个样子,其中还存在一些活泼气体,如氢气、甲烷、氨气等?地球大气有20%的氧气,还有一些氢气和含氢气体,而其浓度稍有变化就容易爆炸起火,但大气为什么保持稳定呢?按盖娅假说的解释,这是由地球上的生命造成的,是生命持续存在自然调节的。具体讲,甲烷的存在是由牛打嗝儿、白蚁排泄气体等造成的!牛的瘤胃和白蚁的肠道中都有产生气体的微生物[1]。火星上没有生命,所以大气的组成才与地球完全不同,火星上没有活泼气体。当年拉夫洛克就是通过这一点成功预言火星上没有生命的。

多里昂·萨根(Dorion Sagan)和林恩·马古利斯(Lynn Margulis)曾热情洋溢地指出:“盖娅假说是关于地球生命的一种科学观点,它表达了一种新的生物世界观。用哲学的话说,这种新世界观更接近亚里士多德主义的哲学而不是柏拉图主义的哲学。这种新观念是建立在地球事实而不是观念抽象基础之上的,当然也包含有一些形而上学的内涵。这种新的生物世界观(盖娅假说是其中的主体部分)接受了生命循环的逻辑和工程系统的逻辑,而抛开了希腊－西方的终极三段论的传统。”[2]这段话听起来有胡塞尔《欧洲科学危机和超验现象学》的味道以及系统科学、非线性科学、复杂性科学之哲学的味道。无论从科学还是从哲学上说,盖娅假说都提供了一个清晰而重要的理论之窗,拉夫洛克称之为“地球生命的新看法”[3]。

盖娅假说现在传播十分广泛,丹·布朗的小说《天使与魔鬼》[4]、阿西莫夫的《基地》[5]中都提到过它。有人指责它是伪科学、怪力乱神,《自然》杂志、美国地球物理联合会也对此学说展开过争论。心平气和地讲,这个假说的确与科学和宗教都有深刻的联系。不过,一个假说与宗教有瓜葛,并不算什么特别的罪状,近代科学的兴起与基督教有着显然的联系。只不过那是主流的基督教,这次却是异教。现在,盖娅假说被地球科学家、生态学家、环境保护人士、宗教人士、生态女性主义者、进化生物学家等,时常谈起,有必要对其思想史进行简要的梳理。

据《伪科学百科全书》,“盖娅假说”指,“一种认为地球并非一堆无

---

❶ 马古利斯:《生物共生的行星》,易凡译,上海科学技术出版社,1999 年版,第 97 ~ 98 页。

❷ 马古利斯,萨根:《倾斜的真理》,李建会等译,江西教育出版社,1999 年版,第 188 页。

❸ 马古利斯,萨根,:《倾斜的真理》,第 189 页。

❹ 布朗:《天使与魔鬼》,朱振武等译,人民文学出版社,2005 年,第 86 页。

❺ 江晓原,刘兵:《南腔北调》,北京大学出版社,2007 年,第 211 页。

生命的岩石，而是一个生物体的理论。盖娅假说于1970年由泽尔(Timothy Zell，也写作Tim Zell)首次提出，1972年由拉夫洛克和马古利斯(Lynn Margulis)改进。根据拉夫洛克的观点，地球之所以避免了金星和火星那样的命运，是因为大约在30亿年前，它为一种生命形式所占据，这种生命开始将这颗行星变成自身。根据盖娅假说，地球上进化出的所有生命形式，都是盖娅这个生命体的一部分，就像组成人体的细胞。与细胞类似，构成盖娅的不同生命形式相互作用，为整个机体的健康做出贡献。"这里的拉夫洛克和马古利斯都是世界著名科学家(当然也有别的爱好，特别是，在有些人看来，他们有一些奇怪的思想)，那么蒂莫西·泽尔是何许人也？盖娅假说听起来就有泛神论、隐喻、目的论等嫌疑，加上泽尔这样一个怪人，它受到科学家的批评、嘲讽也就不难理解了。

根据诺尔斯(George Knowles)整理的材料，泽尔即Oberon Zell - Ravenheart，是全世界教会(the Church of All Worlds)的创立者，并且是美国新异教共同体(Neo - Pagan community)的领袖人物。他还用过Otter G'Zell或Oberon Zell等名字。以下根据诺尔斯的材料对泽尔这个人作一简要介绍。

泽尔自称为地母神盖娅(Gaia)的"命定祭司"，并且是超个人心理学家、博物学家、形而上学家、神学家、萨满、作家、艺术家、雕塑家、演讲家及教师。此人也是埃及不朽源教会(Church of the Eternal Source)的发起人之一。据说他拥有社会学、人类学、临床心理学(未完成)和神学学位。泽尔于1942年11月30日生于密苏里州圣路易斯，他出生时其父亲是南太平洋海军陆战队的一名队员。父亲返回美国之后举家迁到宾西法尼亚州。据说还是孩子的时候，泽尔就与大自然中的生物十分亲近，常常独自一人呆在家后面的森林里。"他坐着一动不动，任凭野生动物在他周围游荡。"据说正是这种与大自然、动物的早期相处，使其具有了"特异功能"。

受Robert A. Heinlein 1961年的科幻小说《奇地奇人》(Stranger in a Strange Land)的鼓舞，泽尔于1962年4月7日与Richard Lance Christie共同创立全世界教会。1963年他与Martha结婚，生了儿子Bryan。

此婚姻于1971年终止。60年代末70年代初他的教会吸引了许多知识界人士。在60年代他是第一批申请使用“Pagan”和“Neo - Pagan”这样的词语来描述新兴起的大自然宗教(Nature religions),他出版了异教杂志《绿蛋》(Green Egg,1968 ~ 1976; 1988 ~ 1996),与其他人合作开展新异教运动和环境运动。他演讲时,肩上扛着他的宠物——一条大蟒蛇。1970年,积累了一些经验以后,他提出并发表了“神诞”(The a-genesis)学说,一种深生态神学(the theology of deep ecology)理论,后来变成了“盖娅论题”(Gaea Thesis)。泽尔认为所有生命都是相互联结在一起的,并且都与地母女神(一种有知觉的高级存在)有关。这一论题在异教共同体内迅速传播,几乎被普遍接受。据“全世界教会”的说法,泽尔的这一论题在时间上早于拉夫洛克提出的一个类似的假说:“盖娅假说”(Gaia Hypothesis)。泽尔在接受采访时说:“我提了现在被称做盖娅论题的思想,比拉夫洛克要早三年。这一思想在异教共同体内和包括《绿蛋》在内的杂志上广为传播。它还被写成书,不过某种程度上它没有进入公共领域。”❶

1973年泽尔在一次演讲中结识了精神知己和后来的伴侣 Morning Glory。她1948年5月27日生于加州,原名叫 Diana。她本来是一位从事美国异教和女神研究的历史学家。她也是性自由的倡导者,1969年 Glory 生了一个女儿 Rainbow (现在叫 Gail)。1971年她做了一个梦,在梦中清晰见到一位改变了自己一生的男士。1973年当泽尔在演讲中大谈“地球作为活着的生态女神”之形象时,她出席了演讲现场,意识到这正是他的梦中人。演讲后两人一同回到了圣路易斯,1974年4月14日正式结婚。之后她成了全世界教会的一名女祭司,与泽尔一起共同主编《绿蛋》杂志。泽尔先后改名 Otter G'Zell(1979年)、Oberon Zell(1994年)、Zell - Ravenheart(1996年)。Oberon 被许多媒体采访,他的观点也被新时代宗教、异教广泛引用。他还创作了许多艺术作品,较有名的是“千禧盖娅”(The Millennial Gaia),是以其1970年的“神诞”形象为基础

---

❶ 据 Peg Aloi 2007年的采访。P. Aloi, Interview with Oberon Zell, http://obsidianmagazine.com/Pages/oberon.html,访问时间2007年1月4日。

创作的。1999 年以后 Zell - Ravenheart 积极支持群爱运动(Polyamory movement),Polyamory 这个词是 Morning Glory 在她的文章《情人的花束》(A Bouquet of Lovers)中首先提出的,1990 年 5 月发表在《绿蛋》杂志。

以上这些材料足以显示泽尔这个人的特点。他不算是标准的“民科”。他是个与新时代运动、环境运动、女性主义、性解放运动有联系的宗教界人士,但信奉的不是正统宗教,也可以称他搞的是异端宗教或者邪教。但要注意,在现代西方社会,异端宗教或者邪教本身并不犯法。他的所思、所作所为,均表现出与当今现代性主流观念的某种对立。

第二节　科学意义上的盖娅理论

谁最早提出盖娅假说?是泽尔还是拉夫洛克?对此人们有不同的看法,虽然现在人们都认为拉夫洛克从科学的意义上系统地阐述了盖娅假说的含义。大致情况可能是这样的:20 世纪 70 年代初泽尔先提出以神学为主其中夹杂着生态学(准确讲称做“深生态神学”)的一种思想,在他的命名中使用了盖娅女神字样,之后拉夫洛克等人也采用盖娅字样命名一种科学假说。可以总结一下泽尔与拉夫洛克之间的异同:第一,他们的动机有相似之处,关注的问题都涉及生态学、地球生理学;第二,泽尔有很强的宗教神学背景,拉夫洛克则基本上没有,但也不能说完全没有,科学界反对盖娅假说的人已经正确地指出了这一点;第三,他们都关注地球,他们的命名中都使用了“盖娅”字样;第四,泽尔后来没再研究和丰富盖娅理论,而拉夫洛克从 1972 年到 1999 年仍然持续不断地发表了许多内容深刻的科学研究论文,其中包括 1992 年十分有名的论文《生物多样性的一个数字模型》❶、1999 年的论文《一个地球生理学家关于自然硫循环的想法》。1972 年发表在《大气环境》上首次采用盖娅字样的论文《透过大气看到的盖娅》(Gaia as Seen Through the Atmosphere)篇幅只有两页。拉夫洛克 1991 年在给《科学》

❶ James E. Lovelock, A Numerical Model for Biodiversity, Philosophical Transactions: Biological Sciences, 1992, 338:1286, p. 383 ~ 391.

杂志题为《永远的盖娅》(Toujours Gaia)的一封短信中承认,他与马古利斯经常过分热衷于让别人注意自己的学说,拉夫洛克在英国、马古利斯在美国均多次利用大众媒体(如《时代》、《新闻周刊》)极力宣传盖娅假说。“我们必须那么做,否则我们的工作就有可能被忽视。”但他接着说:“我现在认识到,这样做是一个错误。证据是我们应提供给脑袋保守的反对者并令其信服的最好的东西。”此时,形势已经发生了根本性的变化,关于盖娅假说已经积累起相当丰富的科学证据,虽然仍然有一些人反对。

讨厌神学、宗教的人士,可能认为拉夫洛夫对于盖娅假说具有绝对的首创权,并且指出拉氏早在20世纪60年代就有了类似的想法。也有人指出,“在《倾斜的真理》第428页附的‘论盖娅的专业文献’中,列有拉夫洛克在1965年、1967年、1967年、1968年的四篇文献,都是早于泽尔的,或许正式采用Gaia这个名词要到1972年,但显然基本思想是在泽尔之前独立形成的”。(古雲,2007年)这种描述其实并不准确。类似地,泽尔在20世纪60年代所做的一系列工作当然也与他日后创立的盖娅论题有关。如果我们今天确认“盖娅假说”是个好东西,就容易按田松所讲的“好的归科学,坏的归魔鬼”程序处理。公平的叙述似乎应当是这样的:泽尔与拉夫洛克各自独立地发展了类似的想法,但泽尔先用了“盖娅”字样来命名他的想法,时间是1970年。拉夫洛克使用“盖娅”字样是在1972年,拉夫洛克与马古利斯合作发表盖娅论文是在1974年。考虑到后来的发展,拉夫洛克对科学意义上的“盖娅假说”的贡献是占据绝对地位的,而泽尔后来对盖娅假说几乎没有什么影响。这样说,并不意味着泽尔对盖娅假说没有实质贡献。

问题是,有泽尔这样背景的人,能否对当代科学观念做出贡献?唯科学主义者可能认为不可能。思想史学者可能会更宽容一点,或者找到泽尔的思想与有着严格当代科学根据的科学理论的相似和相同之处。“盖娅假说”的兴起与全球问题、生态恶化显然有密切关系,还与女性主义、生态女性主义有密切关系,这方面的内容可以参考叶舒宪的

《西方文化寻根中的“女神复兴”:从“盖娅假说”到“女神文明”》❶。

从思想史的意义上讲,现在我不认为有独立的叫做科学或者叫做宗教的领域,思想观念,谁都可以发明,并运用。泽尔有泽尔的贡献,拉夫洛克有拉夫洛克的贡献。论深刻程度,也不好说谁不深刻。当然我认为拉夫洛克是一个非常了不起的人物,他始终不停步,最终获得了承认。

在思想史上说清楚谁影响了谁,影响有多大,相当困难,有时是不可能的。盖娅论题与盖娅假说几乎在同一时段产生,并且有着相似的时代背景、问题与境。各种文化子系统,都能对当今世界难题进行有特色的阐发,并提出解决方案,科学只是其中一条近路,当然很重要。环境问题绝对不只是单一的科学问题。

按照拉夫洛克自己的说法,他是从一位小说家——《苍蝇之主》的作者古尔丁(William Golding)那里学来 Gaia 这个词的。2000 年拉夫洛克在为自己 1979 年首次出版的《盖娅:重新看待地球上的生命》的重印版所写的序言中回顾说:“26 年前我开始撰写这部书时,对盖娅还没有一个清晰的想法,虽然我曾深入思考过她。我当时确实清楚的一点是,地球不同于火星和金星。地球是一个具有奇特性质的行星,它能使自身维持一种适当的和舒适的(fit and comfortable)地位,以利生命栖居。我某种意义上觉得,这种性质不是地球处于太阳系中的位置的一种偶然安排,而是地球表面上生命的一种结果。盖娅(Gaia)一词来自我的朋友的邻居、小说家古尔丁。他认为,这样一种思想应当根据希腊大地女神而命名为盖娅。”马古利斯在《生物共生的行星》第 8 章也讲了盖娅一词是如何被拉夫洛克相中的。

经历了风风雨雨、其思想已经赢得越来越多的支持者的拉夫洛克,现在也可以坦率地承认第一部书中的不当描述。注意,一开始他不能让步,否则他会全军覆没。“这本书讲述了盖娅的故事,那时我开始了解她,但不理解她是什么。26 年后的今天,我更多地了解了她,并看到在这第一部书我所犯的错误。有些错误是严重的,比如地球由于并且为了其

❶ 叶舒宪:《西方文化寻根中的“女神复兴”:从“盖娅假说”到“女神文明”》,《文艺理论与批评》,2002 年第 4 期。

居民,即活着的各种生命体,而保持舒适的想法。我没有说清楚,并非单独生物圈自身,而是整体,即生命、空气、海洋和岩石一起,行使调节功能。包括生命的整个地球表面,是一个自我调节的构体(entity),我谈盖娅就是这个意思。我当时还愚蠢地建议,在危急的冰期到来时,可以有意释放氯氟碳到空气中,利用其温室效应,来给地球加温,使我们保持温暖。"(Lovelock ,2000 年)2000 年重印时拉夫洛克没有修改原书,他说保持原样,人们才能看到盖娅假说是如何发展的。

据拉夫洛克,许多科学家正是读他此书的第一版而反对盖娅学说的,这些科学家的态度延缓了盖娅理论的发展。"直到 1995 年,一位科学家在任何一个地方要发表一篇关于盖娅的论文都几乎是不可能的,除非不赞成它或者诽谤它;现在它终于成为一个有待认可的候选理论。"❶

一位地质史学家说:"拉夫洛克的名字几乎家喻户晓,或许部分是由于提出盖娅这个具有神话含义、看来很吸引人的词而带来了好运。"❷拉夫洛克提出的盖娅理论是否有宗教含义呢?这个复杂的事情还是由拉夫洛克本人来回答比较好。在《盖娅时代》第 9 章"上帝与盖娅"中他说:"当我撰写第一部关于盖娅的书时,我并没有想到它会被当成一本宗教书。尽管我认为主题主要是科学,它的许多读者却另有解读。我收到的(仍然还在收到)三分之二的来信,是有关在宗教信仰的语境中盖娅的含义。这种兴趣并不限于门外汉,一封最有趣的信件来自休·蒙特菲奥里(Hugh Montefiore),他后来成了伯明翰的主教。他询问我,生命和盖娅哪一个先到来。"蒙特菲奥里 1978 ~ 1987 年担任伯明翰主教,1983 ~ 2004 年曾担任环保组织"地球之友"(Friends of the Earth)的理事,2005 年 5 月 13 日逝世。拉夫洛克明确指出自己不信仰宗教:"我是一名科学家,我没有信仰,不过,我也不是那些有信仰人物

---

❶ James E. Lovelock, Gaia: A new Look at Life on Earth, the First published 1979, Oxford University Press, 2000, p. i.

❷ 奥尔德罗伊德:《地球探赜索隐录:地质思想史》,杨静一译,上海科技教育出版社,2006 年版,第 396 页。

的对立面，我不是无神论者。”（Lovelock ，1995 年）

拉夫洛克虽然起初有点“民科”（但与中国的“民科”不同）情结，但他广泛吸收大气科学和生物学的成果，包括杨（J. Z. Young）的“内稳态”（homeostasis）和马古利斯的“内共生”（SET）等思想。马古利斯是令人佩服的当代杰出女科学家，她要比他的科学主义前夫卡尔·萨根可爱得多、贡献大得多。马古利斯的介入，对盖娅假说的宣传、被接受是十分重要的一环。

拉夫洛克还发展了颇有说服力的数学模型论证。他运用数理生物学中人们熟悉的洛特卡数学模型研究“雏菊世界”（Daisyworld）的调节机制，为其盖娅学说提供了令人信服的说明。他的新版《盖娅：重新看待地球上的生命》（2000 年新版有作者的新序）和自传《敬拜盖娅：一个独立科学家的生活》（2001 年）的封面都采用了一张从上方直摄的雏菊照片。马古利斯中肯地评论道：“雏菊世界”模型是盖娅科学的转折点。拉夫洛克早先的黑雏菊和白雏菊世界的调节机制，已经被哈丁（Stephan Harding）用 23 种不同颜色不同品种的雏菊、吃雏菊的食草动物和吃食草动物的食肉动物这样一个复杂模型所推进。更多生物学家开始接受盖娅思想了。

拉夫洛克于 1982 年出席阿姆斯特丹一个关于生物成矿的学术会议时首次描述了雏菊世界模型。1983 年他与同事沃森（Andrew Watson）合作在《地球》（Tellus）杂志发表了论文《雏菊世界寓言》（The Parable of Daisyworld）。沃森曾是拉夫洛克的博士生，后来成为同事。此人数学功底极好，对拉夫洛克的盖娅事业帮助很大。

第三节　地球生理学与“盖娅”

坦率地说，盖娅假说或理论与神秘主义、宗教有一定联系。思想史博士马歇尔曾说：“把生气勃勃的地球有机体称做盖娅，就是立足一种非常古老的金丹术传统。确实，把地球看做一个有生命的、自我维系和自我产生的世界的观点，是古代金丹术世界观（anima mundi）的新版本。它认识到了丰富多彩的自然之网中内在共鸣和内在相似的精致网

络。现代生态学家和环保主义者对自然的敬畏感，早已扎根在古代金丹术士的内心深处。”❶

按照某思想家的归纳，人类社会思想的发展经历或者即将经历附魅、祛魅和返魅三个阶段，现代化进程则代表中间的一段祛魅过程。

但这类琅琅上口的三阶段论只是后现代学者的一种想象，许多人并不接受这样的美妙安排。此序列中的前两者，大家通常还是承认的：在人类社会早期或者欠发达地区科学技术还不够昌明的地方，附魅的现象普遍存在，而在教育比较发达的地区，特别是人们接受了自然科学的教育后，将普遍走向祛魅的过程。最后一个阶段，现在看来还很难说。

盖娅一词显然有神话、宗教、拟人化的背景，用它来描述事物有附魅的嫌疑。“环境学家和有宗教倾向的人们被这个有力量的本土女神所吸引，靠拢她，赋予盖娅一个明显非科学的含义。”❷“许多科学家仍然敌视盖娅，包括对这个词和对这种思想，也许是因为它颇能引起反科学和反文明之流的共鸣。”❸拉夫洛克早年确实认为地球在整体上是一个能够自我调节，甚至自己优化的超级生命（superorganism），这与“女神”的原来形象十分接近。在随后的发展中，迫于科学界传统势力的压力，拉夫洛克等已经开始自动“祛魅化”。而拥护拉夫洛克的盖娅假说，在最需要支持者之时给了他巨大帮助的著名女科学家马古利斯则反对把地球拟人化。“盖娅是一个活的女神，超然于人类之上，可能因为我们对环境的侵害或对她身体有膜拜而惩罚或者奖赏我们。我拒绝这种人格化的理解。”❹那么如何理解拉夫洛克与马古利斯的自然观呢？他们怎么能够站到一起呢？这是一个令人困惑的问题。

拉夫洛克等曾提出“地球生理学”（geo-physiology），1996 年 4 月在“盖娅在牛津”的会议上科学家讨论了地球上的生命是否组成一个超级生命，会后 40 多位科学家决定成立“地球生理学会”。但是到了

❶ 马歇尔：《哲人石：探寻金丹术的秘密》，赵万里、李三虎、蒙绍荣译，上海科技教育出版社，2007 年，第 14、15 页。

❷❸❹马古利斯：《生物共生的行星》，易凡译，上海科学技术出版社，1999 年，第 94、95 页。

1997～1998 年，“地球生理学”一词被大家抛弃，人们仍然喜欢盖娅一词，在概念隐性竞争中盖娅取胜了。1998 年 2 月 9 日“盖娅：地球系统科学研究与教育学会”这样一个新组织在伦敦皇家学会总部体面地成立。哈佛著名生物学家威尔逊还寄来录像带表示祝贺。

马古利斯虽然拒绝“地球整体上是一个生物”的理解，但并没有在所有方面抛弃隐喻，她甚至走得更远。她认为盖娅这个活着的地球，超越于任何单个生物或任何生物群体。“盖娅这个系统从1000 万种或更多的相互联系的活物种中，形成它的不停地活动的总体。”❶马古利斯认为盖娅是个“韧性的母兽”，它有久远的历史，人类奈何不了她，它根本不会受人类的威胁。

盖娅假说的传播过程和解释过程中也遇到“目的论说明”的麻烦。拉夫洛克援引进化生物学对“适应”（adaptation）概念的复杂运用、说明，来表明他也有理由对盖娅作模糊的处理。如果科学中使用盖娅一词是一种罪过，那么进化论中运用适应一词也是一种罪过。

如果不考虑科学家之间“形而上学纲领”（波普尔语）的不同，仅仅看他们对某个理论、假说的解释，就必然觉得他们之间的差别太大。如果把形而上学纲领称做 M，他们讨论的具体科学命题称做 H，M + H 能够更好地代表一个人的自然观和科学观。

在这里我提出一个理解框架：拉夫洛克等人仍然从人类中心论的立场出发，把盖娅设想成一种超级生命；而马古利斯则走得很远，从非人类中心论的立场出发，把盖娅视为非拟人化的纯自然过程。有趣的是，前者是附魅或者返魅的，后者则是祛魅的。自然，前者给人的印象是反科学的、后现代的，后者则是科学的、现代的。

即使如此，马古利斯支持盖娅假说，也付出极大的代价，通常人们由不得她作出解释，想当然地认为她也是反科学的。

这两种纲领、两条道路哪一个更好呢？很难说。对于多数民众，他们永远也不可能掌握现代自然科学理解事物的方式，对他们而言，第一种纲领也许是不可避免的选择。而对于有良好科学训练并想实质推进

❶ 马古利斯：《生物共生的行星》，易凡译，上海科学技术出版社，1999 年，第 94、95 页。

科学发展的一伙人(相比较而言是少数人),选择后一种纲领是恰当的。也有的人,可能为了避免反科学的指责,装作坚持第二种纲领实际上坚持第一种纲领。我相信,有许多科学家在做具体科学工作时依然坚持严格的行业标准,但内心是相信第一纲领的,他们可能不愿意说出来。毕竟自然科学给人的印象好像远离比喻、神话、有神论,等等。

两个纲领的优劣如何呢?第一种纲领难道不应当抛弃吗?这好比问在现代社会中,宗教为什么还能吸引大批民众?

对于环境伦理、河流伦理的论证,这两个纲领都是需要的。特别是不能忽视第一纲领的合理性。

对于第二纲领,支持河流伦理的人文学者也不必在字面上与之过分辩论,重要的是求同存异。实际上,在深层意义上,环境伦理中的非人类中心派与第二纲领更加接近。自然科学自达尔文以来,总体上正好沿着第二纲领的路线在前进:人类的特殊地位正在一步一步淡化,人不是万物之灵,人不是地球之主,人在自然界中只是一个普通生物,人在宇宙中微不足道。

那么如何理解马古利斯所说的人类奈何不了韧性的盖娅母兽?只要考虑到时空尺度,表观的矛盾就会化解。在马古利斯眼中,人类再折腾也只是对人类折腾,人类作为整体折腾死了、人类灭绝了,盖娅照样存活。核大战的危险被过分渲染了,这种危险对于人类而言是太大了,而对于地球上无数种生命,特别是马古利斯最看重的细菌,并不算太厉害。"星球撞击、核爆炸都不能危及作为一个整体的盖娅。"❶"核冬天"之后,细菌照样生存、繁衍、进化。盖娅,是不是不死女神,我们不知道,至少以人类的力量,想在短时间内整死盖娅女神是不可能的。人类毁灭的只是自己,而不是盖娅。

第四节　盖娅假说的演化

自然科学中有些成功的假说长期保持着刚提出时的模样,如相对

❶ 马古利斯:《生物共生的行星》,第 102 页。

论;但也有些假说从提出时开始一直在演化着,如大陆漂移说;有的甚至演化了上千年,比如原子论。盖娅假说属于后者。20 世纪 70 年代初的盖娅假说确实有很强的“民间科学爱好者”味道。

盖娅假说从提出到完善经历了复杂的过程,包括去目的论、去神秘化、去“民科”、逐渐清晰化的过程。拉夫洛克本人对盖娅假说的解释先后也有一些变化,其中包括吸收反对者的部分意见。拉夫洛克曾说:“好的批评好似在冰冷的海水中洗澡。起先的敌意就像浸入水中的突然寒战,旋即刺激血管,使感受更为敏锐。”(Lovelock,1995 年)杜利特尔(W. Ford Doolittle)1979 年的批评就有这种效果。科罗拉多的气候学家熊内德(Stephen Schneider)和哈佛的地球化学家霍兰德(H. D. Holland)也曾批评过拉夫洛克。这类批评帮助拉夫洛克完善了盖娅假说。熊内德的帮助还有另一个层面,他召集了 1988 年 3 月份美国地球物理联合会的查普曼会议(Chapman Conference),在这个会议上科学共同体关于盖娅假说进行了有益的辩论。这对于更多的科学工作者关注盖娅假说是难得的机会,科学家最恼火的莫过于没人理睬自己的观点。

威廉姆斯(George C. Williams)1992 年在《生物学评论季刊》上写长文批评了拉夫洛克早期思想中的环境“优化”和目的论思想成分。威廉姆斯首先声明自己支持赫胥黎的立场,反对浪漫主义的自然观。他指出,宇宙特别适合于生命、人类是一个古老的想法,自哥白尼革命起就已经被抛弃,但在 20 世纪又有学者从生物学上论证地球特别适合人类生活,如亨德尔逊 1913 年的《环境的适合性》一书。而其现代版出现在拉夫洛克与马古利斯(1974 年)、拉夫洛克(1979 年,1988 年)的论文中。威廉姆斯也批评了对“适应”的目的论解释:“适应总是非对称的;是生命适应环境,而不是反过来。如果地球表面似乎很适合活着的生命,这也仅仅是因为存在着生物已适应的环境。显而易见,生命,即便是广义理解的生命,也只能生存在相当有限的物理条件之下。”[1]

---

[1] Williams, George C. Gaia, Nature Worship and Biocentric Fallacies, The Quarterly Review of Biology, 1992, 67:4, p. 479 ~ 486.

拉夫洛克 1988 年曾不经意地或自信地指出，盖娅维持生命栖息地的温度在零至 30 摄氏度之间，因为这是生命最适合的温度范围。就这一点而论，威廉姆斯的批评是有道理的。

到现在为止，拉夫洛克抛弃了多少原来的解释，还很难判断，但马古利斯个人的观点表述得比较清晰。马古利斯的参与和帮助无疑是使盖娅假说流行、被接受的重要催化剂，虽然她本人因此忍受了种种压力。一旦科学共同体表现出对盖娅假说的同情、部分接受，对盖娅假说的本体论承诺也就不必完全依赖于创立者拉夫洛克本人了，每位对盖娅有好感的科学家都可以有自己的独特理解。这就像量子力学变得开始流行时科学家之间对量子力学的哲学诠释仍然可以很不同一样，经验科学更多关注的是“经验适当性”，而不是形而上学、认识论争论。在马古利斯眼中，盖娅假说的要点在于：①盖娅不是“一个”生物，而是多个生态系统组成的复杂生态系统。②盖娅能够通过反馈（包括正反馈和负反馈）自我调节。③此调节系统具有极强的“坚韧性”。④盖娅对于人类既无恶意也无关爱，人对盖娅系统的作用有限，人不是系统中太特别的组成成分，人类不能狂妄自大。不过，在马古利斯的眼光中，各种细菌无疑是十分重要的盖娅组分，无论在遥远的过去还是在现在和未来。⑤没有人能阻止对盖娅的通俗文化联想，但科学意义上的盖娅理论应当尽可能远离目的论说明。盖娅在整体上没有目的，地球系统也不存在整体性的控制指令、优化标准和上帝般的自我意识。生态系统的调节只有局部规则，而局部规则的反复“迭代”，就可以生成宏观上长程的秩序，好似某种“设计”。马古利斯甚至还动用了分形（fractal）迭代的思想来加强论证。⑥盖娅假说并非“除了名称外没有任何新东西”，它是一个能够联合多学科专家进行合作研究的好科学，它是有启发的、能够推进科学研究的学说。

盖娅假说总体代表了地学的一场革命，引起了地学观、自然观的变化。盖娅理论的研究也促进了多学科的交叉、融合，地质学家、地球化学家、大气物理学家、大气化学家、气象学家、生物学家走到一起来了。但是盖娅语言修辞学的丰富含义造成了知识分子的不团结，以及此学说传播、理解上的困难。

实际上,事后完全可以换一个词。注意,只是“事后”,科学假说的发展是高度“路径依赖”的。现在可以从基本无争议的“系统科学”的角度,也可以从“复杂性科学”的角度理解盖娅理论。

长期以来,人们也许觉得系统科学、复杂性科学比较空泛,那么这正好是一个机会:将它们充实。盖娅理论30多年来的争论触发了大量实证研究,积累了丰富的数据资料,当然还有缓慢变化的科学观念、环境观念。

弱盖娅的观念已经越来越得到科学家的理解和支持,但强盖娅的观念仍然是少数人的想法。但无论强弱,盖娅思想有助于提醒人类关注地球母亲的“本体感受”(proprioception),使人类时刻知道地球由于人类的活动而发生怎样的变化。

第五节　河流与“盖娅”

归根到底,河流,各种各样的河流,处于大地的复杂体系之中,它们是盖娅女神周身的血管和微循环系统。人类身体的血液循环系统是十分高效的,以极小的重量完成了重要的使命(血管系统占总体重比例很小),此网络具有分形结构,恰好地球上的河流系统也具有分形结构,也担负着维持盖娅生命的重要职责。

为了人类或者人类中某个小集团的一时利益需要,人们不断对自然河流体系进行“合理的”、“科学的”改造,如各种水利工程。这些工程的上马有许多理由,也确实一度给部分人群带来了不可低估的福利,但是相当多的工程也有许多负面作用,如水利设施的效益越来越不明显,还带来污染、生态等一系列问题。

对河流水资源的利用,功利的考虑非常重要,但也是一个方面,除了眼前的功利考虑,也还应当有其他重要的考虑,如可持续发展的考虑、美学的考虑、保持自然遗产的考虑等。

正如人体血液循环系统是生命长期进化的一种结果,地球上河流体系也是盖娅长期进化的产物,漫长的进化本身是不断适应的过程,是经历长时间多次检验、调解、修正的结果。人类应当足够尊重这些结果，在采取行动之时要十分谨慎。

河流是人类的资源，也是人类的伙伴。在伙伴的意义上，我们不能把河流全部看成是我们的资源。河流伴随人们走过一生又一生，河流的生命也是人类的生命。

苏格兰诗人罗伯特·彭斯（Robert Burns，1759～1796）曾这样描绘阿富顿河：

流得轻轻，可爱的阿富顿！两岸一片绿茵，
流得轻轻，我要歌颂你，用我的歌声；
我的玛丽睡着觉，在你喃喃的河滨——
流得轻轻，可爱的阿富顿，别惊破她的梦境。

你邻近的群山多么巍峨，可爱的阿富顿！
它们远远地点缀着蜿蜒的溪流，水色澄清；
在那儿我每天散步，当中午太阳高升，
我望得见玛丽的可爱的小屋和我的羊群。

你的两岸和下面的绿色河谷，多么美丽，
樱草正开着花，在那荒野的林子里；
常常当夜雨在草原上轻轻哭泣的时光，
那芳香的桦木将玛丽和我一起掩藏。

当我们来到四川成都，向西北方向路过都江堰，沿岷江逆流而上，过叠溪、川主寺，翻过山岭看到九寨沟和黄龙溪水、海子、河流时，感受也许与诗人罗伯特·彭斯一样。大地包含着人类，人类只是其中的一小部分。只有当人类真正融入大地的怀抱时，敬畏它，与它和谐相处之时，人类自身才是自由的、快乐的、幸福的以及可持续的。

我们不能总是像江苏沭阳县那样，2007 年 7 月 2 日当城区 20 万人口吃水、用水受到严重影响时，才注意到沭阳县地面水厂取水口遭受新沂河上游不明污染源污染，并且在断水已超过 40 小时时仍然未查明河流污染源。我们也不能在蓝藻泛滥太湖时,才想起太湖的源头遭受污染。据中科院南京地理与湖泊研究所调查,“威胁太湖水安全除工业污染外,还有农业面源和生活污染水,另外流域内172条河流的水质变化也直接影响到太湖水。还有太湖上的过度养殖也在威胁着太湖的美丽和健康。”[1]新华社的此篇报道还指出:“监测数据显示,目前,太湖流域的饮用水源地水质以二类、三类为主,有32%的水体水质不能达到饮用水要求。其中,局部地方的饮用水源地水质全部劣于四类水体。太湖已成为我国水环境污染的一个缩影。从滇池、巢湖到大江大河,都面临着日益严重的水污染问题。长江流域的一些淡水湖也正在面临水位下降、水质恶化的问题。”

人类与大自然相处,还有另外一个激动人心的故事:共生起源。它的主角是一系列俄国植物科学家先驱以及了不起的女科学家马古利斯。来自自然科学的共生理论对于河流伦理的论证,是更直接的,更好理解的。

---

❶ 郭奔胜,顾瑞珍,孙闻:《难道仅仅是蓝藻之过》新华社2007年6月1日报道,http://news.xinhuanet.com/politics/2007-06/01/content_6186380.htm

第五章

重建共生范式

“只有几百年的光阴，是什么原因把有着江南水乡景色的北京城变成了一个饱受风水蹂躏、水源匮乏的都市？我们不是水利和环境的专家，说不清这种巨变的全部原因，但我们与千千万万的百姓一样，衷心祈望北京再现青山常绿、碧水长流、沟渠纵横、井满泉溁，河畔桥旁回响着老人和孩子的欢声笑语，生活在北京的每一个人真正‘诗意般地栖居在大地上’。”❶

“上面是太阳、月亮和无数星星的难以形容的高空队列，/ 下面是多种多样的青草、动物、山陵、树木、湖水，/ 出于不可理解的目的，某种隐蔽的预言家的意向，/ 如今头一次，我的思想好像在开始把你估量。”❷

河流伦理的构建和论证需要从进化论中汲取营养。不过，由于进

❶ 王同祯：《水乡北京》，团结出版社，2004 年，第 3 页。

❷ 沃尔特·惠特曼：《草叶集》，李野光译，燕山出版社，2005 年，第 344 页。

化论的发展和传播异常复杂,我们究竟汲取什么样的营养?首先需要解构一下长期以来对真实进化过程的错误解释。

第一节　进化论描述的进化

过去的一个半世纪是思想史上多产而富有创造力的时代,一个灰暗与光明并存的时代。在这段时间里,引人注目并最值得人类自豪的也许是圣雄甘地(Mohandes Karamchand Ganhdi, 1869 ~ 1948)和马丁·路德·金(Martin Luther King,1929 ~ 1968)提出并亲自实践的非暴力抵抗运动,他们的努力最终淡化了种族歧视的陈旧观念,增强了全人类和平相处的信心。如果再加上利奥波德的伟大思想的话,我们作为人这个物种,表现了自己的优良德性和生存智慧。然而在这期间的大部分时间里,更多的人信奉的还是优胜劣汰的斗争哲学,上述杰出思想被大多数人所忽视。以科学的面目出现的、依然在不断发展变化当中的生物进化论被教条化、被不恰当解释,仅有部分合理性的"生存斗争"确实成了最高意义上的自然法则,从而给人类社会和我们这个星球带来深重的灾难。也就是说,人们从达尔文进化论得到"斗争是生物界的普遍原则"的"启示",是一种片面的启示,以为自然科学支持了某种伦理和政治哲学。现在,越来越多的人认识到,达尔文本人的进化论并不是这样。"从进化论中剥除进步的观念,是'达尔文革命'的未竟事业。"[1]达尔文并没有说进化相当于进步,也没有说斗争就是一切,实际上他是反对这些望文生义的理解的。虽然达尔文本人有时也表述不准确,甚至偶尔也有一丝种族主义,但总的说来某些达尔文主义的恶果可能不是达尔文本人想看到的。

达尔文及其自然选择进化论为后人理解生命的进化过程提供了不可不与之对比的标尺。不过,作为一种思想的考察不属于哲学认识论的分析,本文并不关心一种思想的对错问题以及与真理的差距的问题。达尔文的理论很少、很难不被人误解,如休厄尔(William Whewell,

---

[1] 杨海燕:《"Evolution"含义探究》,《自然辩证法通讯》,2004 年第 26 卷第 3 期。

1794～1866)、塞奇威克(Adam Sedgwick,1785～1873)、赫胥黎(Thomas Henry Huxley, 1825～1895)、斯宾塞(Herbert Spencer,1820～1903)、海克尔(Ernst Haeckel, 1834 ～ 1919)、李森科(Трофим Денисович Лысенко = Trofim Denisovich Lysenko,1889～1976)、埃尔德里奇(Niles Eldredge,1943～)、古尔德(Stephen Jay Gould,1941～2002)等。这些人前两位直接批评过达尔文,而后面的几位都自称真正理解了达尔文,但实际上也被认为多少歪曲了达尔文的思想。进化论史专家鲍勒(Peter J. Bowler)甚至说:"19世纪末的进化生物学根本没有涉及'自然选择学说',许多达尔文主义者宁可寻找如'拉马克主义'和'突变主义'……达尔文虽然用进化论改变了他那个时代的人,却需要下个世纪的人来发展他的'自然选择'学说。"[1]而现在人们普遍认为自然选择学说才是达尔文进化论最独特的贡献,那么在19世纪以及之后相当长时间,社会上传播的、人们理解的达尔文进化论是什么,达尔文为什么会出奇地成功?

20世纪30、40年代由多名智力超群、能言善辩的进化论学者完成的"进化大综合"(the Evolutionary Synthesis,中文通常转译为"综合进化论"),的确相当程度上夯实了达尔文以来进化生物学的科学基础,但是并没有改变进化论哲学及其社会隐喻,相反,以新的科学知识为基础的新达尔文主义进一步加强了还原论、唯科学主义。在综合进化论之上崛起的当代达尔文猎犬道金斯(Richard Dawkins)与19世纪那个达尔文捍卫者(被称为bulldog)T. H.赫胥黎在辩论能力上一点不逊色,掌握的知识也更多,坦率地说理解的进化论也更接近达尔文(称新达尔文主义)。道金斯及其支持者以论证、争辩见长的工作有点像科学哲学中"马后炮"式的、重建的"科学说明"。道金斯的《自私的基因》(The Selfish Gene)的标题听起来有些不对味。有一天,我终于想明白何以不对味。对于进化论,庸俗不堪的解释多得很,道金斯绝对不算在内(在"微进化"或"小进化"的范围他是严格的),可是他的解释也

---

[1] 鲍勒:《查尔斯·达尔文》,见《剑桥科学伟人》,哈曼等编,李佐文等译,河北大学出版社,2005年,第74页。

引起非议。除他之外谁都可以用“自私”来形容基因，但他不可以，因为他同时还写过《盲眼钟表匠》(The Blind Watchmaker: Why the Evidence of Evolution Reveals a Universe Without Design)。说“盲眼”，就不能说“自私”，反过来，说“自私”就不能说“盲眼”。盲眼和自私都是比喻，都是把通常用于描述人类特征、行为的词语用于描述非人的、完全不同层次的生物对象。中性词语“盲眼”应当更符合道金斯一贯坚持的还原论，而带感情色彩的“自私”恰好落入道金斯本人所反对的与设计有关的目的论。如果道金斯是前后一贯的，对于基因他既不能用“利他”也不能用“自私”这样的字眼来修饰，特别是不能把它用在书名中。我的理解是否太偏激了？当我读到朗格利(Charles H. Langley)在《生命科学》(BioScience)杂志的评论“小气的达尔文主义”后，我原谅了自己。朗格利说：“《自私的基因》开头有这样一句‘您差不多可以将本书作为一部科学幻想小说来阅读’。这是此书中最有用的信息，并且恰当地被放在了最开头。书本之于科学，类似于历史幻想之于历史。历史学家可能考察事实并尝试理解事件的因果关系。而历史幻想可能只是记下事件，并关于因果现象杜撰他或她引人入胜的故事。类似地，道金斯很少关注在特殊物种中‘利他基因’的证据以及它实际上是如何进化的。”“此书是肤浅的，对于进化生物学这门科学的阐述是不真实的。对于有学养的读者它是一种伤害，对于外行则是一种误导。”❶

“达尔文革命”与“哥白尼革命”一样，就其实质内容而言本来应当降低人类在宇宙中的地位，因为人类并不居住在宇宙的中心，人并非十分特别的生物，可是事实上，它被“现代”进程作了反向的理解和利用，成了提高人类地位的革命，构筑了当今社会的“现代性”格局。进化生物学家迈尔曾提到两次“达尔文革命”，第一次是19世纪中期针对特创论的，第二次是指20世纪综合进化论确立了自然选择的进化机制。究竟有几次达尔文革命？也许还需要“第三次达尔文革命”，从进化思想中去除“进步”的观念❷。不过，这样讲并不意味着进化论科学已经

---

❶ Langley, Charles H. A Little Darwinism..., BioScience, 1977, 27(10): 692.

❷ 杨海燕：《“Evolution”含义探究》，第37页。

超越了埃尔德里奇（1985 年）和田洺（1998 年）所说的“未竟的综合”（unfinished synthesis），进化论科学仍有许多基础性工作没有完成，“达尔文把他的不朽巨著命名为《物种起源》，但他的这本书却很少讨论新物种出现的问题。”❶

未竟的综合目前究竟涉及多少内容？田洺的《未竟的综合》是一部很优秀的进化思想史简明读本，书中讲了“间断平衡”理论，却一点没有讲“内共生”等理论。而对于改变社会达尔文主义的教条、传统进化论的意识形态，“共生范式”可能是决定性的理论背景。值得高兴的是，张昀编著的《生物进化》（1998 年）和李难主编的《进化生物学基础》（2005 年）两部教材，都涉及了马古利斯的内共生学说和拉夫洛克的盖娅假说，虽然重视程度远远不够 。

在首届科技史教学研讨会上我说过：“中国古代的植物学史研究应当有更宽广的文化视角，减少（不是去掉）辉格成分，减少（不是不要）还原论成分。或者反过来说，用多种辉格视角代替一种辉格史视角。”人们读到的历史都是后人以某种事后的观点写出来的。本章试图用不同于“生存斗争范式”的“共生范式”来重写近 100 年来进化思想史中的一个小小的侧面。我与当年“互助论”倡导者克鲁泡特金（Peter Alekseevich Kropotkin，1842 ~ 1921）一样，深知斗争哲学并非毫无道理，只是因为它已经被过分夸大，而其反面“共生”，一个同样有道理的重要命题、观念却被忽视了，因而值得专门描述，甚至不妨夸大一点，即辉格化一点！这种描写在短期内不可能是全面的，只能是从某一个侧面进行的素描。素描积累多了，也许能构造一幅全面的形象。

第二节　克鲁泡特金对阵赫胥黎

克鲁泡特金，俄国地理学家、流亡海外的贵族、无政府主义者，是一个被误解、被忽视的人物。孙中山对他的理解是个例外，此事后面再谈。在中国，由于他独特的政治见解不受欢迎，其进化论学说也被视为

❶　马古利斯：《生物共生的行星》，第 6 页。

伪科学。在1963年,他的世界观和方法论被认为是“经过资产阶级用伪科学装扮起来的唯心主义和形而上学”;“克鲁泡特金以伪科学的方法来宣扬无权威、无政府、无国家的社会‘实现’的”❶。现在我们可以稍稍理性地看待这位科学家的思想,其《互助论》中深刻的见解和严谨的论证对于一个世纪后的我们了解达尔文主义、新达尔文主义的片面性也是有帮助的。

《互助论》的准确译名应当是《互助:进化的一个要素》,该书共有8章,其中两章讨论“动物之间的互助”,一章讨论“蒙昧人之间的互助”,一章讨论“野蛮人之间的互助”,两章讨论中世纪城市中的互助,两章讨论“我们现代人之间的互助”,另有“引言”、“结论”和12个小附录。《互助论》的写作背景是,作者的博物学实践和一篇讲演促使他反省《物种起源》出版20多年来社会上所流行的生存斗争学说。

1880年1月,圣彼得堡大学院长(dean,也有的文献写做rector)凯士勒(Karl Fedorovich Kessler,1815~1881)教授在俄罗斯博物学家大会前进行了一篇题为《论互助的法则》的演说。据路易斯安那州立大学萨卡(Husain Sarkar)《科学研究中的集体合理性》(Group Rationality in Scientific Research)一书介绍,凯士勒是著名的鱼类学家(对伏尔加河鱼类有专门研究),1861年曾担任圣彼得堡动物研究所所长,后来任圣彼得堡大学动物系主任,曾组织成立圣彼得堡博物学家学会(St. Petersburg Society of Naturalists)并担任第一届主席达11年,但在此演讲不久后就去世了。凯士勒的演讲影响了许多博物学家,其中包括克鲁泡特金。克鲁泡特金正是从这篇讲演中意识到互助也是一条自然法则,并且是进化的一个重要因素❷。

青年时代克鲁泡特金曾与一位博物学家朋友波利亚科夫(I. S. Poliakov)一道在西伯利亚考察动物,本来试图一心一意地找到同种动物互相争斗的实例,结果却完全其反。这一博物学实践给他留下一种印象:普遍的生存斗争可能并不是真理。

---

❶ 克鲁泡特金:《互助论》,李平沤译,商务印书馆,1963年版。丘权为中译本作序。

❷ 克鲁泡特金:《互助论》,第9、21页。

值得注意的是，克鲁泡特金并不反对一般意义上的达尔文进化论，他关于进化论的叙述始终是谨慎的，他强调互助与互争一样只是“一个要素”而不是全部因素，他的名著副标题也是“A Factor of Evolution”，即“进化的一个要素”。他从没有否认大自然中普遍存在的斗争和残杀，但是他也同样注意到大自然中普遍存在的“合群性”、互助性。他喜欢用“合群性”（最适者是最合群的动物，合群生活是生存竞争中最有力的武器）一词。克鲁泡特金完全赞成凯士勒的结论：“很明显，我不是否认生存竞争，但是我认为动物世界的逐步发展，特别是人类的发展，受惠于互助之处远过于互争。”[1]克鲁泡特金充满激情地反问道：

“如果我们用一个间接的试探，问一问大自然：‘谁是最适者：是那些彼此不断斗争的呢，还是那些互相帮助的？’那么我们立即就会发现，那些获得互助习惯的动物无疑是最适者。它们有更多的生存机会，在它们各自所属的纲中，它们的智力和体力达到最高的发展水平。如果把这些可以用来支持这一观点的无数事实考虑在内，我们就可以十分有把握地说，互助也和互争一样，是一项动物生活的法则，但是，作为进化的一个因素来说，它也许更加重要得多。”[2]

人们普遍认为赫胥黎是科学文化的鼓吹者、达尔文进化论最积极的捍卫者，不过近来的研究也表明他对达尔文进化论的诠释存在着问题。在这里暂且不管这一点。克鲁泡特金当初撰写关于互助的系列文章，一个直接原因就是对赫胥黎的宣传不满。他认为，“赫胥黎对自然的观点，作为科学的推论来说，也和相反的卢梭的观点一样，是很难成立的，卢梭在自然中只看到被人类的出现所摧毁的爱、和平与和谐……卢梭所犯的错误是他完全不想到嘴和爪的恶斗，而赫胥黎则犯了相反的错误，但不论是卢梭的乐观论还是赫胥黎的悲观论，都不能看成是对自然界的公正无偏的解释”[3]。

---

[1] 克鲁泡特金：《互助论》，第 22 页。凯士勒原文见《圣彼得堡博物学会会报》，1980 年第 11 卷。

[2] 克鲁泡特金：《互助论》，第 22 页。

[3] 克鲁泡特金：《互助论》，第 20 页。

"我认为写作本书来阐述互助作为一个自然法则和进化的要素，也许可以弥补一个重大的空白。当赫胥黎在1888年发表他的'生存竞争'宣言《生存竞争和它对人类的意义》时，我认为它对于人们在灌木丛和森林中所见到的自然界事实，陈述得很不正确，于是，我便和《十九世纪》(Nineteenth Century)杂志的编者洽商，问他可否让我在他的刊物上详细回答一个最杰出的进化论者的意见，编辑詹姆斯·诺耳斯先生慨然接受了这个建议。我对贝茨也谈起过这件事情。'是的，这才是真正的达尔文主义。'他回答说，'"他们"把达尔文的话弄成那种样子，真是可怕。'"❶

试想一下，历史上都有什么人曾经与赫胥黎对阵？我们容易想到，许多历史书中也是这样写的，赫胥黎曾与保守的宗教界人士论战，以科学事实为基础雄辩地战胜了对手。但是，今天我们能够理性地认识到，不满赫胥黎的人士不限于保守的宗教人士。即使大体上拥护达尔文进化论的人士也有对他不满的，克鲁泡特金就是其一。按照简单判断规则"朋友的论敌就一定是敌人"，克鲁泡特金被指责为搞伪科学也就不算意外。赫胥黎对于宣传科学文化功不可没，但他不可能垄断对科学的解释。

克鲁泡特金并非无的放矢，而是非常有针对性的。他想抨击的就是赫胥黎"加上了科学的外衣"的霍布斯哲学❷，"我们必须承认，即使达尔文观点的最有权威的解释者，也在竭力保持这些谬论的见解。赫胥黎无疑是公认的最有资格的进化论的解释者，事实上如果我们以他为例，我们岂不是听见他在《生存竞争和它对人类的意义》这篇文章中教导我们说：'从伦理学家的观点看，动物世界大概是和格斗士的表演一样。每个生物都受到相当好的对待，被安排去战斗；于是最强的、最敏捷的和最狡猾的便能活下去再战斗一天。观众用不着因为角斗场上没有饶它们的命而表示不满。'其次，在这篇文章的较后部分，他岂不是告诉我们说，在原始人中间也如同动物之间的情况一样：'最弱的和

❶ 克鲁泡特金：《互助论》，第21页。

❷ 克鲁泡特金：《互助论》，第79页。

最愚钝的要失败，而那些最顽强和最狡猾的，在其他方面并不是最好、只是最能适应他们的环境的便生存下去。人生是一场连续不断的自由混战，除了有限的和暂时的家庭关系以外，霍布斯所说的个体与整体的斗争是生存的正常状态。'"❶

正是对于赫胥黎科学与伦理学上阐述的不满，克鲁泡特金在《十九世纪》上撰写上列文章，1902 年以单行本出版《互助论》。12 年后，在第一次世界大战时，此书又再版。1914 年 11 月 24 日克鲁泡特金在重版序言中写道："目前的战事几乎把整个欧洲都卷入一场可怕的斗争中……在这场战争开始的时候，在那些力图为这种恐怖事件寻找借口的人们的口中，'生存竞争'就成了他们得意的解释。"

克鲁泡特金提出了一些非常重要的观点，比如：

- 坚决反对许多人关于"战败者遭殃"的呐喊，反对把个体利益的无情斗争提高为人类也必须服从的一项生物学原则。

- "生存竞争"分种外斗争和种内斗争。种内竞争并不像人们想象的那么激烈和重要，它在进化中的重要程度被夸大了。

- 动物的群居、互助是生存竞争中的最好武器。凡是把个体间的竞争缩减到最小限度，使互助的实践达到最大发展的动物的种，必定是最昌盛的。

- 互助与个体的自己维护这两个因素都是重要的，但因为后者已经被不断论述、"颂扬"，并且"只有这一潮流受到叙事诗人、编年史家、历史学家和社会学家的注意"，因此首先指出互助这个因素在动物界和人类社会进化中所起的巨大作用是十分必要的。

非常有趣的一点是，克鲁泡特金的一些论述与后来的细胞共生学说女将马古利斯的学说之间有着奇妙的关联。马古利斯在《作为战斗口号的词语：共生起源与胞内生物学的新领域》(Words as Battle Cries: Symbiogenesis and the New Field of Endocytobiology)一文中专门引用了克鲁泡特金的话：

❶ 克鲁泡特金：《互助论》，第 19、20 页。

"对动物界的许多大类来说,互助是通例。甚至在最低级的动物之间也可发现互助的事实,我们必须预期有一天会从研究微小的池塘生命的学者那里得知即使在用显微镜才能看到的生物当中,也存在着不自觉的互助。"❶

马古利斯就是"the students of microscopical pond-life"之中的一员,还有比这更准确的预言吗?"胞内生物学"研究的一个重要方面不就是细胞、细胞器和共生起源吗?细胞不是很像 pond-life 吗?

第三节　互助论在中国的微弱影响

《互助论》是影响中国近代社会的 100 种译作之一。20 世纪初《互助论》在中国一度很时尚,但放在整个 19、20 世纪中来看,以舶来的尺度来审视,它只有微弱影响。而且这种影响主要在于"无政府主义"的政治思想方面,而不是在于"进化论"的科学思想方面。

克鲁泡特金的《互助论》最早提及的是 1907 年 7 月出版的《天义报》(1907 年创刊于东京)第 5 卷,李石曾翻译的《互助论》1908 年 1 月 25 日开始在《新世纪》(1907 年创办于巴黎)上连载。据著名科学作家、科学教育家贾祖璋 1946 年 4 月介绍,《互助论》当时就有三个译本,第一个 1922 年由商务印书馆出版;第二个 1930 年列入万有文库出版,与第一部译者署名相同,但贾先生认为第二部流利可读,可能出于另一人手笔;第三部 1939 年列在开明书店版《克鲁泡特金全集》第 6 卷出版,朱洗译,巴金还写了"前记"。贾先生估计此版本可能译自法文❷。

经李石曾、褚民谊、刘师培的宣传,克鲁泡特金的学说深深地影响

❶ 译文参考克鲁泡特金《互助论》第 23 页,另见马古利斯、萨根《倾斜的真理》,李建会等译,江西教育出版社,1999 年,第 382 页;以及 Lynn Margulis, Word as battle Cries: Symbiogenesis and the New Field of Endocytobiology, Bioscience, Ecosystem Science for the Future, Margulis 1990, 40(9), p. 675)。

❷ 贾祖璋:《生存竞争和互助》,见《贾祖璋全集》第 2 卷,福建科学技术出版社,1994/2001 年版,第 301 ~ 303 页。

了孙中山先生，孙中山一度信奉了互助进化论。孙先生曾指出优胜劣败、弱肉强食之学说是一种野蛮的学问❶。“物竞争存之义，已成旧说，今则人类进化，非相互相助，无以自存。”❷

克鲁泡特金的互助论也影响了李大钊马克思主义观念的形成，而且很难说他最终完全抛弃克氏的观念。李大钊留学日本时的一个好友张继就是天义派的成员，而天义派最早译介了《互助论》。早期，《互助论》是李大钊理解“十月革命”和布尔什维克主义的前提。“《法俄革命之比较观》开始，李大钊的很多颂赞布尔什维克主义、阐发马克思主义的重要文章频繁出现众多‘互助论’的话语。”❸1919年他还写过《阶级竞争与互助》，在社会改造问题上他主张“阶级竞争”与“互助”并行。恽代英1917年10月组织“互相社”，1920年创办《互助》杂志，直接声明取克鲁泡特金的“新进化论的意义”。❹

经过天义派与新世纪派的介绍，蔡元培也相当程度上接受了“互助论”的思想，并且用它来分析欧洲大战❺。在致陈独秀的信中，蔡元培曾赞扬互助论：“乃于生物进化史中，求得互助者始能生存之一公例，以驳达氏物竞之义。其书广列证据，不尚空论。今日持人道主义者，多宗之。”❻

不过，近代中国的许多大师级人物，限于历史条件（国难当头，传统人文文化抵不过西方科技文化），他们理解的进化，虽然普遍受到克氏互助论的影响，内心也是倾向于克氏的，但总体上看还是坚持直线进步的进化论，“单向进步”是他们的共同信仰，康有为的“三世说”、严复

---

❶ 李伏清：《试探孙中山的历史进化论》，《内蒙古农业大学学报》（社会科学版），2004年第6卷第1期。

❷ 周宁，宁宁：《孙中山的互助进化思想》，《兰州学刊》，2006年第2期。

❸ 陈桂香：《“互助论”无政府主义与李大钊的马克思主义观》，《山东大学学报》（哲学社会科学版），2006年第2期。

❹ 邹振环：《二十世纪轰动一时的<互助论>》，见《影响中国近代社会的一百种译作》，中国对外翻译出版公司，1996年版，第288页。

❺ 付建舟：《蔡元培与无政府主义思想》，《兰州学刊》，2006年第9期。

❻ 邹振环：《二十一世纪轰动一时的《互助论》，见《影响中国近代社会的一百种译作》，第291页。

的"天演之学"、孙中山的"突驾说"均是如此。唯章太炎的"俱分进化说"有所不同,他认为善恶、苦乐、智愚是双向并进的过程。[1]

所有这些前辈,包括章太炎,更多的是从无政府主义的政治学角度而不是生物学进化要素的角度来理解克鲁泡特金的。生物进化论本来就不是纯科学,或者说这门科学处于各种社会因素的包围之中,因而人们某一时段愿意取其生物学的部分(这里面也可分出许多层次,如基因的、种群的、生态的等)、心理学的部分、社会学的部分、伦理学的部分、经济与政治的部分等,都是很自然的。进化论的科学文化,就是过去150多年里社会的文化,现代化的文化。在这样的背景下,要想使人们一开始就真正理解达尔文的革命,几乎是不可能的。达尔文的观念,的确是"危险的观念",因为它是去神的、去进步的、去人类中心的。

国学大师钱穆(1895~1990)对进化论之片面引申也持批判态度。他在科学意义上对生物进化论未必有深入的了解,但某种意义上更准确地理解了达尔文进化论的实质。他从传统文化的立场明确反对进化等于进步的观点,认为"感到现在我们是站在以往历史最高之顶点"的想法,是"一种浅薄狂妄的进化观"[2];他认为,片面的进化论意识形态与中国学术传统不合。他还说,中国人毕竟"看不起强力,看不起斗争"。"在生物进化,在人类历史发展,固有强力与斗争,终不能说没有仁慈与和平。而在中国人传统思想方面说,和平与仁慈终还是正面,强力与斗争只像是反面。"[3]这段话与克鲁泡特金的互助论更为接近。不过,钱穆的思想终究属于个别人文知识分子,在近代中国历史发展的大潮中它只能被边缘化,对现实的历史发展影响甚微。今天我们倒是可以反省一下,好好领会钱先生的见解。

陈独秀在《新青年》以"记者答言"的形式对达尔文进化论和克氏的互助学说作了有趣的评论:"鄙意以为,人类之进化,竞争与互助,二者不可缺一,犹车之两轮,鸟之双翼,其目的仍不外自我之生存与进步,

---

[1] 王向清,向知燕:《章太炎俱分进化论形成原因考》,《湖湘论坛》,2006年第5期。

[2][3] 吴丕:《进化论与中国激进主义(1859~1924)》,北京大学出版社,2005年,第182页。

特其间境地有差别，界限有广狭耳。克、达二氏，各见真理之一面。合二氏之书，始足说明万物始终进化之理。尚有一事，又吾人所宜知者。吾人未读达氏全书，偶闻其竞争之说，视为损人利己之恶魔，左袒强权之先导。其实非也，达氏虽承认利己心为个体间相互竞争之必要，而亦承视爱他心为团体间竞争之道德也。”❶不过，不能指望所有知识分子都能够全面理解达尔文的进化论。

新中国成立前中国学术界应当说很重视克鲁泡特金的著作，贾祖璋先生在1949年开明书店出版的《生物学名著讲话》中共介绍了10部书，其中赫胥黎1部，达尔文2部，洼勒斯1部，拉马克1部，赫克尔（海克尔）3部，克鲁泡特金1部，孟德尔1部。

第四节　连续内共生理论（SET）及象征意义

“共生”（symbiosis）这个词是由德国植物学家德巴里（Anton de Bary）于1873年创造的。“共生起源”（symbiogenesis）一词则由俄国植物学家梅里日可夫斯基（Konstantin Sergeevich Merezhkovsky，1855～1921）提出。

共生起源的思想对于进化论的含义是非常明确的，它完全不同于新达尔文主义的渐进机制。在共生起源理论看来，复杂生命体未必是独立地、缓慢地进化而来的，而可能由现成的部件装配起来迅速进化出来。塔赫塔安（A. L. Takhtadzhyan）院士这样描述过，这种进化方式的独特性在于，“一个复杂体系很大程度上是由预制好的部分装配起来的一种过程”。进化过程可以有两种方式：分离起源（segregogenesis）与综合起源（synthogenesis），共生起源进化属于后者。但综合起源中包含有性起源和无性起源两种类型，共生起源算后一类。

生物共生现象十分普遍，共生不等于互利共生。自德巴里于1878年在德国博物学家与医生大会上阐述“共生”现象以来，到20世纪初

❶ 陈独秀：《记者答李平》，《青年杂志》（从第二卷改名《新青年》），第1卷2号，1915年（民国四年）9月15日。

学者已经将共生分为许多种类型,如偏利共生(commensalism)、互利共生(mutualism)、寄生(parasitism)、菌藻共生(helotism)、内部寄生性腐生(endoparasitic saprophytism)。不过,这些划分只是形式上的,对于说明共生关系的实质用处并不很大,也许对于进化的意识形态解释有用。共生的重要一点在于,共同生活在一起,形成更高一层的生命系统。共生进化与生态系统进化有类似之处,内部都有依存关系,但前者的联合、结合程度更密切,以至于难以划分出单个的个体和物种。

马古利斯在读研究生期间,发展了俄国共生学派的细胞共生起源理论。她翻阅旧书刊,关于细胞的共生起源,她主要查到了如下思想先驱:法明茨恩(Andrei Sergeevich Famintsyn, 1835 ~ 1918):尝试从植物中分离叶绿体并使其生长;梅里日可夫斯基:叶绿体源于蓝绿藻;库佐 - 波利延斯基(Boris M. Kozo - Polyansky, 1890 ~ 1957):细胞的游动性源于共生。对早期的共生起源理论做出重要贡献的还有法国学者波提尔(Paul Portier)和美国学者沃林(Ivan E. Wallin,1883 ~ 1969),后者使用了一个特别词汇 symbionticism,而其他学者从未采用过。沃林 1965 年投稿《科学》杂志,但被拒绝。

英语世界的大部分生物学家全面了解俄国学者关于共生起源的先驱工作是在哈金娜(Liya Nikolaevna Khakhina)俄文科学史研究著作《共生起源的概念:对俄罗斯植物学家们研究的一项历史性与批判性考察》(Concepts of Symbiogenesis: A Historical and Critical Study of the Research of Russian Botanists)1992 年被译成英文出版以后。马古利斯不算在内,此书英译本的出版与她的努力分不开,她是英译本的编辑,并写了十分重要的编辑导言。这是一部非常重要的科学史著作,可惜在国内都找不到。田松先生专门从美国为我购了一本,我才得以了解这段有趣的科学史、思想史。

此书英译本前面有美国宾夕法尼亚大学科学史与科学社会学教授瓦西尼奇(Alexander Vucinich)撰写的"序言",马古利斯和麦克门那敏(Mark McMenamin)写的"编辑导言"。正文共有 7 章:共生起源作为进化论中的一个概念;有关共生在进化中重要性的早期思想:法明茨恩的工作;梅里日可夫斯基的共生起源假说;额兰金(A. A. Elenkin,1875 ~

1942)对共生起源概念的批评(他的批评推进了人们对共生起源的理解,实际上是“小骂大帮忙”);库佐-波利延斯基对共生起源的贡献;20世纪20年代到40年代人们对共生起源的态度;当代的共生起源概念。还有不到一页半的“结论”。书后还有麦厄斯(Donna C. Mehos)写的一个附录“沃林和他的共生起源理论”。

早期“共生起源”学说基本上是由三位俄国植物学家提出的,他们三位在生物学界均有相当地位。“尽管波提尔在法国(1918年)、皮兰托尼(Umberto Pierantoni)在意大利(1948年)、布希纳(Paul Buchner)在德国(1965年)均不同程度上同情共生作为进化新颖性的一种发生机制,但是这些人物在科学世界中并不担任要职。而三位俄国人却都是领袖人物。”[1]其中梅里日可夫斯基是喀山大学(Kazan University)教授,喀山大学是仅次于莫斯科大学的名牌大学。而法明茨恩则是圣彼德堡植物生理学实验室的创建者。按科学史学家瓦西尼奇的说法,在俄国人们对共生起源价值的认识也非常缓慢。苏联出版的《苏联大百科全书》第1版对共生起源作为进化的一种机制完全持负面态度,第2版(20世纪50年代)则从一般的共生词条中删除了有关共生起源的内容,第3版(20世纪70年代)则有一强烈反弹,关于共生起源专设了一个条目。此条目认定上述三位俄国科学家为共生起源的先驱,并指出其当代伟大后继者也有三位:俄国著名植物学家塔赫塔尖、美国的马古利斯和英国的贝尔纳(J. D. Bernal)。到了20世纪70年代末,随着《共生起源的概念》(1979年)和《细胞进化中的共生》(马古利斯著,英文1981年,俄文1983年)的出版,苏联科学界才广泛重视并认可共生起源理论。

根据哈金娜的著作,共生起源研究的历史可分为4个阶段:

第一阶段:19世纪60年代到1907年,核心人物为法明茨恩和梅

[1] Lynn Margulis and Mark McMamin, Editor's Introduction to the English Text, in Concept of Symbiogenesis, by Liya Nikolaevna Khakhina, Yale University Press, 1992, p. xxi.
Alexander Vucinich, Foreword, in Concept of Symbiogenesis, by Liya Nikolaevna Khakhina, Yale University Press, 1992.

里日可夫斯基。这一阶段的特点是只有孤立的实验和理论探索。

第二阶段:1905 年到 20 世纪 20 年代早期,核心人物还是法明茨恩和梅里日可夫斯基。这一阶段的特点是,共生起源理论得到正式表述,也受到批评。

第三阶段:20 世纪 20 年代到 20 世纪 30 年代末,核心人物是库佐－波利延斯基。他把自然选择的概念与共生起源理论融合在一起。

20 世纪 40 年代到 50 年代这 20 年是停滞期,共生起源理论没有什么发展。

第四阶段:20 世纪 60 年代到现在,此时已有众多知名学者参与,共生起源理论得以在生物化学和分子生物学层面复兴❶。

这其中主要涉及三位俄国植物学家(广义地理解,他们研究的范围不限于植物),三位对达尔文进化论的态度是一个特别值得关注的方面,实际上哈金娜已经尽可能阐明他们各自的动机和后来人的看法。

法明茨恩并非想否定达尔文进化论,事实上他是俄国第一批拥护达尔文思想的生物学家之一,早在 1874 年他就在圣彼德堡大学发表演讲"达尔文及其对生物学的影响",高度评价了达尔文的思想。不过,他理解的达尔文的主要贡献与我们今天的理解是不一样的,甚至与同时代的其他科学家的理解也不同。在一起有关达尔文主义的争论中,他还直接站出来捍卫达尔文的学说。尽管如此,他还是发现达尔文的进化概念中有若干缺陷。正是为了克服达氏的缺陷,他才构造了新的想法,"最终达到把共生作为进化的一种机制的思想"。❷法明茨恩把进化的变化分为两种不同的类型:一类变化是保护生物适应外部条件,不展现结构复杂性上变化;另一类变化是导致组织复杂性的增加或减少,从而容许生物走出其正常的限制。他称前者为生物适应性的变化(changes of the plasticity of organisms)或"达尔文变化",称后者为进化

❶❷Khakhina, Liya Nikolaevna. Concept of Symbiogenesis: A Historical and Critical Study of the Russian Botanists, translated by S. Merkel and R. Coalson, Yale University Press: New Haven and London. 1992, p. 15 ~ 32.

变化(evolutionary changes)。现在我们知道,他的这种划分并不很准确。达尔文的理论实际上也部分地解释了生物由简单到复杂的变化过程。法明茨恩在这一点上是正确的:他证明达尔文自己并没有设法提出一种进步理论(a theory of progress)。新达尔文主义明确反对“进步”说,但达尔文本人实际很含糊,有时他赞成进步性发展,有时又说没有进步性发展。为了整合或者补充达尔文的进化思想,法明茨恩试图发现一种进化因素[1]。用它来满意地说明生物由简单到复杂的发展过程。有趣的是,法明茨恩试图在“可理解性”、“行为理性”、“精神过程”等现象中寻找这种因素。他因此走向支持某种版本的拉马克主义,这当然是一种错误的观念。他也因此受到基米尔雅捷夫(K. A. Timiryazev)的批评。有人因为法明茨恩的进化观念有“心灵拉马克主义”味道而把他划定为反达尔文主义者,可能也不准确。

法明茨恩虽然一定程度上误解了达尔文进化论,但不能因此而称他反达尔文。在19世纪90年代作品中,法明茨恩关于组织复杂性进化还坚持完全另外一种可能的解释。他指出,复杂生物可能通过基本生物的联合而成为集群,而它们的聚集最后变换成一个高阶的实体。这一论题一开始好像是顺便说起的,而后来受到有关共生实验结果的影响,最终变成了共生起源理论的基本概念[2]。法明茨恩很自信,认为达尔文的想法只有间接证据,而他自己的想法得到了数据的直接证明。在他看来,地衣体系就是一个典型的证据,它表明地衣作为一个复合的活生物体,比作为构成部分的真菌和藻类的组合,更说得通。“地衣的综合,是第一个观察到的事实,它表明更复杂的植物可以通过由简单个体之联合与相互作用而形成”,而这无可反驳地证明了生物进化的理论[3]。

法明茨恩的逻辑自然不同于我们今天的逻辑。他的逻辑是:先对达尔文的概念作独特的理解(这并非故意的),对进化过程进行分类,

---

❶❷❸Khakhina, Liya Nikolaevna. Concept of Symbiogenesis: A Historical and Critical Study of the Russian Botanists, translated by S. Merkel and R. Coalson, Yale University Press: New Haven and London. 1992, p. 15 ~32.

指出达尔文思想的不足，设法弥补它，提出生物的进步性发展，把达尔文理论建立在更坚实的基础上。在这一过程中，他得到了共生起源的概念。法明茨恩最终认为这种进化观念是“一种新的科学理论”，能够说明地球上的生命现象，并为未来的发展提供基础。科学史的有趣性之一在于，事后看，一个人的动机和自我评估，可能与他人的看法和事情的演化并不相符；由正确的前提未必导出正确的结果，而由错误的前提也未必不能产出有价值的理论。自达尔文以来，进化论学者想创新是比较困难的，理清自己的创新意图究竟是否超出了达尔文理论的潜在说明范围，只能是后来的事情，而且也是有争议的。间断平衡学说也面临这个问题，古尔德（S. J. Gould）本人有时说自己超出了达尔文范式，有时又不得不说还工作在达尔文范式之下。但设想一下，如果一开始学者就没有勇气试图超越达尔文，他（她）的创新动力可能就不足，对达尔文理论的细化、扩展就很难进行；另一方面，如果以为达尔文的进化论已经臻于完美，更不会主动发展新的进化理论，不会为进化论事业添砖加瓦。至于事后发现，创新也许并不那么突出，仍然没有逃出达尔文的框架，那是另外一回事。有人说，敢于嘲笑哲学的才是真哲学，同样，敢于嘲笑科学的才是真科学（这只是一种修辞，当然不意味着人们可以经常蔑视科学成就）。

梅里日克夫斯基与法明茨恩做着平行的工作，他认为通过两个或多个种系分类上不同的简单的共生体集成，才意味着进化性变换的发生。1905 年他首次表述了共生在进化中的角色，他用德文发表的论文《植物界色素细胞的本性与起源》与法氏的工作都是关于同一主题的创新性研究。现有档案显示，梅氏知道法氏的工作，对其叶绿体本性的实验研究很感兴趣。他们之间也有一些通信，但两人基本上是独立地创立自己的共生起源学说的。

一开始，梅氏的兴趣在于形态发生和动物地理学问题，随后他开始关注动物中的色素分布问题。他的研究范围很广，曾出版过《硅藻形态学》专著。在分析硅藻色素资料的时候，他确信植物中色素细胞的本性相当特别，它们原来是独立生存的生命体，现在位于细胞质当中，但与细胞质不同。1906 年他写道：研究硅藻色素细胞，“开启了一个特别的、新颖的、最令人不可思议的现象世界；在硅藻细胞中，我们遇见了像访客一样显然独立生存于细胞当中的生物，这些访客按照自己的法则发育、自我分裂，其独立性就像一般意义上生物独立于周围环境一样”❶。

梅氏对达尔文以及海克尔进化论也不满意，甚至认为它们已经过时了，因为它们建立在陈旧的数据基础之上，而新的数据要求新的进化理论。推测、自然哲学甚至唯心主义目的论的想法等，都能在梅氏身上找到。在他身上凝聚了逻辑与浪漫两种要素，这对他的创造性、高超的科学预见性都有帮助。

库佐－波利延斯基是一位高超的植物学家、理论家，对植物的进化形态学和种系发生系统学有深入研究。出于解决系统学和植物形态学问题的目的，他精细描述了进化的一般定律，他出版的重要著作有《基本的生物发生定律：从植物学的观点看》（1937 年）、《植物学中的拟态问题》（1939 年）、《植物种系发生定律与达尔文主义》（1940 年）。他的学术生涯一开始就定位于生物进化论，并且多年收集共生起源方面的资料。他发展出自己的方法来协调自然选择理论与共生起源假说。他研究过植物中绿色质体的起源，注意到用渐近分化的思路无法解释叶绿体的起源。他与法明茨恩一样认为，支持叶绿体共生本性的决定性论证可能在于，在纯粹培养的环境下它们可以生长。他甚至支持细胞核之共生细菌起源的想法。幸运的是，库氏的思想并未受到科学家的批评。塔赫塔尖的解释更有趣：当时共生起源假说本身被认为是不科学的奇谈怪论。最终库氏既保留了达尔文的教义，又强调了共生起源作为一种进化要素的重要性。但前者是个更大的纲领，他反对共生是进化的驱动力的想法（自然选择才是驱动力），他把共生起源放在达尔文主义的框架下作解释。他认为，共生起源的普遍性不能被解释成进化的一种普遍机制，不能等同于自然选择的影响。他这样做 1922 年曾受到柏格（L. S. Berg）的尖锐批评。

现在可以小结一下三位俄国学者对达尔文主义态度的激进程度：

---

❶ Khakhina：Liya Nikolaevna，p. 37.

法明茨恩认为共生起源可以补充达尔文教义，梅里日克夫斯基认为共生起源理论与达尔文对物种起源和生物进化问题的解决是不同的，他走得似乎最远。而库佐－波利延斯基又大大地往回拉了一下，认为共生起源的概念与达尔文教义并不矛盾，而且可以置于达尔文原理之下。

库氏似乎做了一件皆大欢喜的事情，开创了共生起源研究的新平台、新阶段。暂时皈依到达尔文主义的旗帜之下，有许多显然的好处。至少关于共生起源的研究可以理所当然地列在“科学”的阵营中，以“科学”的名义进行下去。但是，共生起源说与达尔文主义到底是什么关系？两者的关系的确十分微妙，有张有弛。现在马古利斯偶尔还用共生起源的事实和理论有意敲打、讽刺新达尔文主义。在马古利斯看来，新达尔文主义者以“专业部落”的方式维持了很多不适宜的教条和“神圣知识”。新达尔文主义的成功包括三个方面：其经验解释力；机智的辩护把戏；顺应了现代性的社会背景。马古利斯认为后者的作用不能忽视。

100 多年来，对达尔文进化论作出片面的“斗争常有理”之意识形态诠释的人物，如果不是别有用心，可能过多地强调了动物行为学的观察结果，而动物学、动物行为学只是进化论所涉及的一部分对象。上述三位俄国学者中的前两位梅里日可夫斯基和法明茨恩不太相信达尔文的自然选择理论，三者都不同意对进化论只作生存斗争方面的解释。这也许不是偶然的，他们的研究对象、所得到的观察资料不同于“高等”动物行为学给出的直观暗示，他们对达尔文进化论表现出本能的谨慎态度，对其意识形态解释更是不太相信。在这种意义上，跨学科研究、全方位的科学传播可能有助于科学家及民众超越偏见和固执。

马古利斯指出，进化论者和其他多数生物学家仍认为共生分析与进化分析之间有很大距离。在主要的关于进化的教科书中，共生被忽视或只是略微作了一下说明，只有两本英语语言的教科书将共生作为它们的一个组成章节。共生起源作为一个进化论原理长期以来未被重视，部分是由于语言障碍，部分是由于人们不喜欢这种学说。马古利斯和麦克门那敏（Mark McMenamin）在为俄文书《共生起源的概念：对俄罗斯植物学家们研究的一项历史性与批判性考察》的英译本所撰写的编辑导言中指出，共生起源学说的遭遇与地质学中的大陆漂移、板块学说的情况有些类似，两者发生的时间也大体接近。地质学的这场革命最终被人们确认。“共生起源的观念必须整合到现代进化论中，就像板块构造已经成为当代地质学的核心组织概念一样。因而，生物学，生命科学，也许要进行一场有着滑稽称谓的‘后现代综合’（postmodernist synthesis），此综合承认由共生起源而来的进化之不连续本性。这样的一场综合将挑战今天在讲英语的进化论者中颇流行的标准的新达尔文观念。”[1]“后现代综合”对“进化大综合”或“新达尔文综合”，真是一种有趣的修辞，也表现了马古利斯的强烈反叛意识。

马古利斯本人在1967年（当时用的名字是Lynn Sagan）和1970年阐述真核细胞起源（这与共生起源理论关系相当密切）与相关科学史时，竟然没有提到上述三位俄国先驱的工作。马古利斯1992年在编者脚注中解释说，1975年列宁格勒植物学大会上经塔赫塔尖的提示，她才注意到这一疏漏，随后在1981年和1992年著述中都有弥补[2]。估计不是有意忽视，而是英语世界不了解俄国人用俄文发表的成果。

马古利斯和其学生发展了连续内共生理论（Serial Endosymbiotic Theory），对进化论科学和进化论的形而上学意识形态产生了重大影响。1964～1965年马古利斯（当时为萨根妻子，名字叫Lynn Sagan）在前人工作的基础上提出有核细胞起源于细菌共生。但当时这是一个异端学说，她的论文投稿就被拒绝，手稿在经历了15次被拒之后终于发表在《理论生物学》杂志上。她将论文扩展了一部书，并且与学术出版社（Academic Press）签订了出版合同，但是交稿后，出版社默不做声，一直不给出版，最后将书稿退给了她。1970年此书《真核细胞的起源》（Origin of Eukaryotic）终于由耶鲁大学出版社出版。

据马古利斯本人介绍，连续内共生理论包括4个主要步骤，经过多

---

[1] Margulis, Lynn and Mark McMenamin. Editor's Introduction to the English Text, in Concept of Symbiogenesis, by Liya Nikolaevna Khakhina, Yale University Press, 1992, p. xxii.

[2] 参见 Liya Nikolaevna Khakhina, Concept of Symbiogenesis: A Historical and Critical Study of the Russian Botanists, translated by S. Merkel and R. Coalson, New Haven and London: Yale University Press, 1992，第36页脚注。

年努力、争取其中三个已经大获全胜,得到公认,部分内容已经写进了教科书。但对于第二个步骤,人们仍然有不同的认识。

科学家早就发现细胞质的中细胞器线粒体和叶绿体有自己独立的DNA,不同于细胞核中的DNA。这一事实暗示这些细胞器有另外的起源。

根据共生起源理论,细胞中的细胞器都起源于细菌。叶绿体与独立生存的会光合作用的藻青菌有亲缘关系,线粒体与独立生存的有氧呼吸细菌有亲缘关系。

在SET看来,生物进化的最主要过程是共生融合,而不是新达尔文主义声称的以基因中性突变加自然选择为主导的普遍适用的缓慢渐变过程加上偶尔的快速变化。就进化过程的解释,SET理论背景下的进化论更强调合作、共生,而新达尔文主义更强调自私、斗争。

马古利斯明确地讽刺过新达尔文主义的进化学说,“新达尔文主义,或者说‘现代综合论’,是一个学派,从30年代开始,最初是在说英语国家的大学和学院里的生物学家中流行并持续至今”。“我认为,新达尔文主义的基本原则来源于机械主义的生物学世界观,它们被作为真理信条来讲授,并且要求研究生和年轻的教员宣誓效忠。”❶

马古利斯更不比科学哲学家更卖力地挖掘一位曾被埋没的伟大科学哲学家弗莱克(Ludwick Fleck)的理论,来分析新达尔文主义流行的原因:“为什么新达尔文主义社会团体的成员主导着美国和其他说英语国家学术机构中的生物学科学活动呢?也许有许多原因,但根据弗莱克的观点,原因是新达尔文主义的机械论的、非自创生的世界观与我们主导文明的主要神话是完全一致的。”❷我们的文明的神话是什么?相信还原论、市场经济、自由竞争以及人类是最优秀的。

共生理论和内共生起源理论的最大贡献不在于否定了残酷生存斗争现象的普遍存在性,而在于正面肯定了合作、共生是真实存在的,也是常态,甚至在生命进化的历程中可能起更大的作用。我们反对把一

❶ 马古利斯,萨根:《倾斜的真理:论盖娅、共生和进化》,第343页。

❷ 马古利斯,萨根:《倾斜的真理:论盖娅、共生和进化》,第346页。

切还原为斗争,也不支持把一切都还原为合作。两个方面都是客观存在的,都有相当的普遍性。但有一点是必须承认的,讨论生物进化,必须先假定生态系统是存在的、未被斗争过程完全破坏。

著名地质学家许靖华先生曾评论说:“《物种起源》一书发表后有百余年是充满激烈斗争和忧患的,人类经历了两次世界大战和许多极权主义的暴政。我深切地感到,愈是倡导优越性、愈是想估量他人的价值、愈是想使我们的目标尽善尽美,就会造成愈多的伤害。根据母亲的老式箴言,或者根据我们从地球生命史中学到的更古老的格言,我相信人类必须真诚相处,不要假装明了谁是适者,谁又不是适者。相反,我们倒应当对各种生命形式和滋养生命的各种方式采取兼容的态度。回顾长达数十亿年的生命演化史,我感慨万千。”❶

许先生似乎对达尔文不满,其实主要是对达尔文理论的意识形态片面解释不满。如果不限定语境的话,“自然选择”4 个字(英文是两个词组成的词组)可做 N 种解释,这是不是达尔文永远立于不败之地的法宝呢?人类的一切恶行,是否都可以冠以“自然选择”而逃避道德谴责呢?不是。“自然选择”需要精确定义,限制在一定范围内加以解释。否则,他人就不能指责许先生的如下说法:“作为科学家,我相信科学理论需要依据科学的资料及方法判断,我判断的结果发现天择说绝非科学,只不过是一种社会偏见,而且是非常邪恶的偏见。它已经严重地干扰了人类清醒地领悟生命历史的能力,也影响了人们耐心相处的能力。”❷我并不认为许先生无知、一点也不了解达尔文进化论;把有限的科学结论无限上升为一种普遍适用的原理,不讲条件地到处应用,本身就不符合自然科学的处事过程。试想一下,过去的 100 多年,人类是否根据科学、根据某种想象的进化论(不管是谁的进化论,百姓通常把它理解为达尔文的进化论),而心灰意冷地默认,强权即真理,落后就该挨打?并非中国人以及世界上多数百姓天生喜爱残酷的生存斗

❶ 许靖华:《大灭绝:寻找一个消失的年代》,任克译,生活·读书·新知三联书店、天下文化出版公司,1997 年版,第 28 页。

❷ 许靖华:《大灭绝:寻找一个消失的年代》,第 28 页。

争,而是某种在大众媒体传播的科学暗示了这一点,迫使人们接受这种强加的“必然性”。人们敢于怀疑科学吗?与公众相遇的是什么样的科学?专业学术杂志中的科学不会直接面对公众,必须是经某些人阐释的通俗的、简化后的科学才能进入公众视野。而这种科学天然具有“去语境化”(即从历史的上下文中孤立出来,去掉各种各样的联系)的倾向,天然具有失真、误导的可能性,如果人们还持有唯科学主义的观念的话。达尔文是伟大的科学家,也算是不错的公民,但公众很少直接读他的著作,很少能够直接面对达尔文。

今天我们可以坦率地讲,大自然并不提供这种“必然性”。动物行为与人类行为可能不同,动物进化可能与植物进化、细菌进化不同。动物的行为本身也有多样性,蚂蚁的行为就不同于狮子的行为,人的行为也不同于它们两者。只要人类能够反思,人类就有希望,就会更理性地看待自己在大自然中所处的地位。许先生对现有进化论所作批评的表述也许不是很准确的,但我能理解他的用意。有关这件事我曾当面长时间请教过许先生,谈了几个小时,2006 年 4 月我还专门访谈过他。巧合的是,我们都非常赞赏马古利斯的伟大工作。他甚至说,在国内他经常提到马古利斯,但在场的听众似乎没人知道此人,“而你是第一个了解马古利斯的”。他还表示,非常愿意帮我们邀请马古利斯到北京大学来讲学。国内当然有不少人了解马古利斯,一些教科书中也写入了马氏的工作,引用她的论文在科学界也常见,也许只是恰好没有被许先生碰上吧。但国内学者基本在是自己的专业范围内了解她,跨学科理解她的工作的含义,现在显然没有做到。在哲学、伦理层面理解、阐述马古利斯的工作的意义,是现在要做的一项重要工作。

第五节　走向共生伦理

以上并没有直接讨论河流伦理,但是其中的“互助作为进化的一个要素”以及“共生起源作为进化的一个要素”的确立,对于河流伦理的讨论确实有重要启示意义。

回到河流问题。人类存在之前许久,各种河流在地球上就诞生、演化了。后来,人类加入了生物圈,活动不断扩大,在其中扮演越来越重要的角色。长期以来,人类与自然界其他对象,包括河流和平相处,有斗争,有合作,但从来没有谁把谁赶尽杀绝的时候。但是近100年来,情况发生了巨大的变化。人类的活动可以令一系列江河死亡或者半死亡。

人类与河流的共生体出现了严重问题,人类应当维持人与河流的共生关系。这一结论是我们根据自然科学所描绘的知识和事实转而得出的伦理学结论。

不过,在伦理学中我们知道,曾有人明确指出,事实与价值这两者是不能直接相互推导的。

规范伦理大约是不可能完全论证的,它总有一个基本前提是假定的。而那个前提的得出是一个新“范式”的确立过程。但是,我们不能放弃寻求论证。

从事实判断到价值判断,没有直接的逻辑通道,从“是”无法直接推出“应当”,这被称做休谟定律(Hume's Law)。

休谟说:“道德并不成立于作为科学的对象的任何关系,而且在经过仔细观察以后还将同样确实地证明,道德也不在于知性所能发现的任何事实。”❶这相当于表明,科学事实的描述再仔细、再发达,也无助于阐明道德问题,即事实判断与道德判断是独立的,不能用前者去论证后者。

摩尔(G. E. Moore)进行了类似的讨论:用非道德性的词语来定义“善”,都是有问题的,于是善是不可定义的非自然的性质。

因此,长期以来,由“是”到“应该”的推理被认为逻辑上有严重的问题,在科学哲学和道德哲学中这种错误叫做自然主义的谬误(naturalistic fallacy)。

不过,普特南(Hilary Putnam)试图从根本上瓦解这种看法,他论证说“事实”与“价值”的二分(the Fact/Value Dichotomy)是一种教条,他认为事实的知识中承载着、渗透着价值的知识。他说:“从《理性、真理

❶ 休谟:《人性论》,关文运译,商务印书馆,1980年版,第508页。

与历史》一书开始,我一直沿着价值术语既是概念上不可或缺的又是不能还原成纯粹描述术语的这一思路进行论证。"❶

可是,用这样一种观念论述伦理问题也潜藏着危险。此时,人们可能说自然科学的事实判断中就包含着一定的价值判断,但是在强调自然科学与人文社会科学之不同时,人们又说自然科学是不充分的,即没有考虑价值问题。一个人在论述这两件事时,不可能把两种境况下的"有利"都占全了。

一种现实的考虑是引入"度"的概念。自然科学的描述在多大程度上含有价值内容?现在的结论是有一些,但通常不是很多(与人文学术、社会科学相比)。如何描述、测度这种"度",那是另外一项艰巨的任务了。如果考虑了"度",自然科学、社会科学和人文学术之间,就不存在根本性的不同了,过去强调向左还原,而现在逐渐揭示出来的情况也许还可以向右还原。前者表明,任何学术都可以向自然科学看齐,即采用越来越多的自然科学方法;后者说任何学术都渗透了价值,都有目标导向,都是广义的人学的一部分。

在现实生活中,人们的确可以从事实判断,通过日常生活的逻辑(而不是数理逻辑)"推论"(当然不是严格的)出自己认为有道理的、自己认为接近必然性的结论。其中的逻辑关系是:

事实判断∧辅助条件→价值判断(或道德判断)

这里→表示逻辑学中的蕴含关系,∧表示合取。单纯从某个事实判断本身,不可能得出某个价值判断,但是如果附加上某个辅助条件(可能是因人而异的,或者与社会价值观有联系),就可能得到某个价值判断(道德判断)。我想,休谟并不怀疑人们在生活中的习惯做法。

问题是,辅助条件是什么?

颇难说清楚,追究辅助条件,相当于把问题向前回溯了一个"相位"、一个阶段。这种追问,可以有限地进行,但不可能穷尽。

休谟说:"理性,在严格的哲学的意义下,只有在两个方式下能够影响我们的行为。一个方式是,它把成为某种情感的确当的对象的某

❶ 普特南:《事实与价值二分法的崩溃》,应奇译,东方出版社,2006 年版,第 148 页。

种东西的存在告诉我们，因而刺激起那种情感来；另一个方式是，它发现因果的联系，因而给我们提供了发挥某种情感的手段。”[1]这种描述颇有道理，只是如休谟说的，如此也没有解决德与恶的起源问题。不过，它却展现了现实的道路。

博物学观察和人文教养，能够促使人们从非科学（不是反科学）的角度进一步理解生命、理解自然，从而生发出某种道德意识。这与史怀泽在非洲河轮上的顿悟本质上是一样的。他得到了多年寻找的“敬畏生命”这一核心思想，它是史氏《文明的哲学》的骨架。敬畏生命包括“生的意志”和“道德的需求”。生命是神圣的，自然也是神圣的。每个人，每种动物，每种生命，都有生的意志，而每块岩石，也是一种在那里的存在。每一个具体的存在都是独一无二的，它有生成、演化的过程，也可以作“拟生”的理解，即它们均是有生命的。

在现实生活中，每个物种为了自身的生存，可能必须牺牲其他物种的个体或者群体（一般情况下不会达到要求对象灭绝的程度）。这可能是一种必然，但此过程仍然是一种接近不道德的行为。人类不能因为某种过程不可避免，而得出结论那是正当的。不过，单纯由客观的事实判断，在此也得不出某种伦理道德判断。这需要某种辅助条件，需要某种关于良知、善良品格的理解。

牺牲其他生命、破坏环境，永远是对某种生命意志的否定。把必然或者不可避免之事视为某种合理之事，以为因此就排除了恶的伴随，是没有道理的。

我们每一刻的生存，都与其他生命和非生命的存在分不开，我们与环境和河流处于一种动态平衡的共生体中。我们的行动可能注定要给其他对象带来痛苦，但决不能因此就以为必然性的、表观的决定论过程就可以免除道德责任。我们要学会感恩、敬畏、宽容和适时报答。

就科学技术与伦理学之关系，首先要强调最低层次的“底线伦理”，即一种人类中心主义的、考虑了可持续发展的生态伦理。当前即使在这一层面，也远远没有做到，因此如果有人坚决捍卫这一层面的伦

[1] 休谟：《人性论》，第499页。

理的话，当然也是可以的，只是还不够。

为什么说不够呢？伦理是人生境界的一种提升，取法乎上只得其中，取法乎中只得其下。人类中心主义是一种底线伦理，追求底线，可能实际得到的是底线之下的东西。伦理教育和修养的目标与要求高一些，实际运作过程中再打一些折扣，结果可能恰好合适。按杨通进博士的说法，可以把人们的环境道德境界分为四个层次：人类中心境界、动物福利境界、生物平等境界和生态整体境界。

此四个阶段也是历史发展的，不可能一步到位，实际上目前谁也没有完全做到，但那是一种境界，就像登山队员常说的“山在那里”。追求那样一种境界，有什么反科学不反科学的？

敬畏自然、维护河流的健康生命，某种程度上确实有“不大作为”的意味，但是这种心态有可能“延缓人类的灭种”。如果人类早晚都得死，为什么急着去死？如果说乐观使人幸福，乐观派在现实中享受着悲观派的福祉还要说着人家的坏话，这倒是不“伪善”，却显得不够厚道。

2006 年 10 月武汉科技大学召开科技伦理学会议期间，有一天晚上，我们顶着小雨去看长江。走在空旷的汉口江滩，天黑外加上小雨，能见度很低，说实话，我们并没有直接看到长江。但离长江非常近，能够感觉到她博大的身躯就在我们身边、在人类身边，我甚至听到了她的呼吸声。雨越下越大，我们不得不尽快离开汉口江滩，这时公园中一座表达人类之爱的雕塑猛然间进入昏暗的视野，按下相机快门的瞬间，我突然觉悟到：河流伦理的论证是相当困难的，但显而易见河流孕育了文明，允许河流进入伦理共同体，人类会失去什么吗？回答是“nothing”。但我们得到了什么？我们似乎得到了整个世界，因为一切都在超验中进入了我们的共同体。第二天发言，我讲了这个故事。

第六章

基督教与自然观

宗教是人类最普遍、最持久的文化现象，其影响遍及人类社会的各个方面。从宏观上看，它影响一个国家的政治、经济和意识形态，维系民族和文化的身份认同。在微观层次上，它塑造人的世界观、价值观、审美趣味和情感取向。因此不难理解，20 世纪 60、70 年代以来西方的环境运动的深入发展，并最终触及了西方文化的内核，作为西方世界观和价值观的主要提供者与维护者的基督教，也就进入了人们的视野。

基督教和生态思想之间的关系是以互动的方式展开的，一方面，基督教在自然观方面受到了生态思想的严重挑战，被迫对自己的教义和经典作出新的审视；另一方面，基督教又顺应了生态的潮流，创造性地发展出了丰富多彩的生态神学，反过来又对生态思想和生态伦理做出了独特的贡献。可以说基督教把生态运动的外部挑战，转化为内部神学发展和改革的压力。

第一节　基督教思想中的自然问题

基督教的自然观是非常独特的。首先,作为整个物质世界总和的"自然"这个概念在基督教里是以"被造物"来称呼的,这表明基督教否认有一个自己产生、自我维持的"自然而然"的物质界,因为在基督教看来,包括人在内的整个世界都是上帝所创造的。

在基督教教义中,人和自然的关系是放在创造论(doctrine of Creation)之下讨论的,它的根据是《圣经·创世记》里上帝创造世界和人类的叙述。这既是最受环境主义者诟病的部分,也是生态神学的理论基点。根据创世的描述,上帝在前五天里创造了天地、日月、动物、植物、飞禽、走兽,在第六天创造人类。也就是说,《圣经》一开始就提出了三组关系:

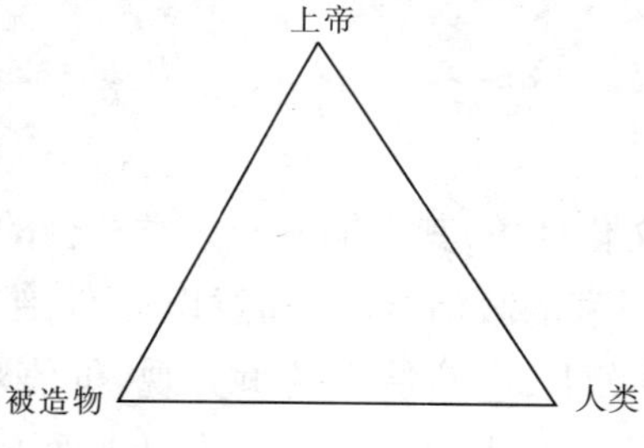

在《圣经·创世记》里,关于这三种关系的叙述是这样的:①上帝和被造物:上帝从虚空中创造世界,上帝在世界之外,"诸天诉说神的荣耀"(诗篇第19篇);②上帝和人:上帝用泥土造人,人有上帝的形象,后来人由于背逆上帝而犯罪;③人和被造物:人受命管理被造物,因为上帝说:"我们要按照我们的样式造人,使他们管理海里的鱼,空中的鸟,地上的牲畜,和全地并地上所爬的一切昆虫。""神就赐福给他们,又对他们说:'要生养众多,遍满地面,治理这地;也要管理海里的鱼,空中的鸟,和地上各样行动的活物。神说:'看哪!我将遍地上一切结种子的菜蔬和一切树上所结有核的果子,全赐给你们作食物'"。以及散见在《旧约》各章中的人对土地和牲畜的关系。

在基督教信仰中,上述三种关系的地位和重要性并不相同。基督教信仰最核心的信息是人对上帝的关系:上帝创造人和万物,人类因不顺从上帝而犯罪,导致和上帝关系破裂;上帝道成肉身,为人类的罪被钉十字架,人因着基督的救恩而称义,因着圣灵而成圣。基督最终会再来,人类历史在上帝的荣耀中达到完满和结束,基督徒和耶稣同登新天新地,进入上帝的国度。所以,整个人类历史就是上帝进入人类的历史,是神一人共同演出的一个戏剧,戏剧的主角是上帝和人,自然只是这部神曲的背景,只有次要的、衬托的作用,其本身并非关注的焦点。

与此相应,致力于"信仰寻求理解"(faith seeking understanding)工作的基督教神学也主要关注人与上帝关系的历史。神学(theology)按其字面意思(theos 神,logos 论说)即是"关于神的学问",也即是"研究神的启示的学问"。因为人对神的认识只能凭借神的自我启示(revelation),而神的启示"是神的一种行动,借此公开他自己,向人类传递真理。神借这行动,让自己向受造之物显明自己,除此以外,再没有其他认识神的方法。"[1]神的启示传统上分为"一般启示"和特殊启示。前者是指神借着创造、历史和人的良知来向全人类(基督徒和非基督徒)显示,如有关他本性的真理,它的作用是让人在获得特殊启示之前对神有初步的了解,如保罗在《罗马书》中所说的"自从造天地以来,神的永能和神性是明明可知的,虽是眼不能见,所藉着所造之物,就可以晓得,叫人无可推诿"。一般启示并不足以带来救恩,而特殊启示是上帝在《圣经》和他的儿子耶稣基督身上启示自己,而认识耶稣基督是上帝道成肉身,为人的罪而死,这是得救的唯一条件。因此,特殊启示比一般启示更重要。这是基督教信仰的一个本质特点。基督教认为历史上每个民族都有自己的上帝观念,这是上帝将自己启示在自然、历史和文化中的结果,但是,这是不够的,救恩的关键是要认识到这位上帝就是《旧约》中以色列人的上帝,就是《新约》中的耶稣基督。

由于特殊启示高于一般启示的原因,历来基督教神学关注的是如何理解上帝的属性、三位一体教义、道成肉身、人的罪和救赎,而这一切

---

[1] Hery C, Thiessen, Lectures in Systematic Theology, revised by Vernon D. Doerksen (Grand Rapids: Eerdmans, 1979). p. 7,转引自殷保罗《慕迪神学手册》,姚锦森等译,香港福音证主协会出版,1994 年,第 147 页。

只存在于人类的、历史的领域。在当代神学,例如卡尔·巴特(Karl Barth)神学和存在主义神学中,上帝甚至只对个别的人单独地启示,包含在上帝话(《圣经》)中的启示要经过与人的经验的相遇(experiential encounter),即在人与基督经过存在的相遇(existential encounter)之后,才能发生作用。

这种神—人中心的特点在基督教神学的词汇中表现得很清楚,如哈佛大学的神学家考夫曼(Gordon Kaufman)所指出的,诸如"罪"、"拯救"、"赦罪"、"改悔"、"希望"、"信心"、"爱"和"称义"这样一些基督教词汇中的大字眼主要和人以及与人之间的关系有关。而其他受造物(除天使例外)虽然受到承认,但是却从来没有成为任何专门的神学词汇或教义的主体。其原因,考夫曼认为,是在于基督教思想中上帝和人之间根本的亲缘性:人是上帝按照"神的形象"而造的。因此,终极实在就被恰当地按照拟人的方式来思考,而数个世纪以来自然被恰当地看成只是因为反映了人的困境或人与上帝的关系而具有重要性。考夫曼认为这是基督教思想的内在逻辑。从这种逻辑出发,自然界和人有着本体论的区别,人由于其道德和人格的特性而高于自然的其他部分。据此,考夫曼认为历史上的基督教神学传统对待自然的人类中心论态度非但是事实,而且是由上述内在逻辑决定的必然结果❶。

第二节 对基督教自然观的批评

生态运动对基督教关于人与自然关系的思想的批评大致集中在三个方面:一是《圣经》直接教导人对自然的征服;二是由于自然是上帝的造物,因而不具有任何神性,所以人对自然的关系不受道德的约束;三是历来的基督教神学关心的是人的救赎,而忽视自然的价值。

早在19世纪末,美国密西根大学教授爱德华·埃文思(Edward Payson Evans, 1831~1917)在题为《人与兽之间的伦理关系》的文章中

---

❶ Gordon Kanfman, The Concept of Nature: A problem for Theology, Harvard Theological Review 65, (1972).

就批评了基督教思想中的人类中心主义。埃文思把基督教和生物中心论的东方宗教如婆罗门教和佛教进行了对比,批评包含在《创世记》里的对人类征服地球的“暴君般的命令”。这种信仰认为人的地位“比天使低一点”,却“比猿人高一点”,因而具有人类中心论的特征。

西方环境伦理学的先驱阿尔多·利奥波德(Aldo Leopold)也在1948年出版的《沙乡年鉴》的前言中写到:“资源保护没有取得结果,因为它和我们的亚伯拉罕宗教的土地观念不相兼容。我们滥用土地,因为我们认为它们是属于我们的商品。”

1966年神学家理查德·贝尔(Richard A. Baer, Jr.)在美国最有影响的自由派新教通俗杂志《基督教世纪》上撰文《土地的误用:一种神学的关怀》,探讨了所谓的基督教对自然的“去神圣化”(desacralization)的涵义。他认为这一根本变化发生在2000多年前,希腊哲学家和希伯来神学家开始用一位单个的、至高无上的神来替代早先文化认为存在于各自然物中的诸多神祇。贝尔认识到这种从多神教向一神教的转变是“对自然神祇的罢黜”,其后果是有利于对自然的剥削。贝尔站在基督教的立场上认为,补救的办法不是恢复对自然的膜拜,而是从基督教信仰出发改变对自然的态度。自然虽不是神灵,但它是至高的造物主的创造物,因而是圣洁的(holy),因此对自然的败坏“本质上是非宗教的”。贝尔认为:“成熟的基督教立场既不允许崇拜自然,也不允许鄙视自然。”[1]

美国加州大学圣巴巴拉分校历史与环境研究教授罗德瑞克·纳什(Roderick Nash)于1967年出版的《荒野与美国人的心灵》(Wilderness and The American Mind)一书中追述了3个半世纪以来美国人对荒野(wilderness)从恐惧到欣赏再到崇敬的态度转变,以及荒野在塑造美国人民族精神和个人灵性方面的巨大作用。纳什认为第一代来到美洲的欧洲人怀着征服荒野、建立文明的抱负,这种把荒野看做对人有外在威胁的、不安全的环境,因而需要文明去与之争斗的思想根植于欧洲文化,尤其是犹太—基督教传统。在整个《旧约》和希伯来传统中,“荒

[1] Richard Baer. Land Misuse, A Theological Concern, Christian Century 83(oct. 12, 1966).

野"不仅是对荒漠、干旱地区的称谓,而且也是一种道德上恶的象征,因为上帝经常用荒野来惩罚违逆、作恶的人。《圣经·创世记》叙述亚当、夏娃在蛇的引诱下犯罪后,上帝因为亚当的缘故诅咒大地:"地必给你长出荆棘和蒺藜来",人类从此被逐出乐园,面对荒野。此后《圣经》常以荒野和乐园对举,如"未到之前,地如伊甸园;过去之后,成了荒凉的旷野。""耶和华已经安慰锡安,和锡安的一切荒场,使旷野像伊甸园,使荒漠像耶和华的园囿"。所以,伊甸园的故事植入西方思想中的是这样一种观念:荒野和乐园在地理上和精神上都是对立的[1]。

纳什还注意到荒野在犹太—基督教传统中的另一象征意义。《出埃及记》记载以色列人在摩西带领下出埃及后在西奈半岛的旷野徘徊40载,这段经历对于形成以色列人的信仰是至关重要的,因为上帝在西奈山上向摩西颁"十诫"和律法,通过摩西和以色列人民立约。耶和华许诺只要以色列人民守他的约,他将会带领他们脱离这旷野之地,到达那"流奶与蜜"的迦南地。在这个记载中,荒野首先是一个逃离罪恶和逼迫的避难所,其次是一个和上帝的关系更近的处所,还是一个考验被拣选的人们洁净自己、为那应许之地做准备的场所。

这样的一些寓意在早期和中世纪的基督教里得到了表现。荒野被看成是地上的由恶的势力掌管的领域,是教会所应该攻克的。这种心态推动了教会向北欧部落的传教,也导致了基督徒以砍光荒野的森林、砍倒异教徒举行宗教仪式的"圣林"(sacred groves)为事功。另一方面,旷野作为避难所和洁净地的意义体现在公元4、5世纪以来很多基督教圣徒隐逸到沙漠和旷野中修行,他们或者是为了和上帝更好地沟通,或者是想逃避腐败的社会。在这两种情况中,旷野都仅仅是基督徒渴望达到天上乐园的一种工具,而没有内在的价值[2]。

著名的美国景观建筑师伊安·麦克哈格在1969年出版的《用自然来设计》(Design with Nature)一书中对基督教的批评也很引人注目。

---

[1] Roderick Nash. Wilderness and the American Mind, Revised edition, Yale Uni. Press, 1973, p. 13 ~ 15.

[2] Nash. Wilderness and the American Mind, p. 16 ~ 20.

这本书讨论人在自然中的地位和自然在人类文化中的地位，主张不要把建筑设计加诸自然，而是把自然提供给人的东西在不破坏的情况下极尽利用，即“有环境意识的设计和规划”，被誉为“本世纪最有影响的景观建筑学书籍”。麦克哈格同样把西方在环境方面的失败归咎于它流行的价值。他说，如果指给我们一个以人为定向的社会，它相信实在之所以存在只是因为人能够知觉它，宇宙是一个竖立的、支撑人在其顶峰的结构，而且人是唯一神圣并赋有对所有东西的支配权，那么，我们就能够预言出这样一种社会的城市及其景观——热狗销售亭、霓虹灯、劣质的房屋、规划不良的城市和乱采滥挖的地貌。麦克哈格认为在现代西方的价值观念中，人和自然的统一性是没有地位的。他指出：“在我们当中，人们广泛相信，世界只由人与人之间或人与上帝之间的对话构成，而对于人类的戏剧而言，自然只是一个暗淡的装饰性背景。如果自然受到注意，那只是为了征服的目的，或更好一点，是为了剥削——因为后者不仅完成了前者的目标，而且还给征服者带来了财政上的回报。”[1]麦克哈格接着把矛头直指犹太—基督教传统：

“不管西方对自然的态度的最早的根源是什么，很清楚的是，它们在犹太教里得到了确认。一神论的出现把对自然的拒弃当做它的推论。对耶和华这位按照他的形象而造人的上帝的肯定，也即是对自然的宣战。

诞生于一神论的西方诸大宗教是我们道德态度的主要源泉。从它们那里，我们发展出了人的独特性、正义和同情心的先入之见。不过，就人—自然的主题，《圣经·创世记》第一章的创世故事，即最广泛为人接受的对人之角色和力量的描述的根源，则不但未能符合我们所观察到的现实，亦因其坚持对自然的支配与征服，而鼓励了人身上最具剥削性和破坏性的本能，而非那些恭谦和创造性的本能。的确，人若为那些增加放射性、开凿运河、无限制地使用农药或赞同推土机心态（bulldozer mind）的人寻求许可的话，那么这段经文中的命令是再好不过了。在这里能找到对自然——耶和华的敌人和威胁——进行征服的批准和

[1] Ian L. mcHarg, Design with Nature, John Wiley and Sons, inc., 1992, Revised edition, p. 24.

敕令。

犹太教的创世故事毫无变动地被吸收到了基督教中。它强调了人的神性,及其神授的对万物的支配和对地球的征服。这种字面的解释渗透了西方人与自然的观点之中。"❶

在批评者中著名的还有英国历史学家阿诺德·汤因比,他在《目前环境危机的宗教背景》(1968年)一文中也责难犹太—基督教的一神论对自然的"去神圣化"(desacralized nature),他认为应该用敬畏自然的泛神论(万物有灵论)来代替一神教❷。在他1974年开始的与池田大作关于21世纪的对话中,汤因比也把犹太一神教看成是破坏古代人与自然和谐关系的原因。他说,"我称之为'在宇宙中及其背后的精神存在'的这种东西,在犹太教中是以人的面目出现,凝缩为一个超然的神被众人信奉的。在这个信念中包含着另一个信念,即认为宇宙中除了这个神以外,再没有其他有神性的东西。他们认为,人和人类以外的自然界全是由这个假想的神创造的。这种假想是从人制造工具、艺术品,创建制度等类推出来的。这个创世主被看成是有力量、有权力自由处置自己创造的万物的神。据《创世记》第一章第26节至第30节的记载,神允许人类自由处置他所创造的万物,允许人类按其愿望去利用它们。"❸这个革命性的教义将人从自然界中分离出来,也使自然丧失了它以往的神圣不可侵犯性。这种思想又被基督教所继承。汤因比提到了耶稣和圣方济各对贪欲的谴责,指出要让人从根本上摆脱贪欲,保护环境,"除了使他们皈依宗教而外没有别的办法",这里的"宗教"是一种广义上的"宗教","需要有一切宗教、哲学的信徒们进行世界性的

---

❶ Ian McHarg, p. 26.

❷ Arnold Toynbee, The Religious Background of the Present Environmental Crisis, in David Spring and Eileen Spring ed.: Ecology and Religions in History, N. Y.: Harper, 1974.

❸ 池田大作,阿·汤因比:《展望二十一世纪——汤因比与池田大作对话录》,荀春生等译,国际文化出版公司,1985年版,第32页。

合作”❶。

澳大利亚生态哲学家约翰·帕斯莫尔(John Passmore)在《人对自然的责任》(1974年)中,认为西方传统有着复杂的来源,把所有东西看做为人类而设的思想应该追溯到斯多噶派以及更早的希腊思想,经第三世纪神学家奥利金(Origen)引入基督教神学。帕斯莫尔认为希腊传统在基督教思想发展中起了比希伯来传统更大的作用。因此,“正统基督教”对自然的傲慢应该改成“希腊—基督教的傲慢”(Greco-Christian arrogance)。帕斯莫尔认定《旧约》为人对自然的绝对独裁主义(absolute depotism)态度提供了可能性,这种态度直到近代还在基督教思想中占据中心位置。他认为,把《旧约》中人对自然的统治(mankind's dominion)解释为上帝责成人对受造物进行看护基本上只是晚近的观点。至于《新约》中耶稣谈到上帝照顾“天上的飞鸟”和“野地里的百合花”,帕斯莫尔认为耶稣是站在《旧约》的传统上的,其强调重点是放在人身上。当耶稣说:“你们中间,谁有一百只羊,失去一只,不把这九十九只撇在旷野,去找那失去的羊,直到找着呢? ……”这里的羊是作为值钱的财产来看的。帕斯莫尔总结基督教对自然的态度说:“能够得到恰当论证的是,基督教鼓励了某些特殊的对自然的态度:自然主要是作为一种资源,而非某种供人带着愉悦来沉思的东西而存在;人有权随意地使用它;它不是神圣的;人对它的关系不受道德原则的约束。”❷

当然,在对基督教的生态学缺陷批评中,最有影响的是历史学家林恩·怀特(Lynn T. White, Jr.)在1967年发表的《我们生态危机的历史根源》一文。它在其后的20年里引发了激烈的讨论,不但直接促进了基督教生态神学的发展,而且也对整个西方环境哲学和环境伦理学的发展起到了推动作用。这些我们将在后一章《生态神学与生态伦理》中专门讨论。

---

❶ 池田大作,阿·汤因比:《展望二十一世纪——汤因比与池田大作对话录》,第35页。

❷ John Passmore. Man's Responsibility for Nature, London: Duckworth, 1974, p. 20.

第三节　基督教与自然的世俗化

基督教与自然的问题在20世纪60、70年代也得到了宗教社会学家们的关注,他们提出了自然的世俗化问题。所谓的“世俗化”(secularization)是近代西方社会变迁的最显著特征,它显示为近代以来基督教在西方政治、文化和道德生活领域影响力的衰退。但世俗化更深刻的体现是意识领域的世俗化,即人们在解释世界(包括自然界)和人类生活时对神圣原因的摒除。用马克斯·韦伯(Max Weber)的话说,世俗化的本质就是理性化(rationalization)或世界的“祛魅”(disenchantment)。

作为世俗化的一个特殊维度,自然的世俗化问题值得特别的关注,因为许多人认为,自然的世俗化不但是圣经信仰的直接产物,而且是西方近代科学的前提条件,而科学和技术的发展反过来又成了近代以来西方社会世俗化的主要推动者。

尽管造成西方世俗化有很多复杂的原因,但是除了社会、经济和政治等诸多“外部”因素,世俗化有着西方宗教自身“内部”的原因。

以研究世俗化著称的美国神学家考克斯(Harvey Cox)在其1965年的著作《世俗之城》(The Secular City)中,把世俗化的三个主要方面归结到圣经信仰的源头,即自然的祛魅源自《圣经》的《创世记》,政治的非神圣化源自《出埃及记》,价值的非神圣化源自西奈山的立约,特别是禁止偶像崇拜的禁令。其中自然的世俗化有着特别重要的寓意。

考克斯指出,万物有灵信仰和图腾崇拜在世界各原始文化中普遍存在,魔力的世界观(magical world-view)也以精致和发达的形式存在于古代犹太人周围的世界中,例如埃及人、苏美尔人和巴比伦人对太阳神、河神以及占星术的信仰。希伯来人的创世神话虽然也从周围的文化中吸收了一些成分,但是却对之作了显著的修改。在《创世记》中,太阳、月亮和星辰成了耶和华的创造物，悬挂在天上为人照明，它们不再是诸神或半神性（semi-divine）的存在物。星辰也不再控制人的命运，任何天体都不再有权获得人的敬畏和崇拜。因此，希伯来人的创世教义显得十分独特，它使上帝和自然相分离，并且把人和自然区别开来。这就是自然的祛魅过程的开始❶。

宗教社会学家彼得·贝格尔（Peter Berger）也持相似的观点，认为"世俗化的根子，就在古代以色列宗教的最古老源泉中，世界摆脱巫魅在旧约时代就开始了。"❷贝格尔指出古代以色列人和周围的文化都假设在"人的世界"和"神的世界"之间，在"人间的事件"与"渗透宇宙的神圣力量"之间存在着连续性，但是在以色列人的一神教宗教形成之后，他们和这种世界观断绝了关系。其显著标志是《旧约》中所记载的两次"出走"：第一次是先祖们从美索不达米亚出走，第二次是摩西从埃及出走。这两次出走并不只是地理上或政治上的迁移，而是代表着对周围世界的宇宙秩序的抛弃。贝格尔把以色列宗教的新颖性归结为上帝的超验化、历史化，以及伦理的理性化，其中上帝的超验性意味着上帝处在宇宙之外，宇宙是他的创造物，但却与他对立，并未为他所渗透。上帝的主要活动领域不是宇宙和物质世界，而是历史和道德的领域❸。

值得注意的是，当考克斯和贝格尔力言《旧约》的创世观对自然的祛魅时，他们主要着眼于《创世记》所突出的上帝与世界的分离，即上帝的超验性。世界是上帝的造物，上帝外在于世界，世界不是神，也不是神的一部分，因而失去了它在万物有灵论和其他自然崇拜宗教那里

---

❶ Harvey Cox. The Secular City: A Celebration of Its Liberties and an Invitation to Its Discipline, NY: Macmillan, 1965, p. 22.

❷ 彼得·贝格尔：《神圣的帷幕：宗教社会学理论之要素》，高师宁译，上海人民出版社，1991 年，第 133 页。

❸ 彼得·贝格尔：《神圣的帷幕：宗教社会学理论之要素》，第 138 页。

被赋予的神性(divinity),所以不能被当做偶像来崇拜。但是去除了神性的自然仍然可以因为和神有关而是神圣的(sacred 或 holy)[1],在《旧约》圣经里这样的例子不胜枚举。例如,耶和华在西奈山上召摩西时就说“当把你脚上的鞋脱下来,因为你所站之地是圣地(holy ground)。”(《出埃及记》3:5)献祭之场所被称为“圣所”(The Holy Place)和“至圣所”(The Most Holy Place)。最奇特的是安息日的设立,“当纪念安息日,守为圣日(to keep it holy)”(《出埃及记》12:16)。在此,时间被赋予了宗教的含义。所有这些“神圣”的场所和时间因为专献给神,因而都具有明显的宗教禁忌(taboo),如在安息日不可作任何的工,“祭司不可亵渎以色列人所献给耶和华的圣物”(《利未记》22:15)。这些宗教的属性当然是超自然的。另外,在《旧约》中还有一个很强的传统,就是认为被造物表达着造物主的旨意和智慧,如“诸天诉说神的荣耀,苍穹传达他的手段”(《诗篇》19:2),所以物质世界也是有着宗教目的的,尽管此时它并未赋有神性或神圣性。因此,如果我们按照通行的观点,把世俗化理解为对宗教因素的摒除,那么,我们认为圣经的《创世记》只是剥夺了自然的神性,但是并没有剥夺自然(至少是一部分自然)的宗教性。因此,《旧约》在自然的世俗化方面只是迈出了决定性的一步,自然的完全世俗化(不但去除了神性,而且还丧失了神圣性和其他宗教意义)仍然有待于后来的发展。

---

[1] 此处涉及的 divine、sacred 以及 holy 这三个词在英语里各自都有一系列不同而有关的词义,其中一些是重合的。《牛津英语词典》(Oxford English Dictionary)解释 divine 的词源和 deity 相同,基本意思为“具有神的属性的、来自神的”,sacred 的词根来源于拉丁语的 sacer,最基本的意思是“分别出来献给神的,与神有关的”;holy 的词源大概来自 whole(“完整的、不可侵犯的”),用于描述与神有关的事物,在基督教进入英格兰之后,用来转译拉丁语的 sacer,即 sacred,所以 holy 和 sacred 的基本含义是相同的(英王钦定本《圣经》通篇用 holy,无一处用 sacred,英文新国际版则有 125 处使用 sacred),都是指一件东西因为献给神,或与神有关,而具有的一种神圣性。它们和 divine 有着本质的区别。中文把 divine 译为“神性的、神的”,把 sacred 和 holy 译为“神圣的”,比较清楚地区分了它们的含义。而中文和合本《圣经》只用“圣”来翻译 holy 和 sacred,从不作“神圣”,这样严格区分“神”和“圣”,应该说是很有深意的。与此相联系,desacralize 一词是指去除事物的神圣属性和禁忌(当然首先要去除其神性),《牛津英语词典》将其名词形式 desacralization 等同为 secularization(“世俗化”)。

贝格尔对《新约》在促成世界世俗化方面的评价较低,他认为早期基督教尽管仍然坚持上帝的超验性,但是由于道成肉身以及理论化的三位一体概念,它在自然的世俗化方面相对于《旧约》是一个倒退。不过,如果注意到我们上面对神性和神圣性的区分,我们可以认为《新约》实际上包含着很强的去神圣色彩。比如耶稣认为在安息日治病是合乎礼法的,《新约》对献祭的废除(《希伯来书》谈到基督就是大祭司,他的献祭是一劳永逸的;《罗马书》宣称的因信称义更是使得救赎和犹太的律法所要求的礼仪脱离关系),使得《旧约》的种种神圣禁忌被一扫而光。相形之下,后来的天主教在重视圣礼(sacrament)方面,对新约时代是一个否定,它的信仰体系里包含的超自然成分更多,比如对圣餐作化体论的神秘主义解释,允许圣物崇拜,甚至把圣母玛利亚尊为人神之间的中保。贝格尔称此为世界"重新为巫魅所控制",或"重新神话化"❶。

对这个局面的彻底改变是由宗教改革完成的。按照贝格尔的经典论述,在天主教徒的世界里,神圣者通过种种不同的渠道传达给他——教会的圣事、圣徒的祈祷、"超自然的东西"以奇迹的方式反复突现等,可见与不可见的东西之间有一种广阔的连续性。但是新教取消了这些传递媒介中的大多数,打断了这种连续性,切断了天与地之间的脐带,从而以一种史无前例的方式将人抛回来依靠他自己。它剥夺了此世的神性,以便强调超验上帝的可畏尊严;它把人抛入完全的"堕落性"之中,以便使人对上帝至高无上的恩典之干预开放自身。这种干预是新教世界中唯一的真正奇迹。然而,在这样做的时候,新教就把人与神圣者之间的联系缩小为一条非常狭小的通道。要打开世俗化的闸口,只需要切断这条狭窄的交流通道就行了。于是,世界就成了一个经验的实在,这个实在在思想和行动上开始接受系统的理性的渗透,在此它所涉及的是现代的科学与技术。没有天使的天空先是为天文学家,后来是为宇航员的入侵打开了大门。因此,贝格尔得出结论说,"无论其他

❶ 彼得·贝格尔:《神圣的帷幕:宗教社会学理论之要素》,第145页。

因素的重要性有多大,还是新教为世俗化充当了历史上决定性的先锋。”[1]这和韦伯在《新教伦理与资本主义精神》中对新教(清教)的评价是一致的:“使世界理性化,摒除作为达到拯救的手法的魔力,这一点天主教徒从来没有像清教徒(在清教徒之前还有犹太人)那样来得彻底。”[2]

第四节　自然的观念在基督教神学中的暧昧地位

在回答众多的批评之前,基督教的神学家们有必要对历史上自然的地位作出梳理。其实在基督教史上,谈论上帝的创造物的神学家很多,只是这些谈论或者是以否定物质世界的意义为终结,或者虽肯定物质世界的价值,但又为神—人关系这一更强大的主题所淹没。从而,造成传统基督教神学谈论神—被造物关系和神—人关系时的注意力的不对称(asymmetrical)。

在历史的研究方面,神学家桑特迈尔(H. Paul Santmire)是一位富有成效的人物。他于1966年在哈佛大学获得神学博士学位。在哈佛学习期间,他就有兴趣按照生态学的眼光重释基督教。1970年他在博士论文的基础上写作了《地球兄弟:危机时代的自然、上帝与生态》(Brother Earth: Nature, God and Ecology in Time of Crisis)一书,主张在西方主流的宗教传统中找到生态责任的基础。1985年他出版了一部很有影响的著作《自然的阵痛:基督教神学暧昧的生态学允诺》(The Travail of Nature : The Ambiguous Ecological Promise of Christian Theology),试图对基督教思想史上关于自然的论述作一分析。

一方面,桑特迈尔想通过该书纠正一般的环境主义者对于基督教在生态学方面的偏见,呼吁他们对基督教持客观开放的态度;另一方面,桑特迈尔也希望基督教界的人士通过他这项研究认识到:基督教对

[1] 彼得·贝格尔:《神圣的帷幕:宗教社会学理论之要素》,第134页。

[2] 马克斯·韦伯:《新教伦理与资本主义精神》,于晓等译,三联书店,1987年,第89页。

待自然的态度并不像他们想象的那样正面和积极，有时甚至是极为暧昧不清的。桑特迈尔认为对基督教的批评或支持者很少有人花时间探究《圣经》和基督教传统中关于自然的思想的精细、微妙和复杂之处。而这种探究是他的工作的目标。

这种历史的研究对于桑特迈尔来说还有更深的意义，那就是帮助建立一种“新的关于自然的神学”（theology of nature）。桑特迈尔在《自然的阵痛：基督教神学暧昧的生态学允诺》的最后一章《圣经解释的一种新选择》中提出了他“对于圣经神学的一种生态学的阅读”，以作为关于自然的神学的基础。桑特迈尔认为这种关于自然的神学是有价值的，它有着神学外部和神学内部的理由。外部的理由（extramural reason）就是当代环境危机，以及和生态危机相应的西方社会的存在危机（existential crisis），即浮现于我们时代的对自然环境的深刻异化，这些都需要基督教批判性地利用自己的传统，对之作出回答。但是，建立一种关于自然的神学更有着内部的理由（intramural reason），因为生态危机给教会生活和神学提出了严重的问题。例如：如果教会自身采取异化的自然观，那么它的圣礼生活（sacramental life）将会成为什么样子？它的关于来世的肉体复活和世界更新的教义又将如何？教会在这个具体的生物物理世界中的使命又是什么？但是，无论是内部还是外部的原因，这种关于自然的神学都必须对传统基督教神学关于自然的反思有一种历史的理解。

桑特迈尔发现，在西方神学中，存在着两种根本的思维方法或“神学主旨”（theological motif）和自然观念有关，一是认为人的精神高于自然，欲上升而和上帝交通的“属灵主旨”（spiritual motif）；一是认为人类精神根植于自然界，而把上帝在整个自然界的存在当做人追求顺服上帝的生活的情境。这种神学反思可称为“生态学主旨”（the ecological motif）。在这里，“生态学”一词应被理解为与上帝、人和自然之间相互关系的系统有关。桑特迈尔认为这样一种思维方法涉及三项神学反思的材料的辩证关系：上帝、人类（或许还有天使）以及自然世界。

桑特迈尔发现，在基督教的自然思想的漫长历史中，有三个影响很大的主要的根隐喻（root metaphor）和这两个起支配作用的神学主旨有关。前两个根隐喻“上升隐喻”(The Metaphor of Ascent)和“肥沃隐喻”(The Metaphor of Fecundity)来源于登山经验,第三个隐喻是“向好土地迁移隐喻”(The metaphor of Migration to a Good Land),来源于希伯来民族历史的迁徙经验。当人登山的时候,如果他总是把眼睛朝上看,有一种超脱凡世的感觉,对山上变幻莫测的云端满怀敬畏,对令人目眩的阳光深感神秘,并追求一种精神的升华,那么,这种爬山体验导致“上升隐喻”。而如果一个人爬山时欣赏周遭的景物,登上山顶是为了回过头来观看整个大地,惊叹它的广袤、美丽和肥沃,体味自己和山川、树木、鸟兽融为一体,这样的体验就产生了“肥沃隐喻”。

在基督教思想中,这两个隐喻都不乏其例。桑特迈尔举《出埃及记》的一段来证明“上升隐喻”:

“摩西上山,有云彩把山遮盖。耶和华的荣耀停于西奈山,云彩遮盖山六天,第七天他从云中召摩西。耶和华的荣耀在山顶上,在以色列人眼前,形状如烈火。摩西进入云中上山,在山上四十昼夜。”

在《圣经》之后,但丁的《神曲》和密尔顿的《失乐园》都曾描写人通过精神的上升而与上帝会合的体验。

桑特迈尔举《论篇》第104篇诗人歌颂耶和华对大地、野兽和人的滋养,作为“肥沃隐喻”的例子:

“耶和华使泉源涌在山谷,流在山间,使野地的走兽有水喝,野驴得解其渴。天上的飞鸟在水边住宿,在树枝上啼叫。他从楼阁中浇灌山岭,因他作为的功效,地就丰足。他使草生长,给六畜吃;使菜蔬发长,供给人用,使人从地里能得食物。又得酒能悦人心,得油润人面,得粮能养人心。”

第三个根隐喻来源于摩西带领以色列人出埃及,奔赴“应许之地”(the promised land)的经历。在《申命记》8:7-9中有这样的描述:

“因为耶和华神领你进入美地,那地有河、有泉、有源,从山谷中流出水来。那地有小麦、大麦、葡萄树、无花果树、石榴树、橄榄树和蜜。你在那地不缺食物,一无所缺。那地的石头是铁,山内可以挖铜。”

可以看出,对于人和自然的关系来说,这三个隐喻的意蕴是不同的,第一个隐喻表达的是远离尘俗,渴望升华,与上帝联为一体;第二和第三个隐喻的共同之处是对土地、自然和生命的肯定，而这一切根本上是由上帝所安排和维持的。由此，桑特迈尔总结出“上升隐喻”构成了神学上的“属灵主题”，而“肥沃隐喻”和“向好土地迁移隐喻”则形成了“生态学主题”。这样，借助于这三种隐喻，桑特迈尔就能分辨出某位神学家思想中的神学主题，从而了解自然在他的神学体系中所占的位置。

按照这一套方法，桑特迈尔检查了从早期教会到20世纪的著名神学家的自然观念，发现“属灵主题”和“生态学主题”在整个神学思想史上都有体现。宗教改革前，爱任纽（Irenaeus）、奥古斯丁（Augustine）、圣本笃（St. Benedict）、圣方济各的神学中，“生态学主旨”是很明显的。而奥利金（Origen）、阿奎那（Aquinas）、但丁（Dante）、波那文图（Bonaventure）的神学思想中，“属灵主题”占上风。但是，正如该书的标题中“暧昧”一词所表明的，不仅不同基督教神学对于自然的态度有着对立的观点（如 Irenaeus 和 Origen），而且在单个的神学家身上，这两种主题也是常常结合在一起的，神学家对自然的观点最终由占上风的一种主题决定。

这种有趣的现象其实是有其原因的。桑特迈尔指出，在基督教早期，神学家处于希腊化文化氛围之中，哲学上受新柏拉图主义影响很大，在对自然看法方面，尤其以“存在巨链”（Great Chain of Being）的概念影响最大。哈佛大学教授、观念史家亚瑟·拉夫乔伊（Arthur Lovejoy）在他的经典之作《存在巨链》一书中详细研究了这一概念。他注意到，在新柏拉图主义哲学中，存在是一个具有等级的结构，位于这一本体论结构的顶点的是那不可言说的神圣原则，常常称为“一”、“善者”（the good）或上帝，它是完善的、最属灵的（spiritual）实在。最靠近上帝的东西是纯粹的天使生物，其次是人，因为人是有形体的精神（embodied spirits），然后是动物、植物，以下是物质元素，最后是一种原始流（primordial flux）和非存在（non-being）。拉夫乔伊指出，传统的存在之链概念常常认为，“一”是至善完美的，它要流溢（emanation），通过这个流溢过程，从“一”中呈现出“多”。在多数新柏拉图体系中，这种流溢被认为是“一”本身的溢出，被理解为“一”在不同的阶段采取了不同的形式。而在基督教的图式中,这种等级被视为由上帝从虚无中创造出来的、由被造物构成的世界。拉夫乔伊还注意到,这种存在的等级结构的图像中内在地包含了一种“结构性的张力”(structural tension)或矛盾。即,如果循着存在之链向上看,人们会看到“善者”(the good),它是所有物质存在和生物存在的、超越世界的精神基础。而从顶点往下看,人们会看到“善”(goodness),从神圣原则流出的丰富性。所以,拉夫乔伊断言,“一”实际上不是一位,而是有两位上帝:“他是善者的理念,也是善的理念;虽然第二种属性是从第一个当中推论出来的,但没有任何两个观念会比它们更对立。其一是统一的、自足的、无为的神明,另一是多样的、自我超越的、肥沃的神明。”[1]也就是说,一位是否定世界的上帝(the god of world-denial)(善者),一位是肯定世界的上帝(the god of world-affirmation)(善)。拉夫乔伊指出,从历史上讲,在这一矛盾的背后又实际上存在两种上帝的观念,一是纯沉思性的,超越一切的,是亚里士多德《形而上学》中的上帝,它是不动的动者(善者);另一是积极的、内在的柏拉图《蒂迈欧篇》中的上帝。据拉夫乔伊看,在柏拉图主义的传统中,这两种上帝观的平衡常常是偏向出世的、反世界(anti-cosmic)的方向。这些思想构成了希腊化时期的对世界看法。基督教早期的数个世纪里,这种概念框架为教会和神学家所用,他们采取当时最有吸引力、最普遍适用的哲学方法来表达自己的信仰,这是很自然的[2]。

桑特迈尔注意到,这种存在之链的概念对基督教的影响一直持续到中世纪。他认为,除了圣方济各外,中世纪关于自然的思想在很大程度上把优先性给予“上升隐喻”,使“肥沃隐喻”服从于“上升隐喻”,并且(或者)把《圣经》中“应许之地”作属灵化的解释,或者完全忽视它。对待自然的这种矛盾态度用生态神学家切努(M. D. Chenu)的话说:

---

[1] Lovejoy, A. The Great Chain of Being, cited in Paul Santmire, The Travail of Nature: The Ambiguous Ecological Promise of Christian Theology, Philadelphia: Fortress, 1995, p. 46.

[2] Paul Santmire. The Travail of Nature: The Ambiguous Ecological Promise of Christian Theology, Philadelphla: Fortress, 1995, p. 45 ~ 47.

“基督教对自然的沉思被双重的引力所撕裂：一是为了通过世界而达致上帝，因为世界的秩序揭示了它的创造者；一是抛弃世界，因为上帝和世界是极为不同的。”❶

宗教改革以后，自然在神学中的地位更为薄弱。在中世纪神学中，人的救赎被等同为人与上帝的在天国的联合，是通过人上升至上帝而达到的。为此，中世纪神学采用了柏拉图主义的世界等级结构的哲学框架。也就是说，在中世纪神学中，自然的等级结构是神—人关系的一个本体要求。而新教神学所不同的是，它不承认人救赎是通过自己的行动，上升至与上帝结合，而是由上帝降下来和我们一起，我们得救纯粹是神的恩典，这就是马丁·路德提出与天主教会决裂的主张：“唯独信心”、“唯独恩典”。所以，宗教改革家们和天主教神学家们的看法相反：问题不是人上升至上帝(humanity ascending to God)，不管是通过善功，还是通过内在的天赋恩赐，现在的问题是上帝下降至人(God descending to humanity)，亦即人的得救是一个由上帝主动发出的行为，上帝首先变为人，给予人得救所需的一切，即耶稣基督。新教神学对中世纪天主教神学的变革是巨大的，但是就自然而言，这两种神学的共同之处就是仍然把人与上帝的关系，尤其是人的救赎放在神学的首位。

但是，新教神学的这种强调恩典的人类中心倾向使得它在宗教改革以后的400年来对自然不感兴趣，放弃了它对自然的要求，实际上也就放弃了上帝对自然的要求。也就是说，自然和上帝是分离的，上帝对于自然只起终极原因或第一推动的作用，他主要是和人的救赎有关。这也即是莫尔特曼(Juergen Moltmann)经常批评的近代神学中“没有自然的上帝和没有上帝的自然”(God without nature and nature without God)。所以，桑特迈尔指出，“上升到自然之上，以便进入与上帝的合一成了新教思想的标记”❷。用卡尔·巴特的话来说，宗教改革者思想

---

❶ M. D. Chenu. Nature and Man, the Renaissance of the Twelfth Century, cited in Paul Santmire, The Travail of Nature: The Ambiguous Ecological Promise of Christian Theology, Philadelphia: Fortress, 1995, p. 76.

❷ Paul Santmire. The Travail of Nature, p. 122.

的核心要素是神—人中心(the－anthropocentric),意指以上帝和人为主题焦点的神学。

这种状况在康德之后变得更为普遍。康德把理论理性和实践理性相区分,认为上帝不是理论知识(关于现象界的知识)的对象,而是我们为了实践理性或道德理性主观上必须假设的实在。上帝是超验的,而自然是一个自我支持的整体(self-subsisting whole),是通过内部的因果原则而处于彻底相互联系中的现象的总和。就此而言,人和自然也是根本上不同的,因为人的本质是自由,而自然是决定论的。康德的论断成了后来新教神学的哲学根基,对于新教神学的神—人中心倾向起了重要的推进作用。桑特迈尔把康德的哲学比喻为一面“生态学的筛子”(an ecological sieve),当改革宗教传统从这面筛子流过时,改革宗教思想中本来就处于边缘地位的“上帝中心的生态学”就大体上被过滤掉了。所以,康德之后大多数主要的新教神学体系根本上是神—人中心的。

20世纪初新教神学的几位有着重要影响的大师对神—人关系的强调更是突出。例如,存在主义神学家布尔特曼(Rudolf Bultmann,1884～1976)受新康德主义哲学影响较深,他认为人的本真的存在(authentic existence)通过听到上帝的话语(Kerygma)才成为可能,而上帝的话语呼召信仰者离开和自然即客观性王国的等同。他在抽象或思辨的“世界观”和更为个人化的“自我理解”之间作出强有力的区别。他认为信仰和前者无关,只属于个人自我理解的领域。他提出“去神化论”(de-mythologize)的释经方法,主张《圣经》中关于上帝参与自然过程的描述乃是神化思维的残余,这种理解是把信仰转化为世界观。布尔特曼说:“关于上帝的陈述只有表达了上帝和人之间的存在关系(existential relation)时,才是合法的。把上帝的行动说成是宇宙性事件(cosmic action)的陈述是不合法的。”[1]因此,存在主义神学把《创世记》的故事解释为个人存在经验,而非对世界起源的描述。

---

[1] Rudolf Bultmann. Jesus Christ and Mythology, New York: Charles Scribner and Sons, 1958, p. 69.

卡尔·巴特(Karl Barth,1886～1968)是20世纪新教神学的最重要的神学家,是新正统神学的代表人物。他一生著述累累,神学思想非常丰富。但是自然在他的神学体系中占有很低的位置。卡尔·巴特坚决反对19世纪神学对于西方文化的兼容,以及伴随的对上帝之言中激进主张的歪曲,他的早期思想受柏拉图现象界和理念界的二分法的影响,在他划时代的著作《〈罗马书〉评注》(1919年)中,柏拉图关于永恒的理念世界高于感官和知觉世界的思想启发他坚信上帝具有绝对的超越性,上帝和世界之间存在"无限的质的差别"。巴特认为一种充足的基督教神学应满足两条标准:首先它必须是教会神学,能满足基督徒之间对话的需要,其次必须是以基督为中心的(Christocentric)神学。巴特尤其反对自然神学,他认为真正的关于上帝的知识只能来自特殊的启示,即在耶稣基督之中。人类因其堕落,已经失去了辨认上帝的能力,人对于上帝的话语的回应能力是上帝的启示重新创造出来的。巴特在1934年和布鲁纳(Emil Brunner)关于"自然神学"(natural theology)的争论是20世纪新教神学的一件大事。布鲁纳的文章《自然与恩典》和巴特的回答《不!》一起于1946年由John Baille收集出版英译本。曾经很长时间,人们认为这两位瑞士神学家代表了同样的神学立场,属于"危机神学"或"辩证神学"的派别。但是巴特认为1929年他们的立场开始分裂。布鲁纳认为历史上,天主教神学中,自然和启示是分开的,各自成为上帝知识的来源。而在宗教改革家那里,自然神学受到启示的威胁。布蒙思想以自然连同理性去说明启示,启示又受到自然神学的威胁。希鲁纳认为现在神学的当务之急是应该寻找一种新的自然神学,它是启示的接触点(point of contact),帮助人类认识上帝的启示。布鲁纳认为人类从自然知识中对神的了解虽然对于救恩是不充分的,但却是必要的,因为"神的话已经记录下来成为一个事实,神用这本有固定内容的书向我们说话,这是他的意志。只有通过这固定的、给定的东西,他才会把他直接的、个人的话语给我们。如果是这样的话,那么神是通过他在自然中的作品向我们说话的。整个世界的安排,连同其固定性和其存在的永久性,都是神的显示。”[1]对此,卡尔·巴特予以坚决的否定。巴特认为自然神学的主题“从根本上不同于耶稣基督的启示,其方法因而也不同于《圣经》的阐释”[2]。他把自然神学看成是毒蛇,而对付毒蛇的办法是一看见它,就把它打死。如果你盯着它,它也会盯着你,并最终会咬你。巴特认为,“真正拒弃自然神学只能发生在对神的畏惧当中,因而对它完全失去兴趣。”[3]即使在宗教改革家路德和加尔文那里,自然神学也不是完全没有用的。所以,巴特所坚持的宗教改革原则只不过是从他自己的神学出发认为应当坚持的“理论上的宗教改革”(theoretical Reformation),而不是历史上实际发生的宗教改革原则[4]。

卡尔·巴特的神学主要关注上帝通过他的儿子耶稣基督和人发生相互作用。因此,在这个体系中,神、人、自然这三者的关系是极其不平衡的;在巴特的神学体系中,自然是神—人历史剧的舞台,只起工具性的作用。

20世纪的另一位神学家德日进(Teilhard de Chardin)代表了基督教关于自然的另一种思想。和巴特极力排斥近代西方文化对基督教神学的影响相反,德日进则有意识地采纳了达尔文的进化理论,把它作为自然的神学体系的基础。德日进认为宇宙和生物都有一个由创生而进化的过程,宇宙的进化是螺旋上升的趋势,要服从所谓的“复杂性—意识”定律,即进化的过程代表着朝向更高级的组织和更强的、统一的意识形式的发展,直至进化的最终产品——人类及其意识的产生。而宇宙未来的进化将通过人类自己的行动而实现。只有当人类有意识地促进上帝之国到来,它才会到来。德日进的进化神学(theology of evolution)把复活的耶稣基督作为整个宇宙的中心点,而宇宙生物创生的总的普遍过程最终是基督创生(Christogenesis)的过程。复活的基督,连

---

[1] Emil Brunner. Nature and Grace, in John Baillie ed. Natural Theology, London 1946.

[2] Karl Barth, “No!”, in John Baillie ed. Natural Theology, London 1946, p. 75.

[3] Karl Barth, “No!”, in John Baillie ed. Natural Theology, London 1946, p. 76.

[4] James Barr. Biblical Faith and Natural Theology: The Gifford Lectures for 1991. Delivered in the Univ. of Edinburgh (Clarendon Press, Oxford) 1993, p. 8.

同联合于基督的信徒的肉体是宇宙的“欧米伽点”(Omega point)。德日进引用《新约》的《哥罗西书》、《以弗所书》来支持这种“宇宙性的基督论”(Cosmic Christology)。基督在进化过程中起着“第一推动者”的作用。上帝不是位于最初的、和事物分离的动力因,而是处于前头的原始推动者。基督就像一块属灵的磁铁,把宇宙吸引向他自身,使宇宙组织起来,变得有序。德日进认为在世界的结束,只有基督的“灵体”(spiritualized body)才是唯一存活的实在,生物—物理的实在都将在冰冷中死去,分解为虚无,但人类实在将在基督的丰富性中转化为属灵的白热,肢体(基督教)将会和首脑(基督)联合。人类的宇宙性上升(Cosmic ascent)将会达到它的最终目标,和永恒的基督,并通过基督和上帝相联合。

德日进的神学强调上帝和基督对宇宙进化过程的参与和渗透,亦即上帝是内在于宇宙过程的,由此,德日进对物质和生命是持肯定态度的。但是,德日进体系内的另一方面则强调生物物质世界的最高阶段是人的意识。也就是说,生物—物质的东西是好的,因为它们预示了灵性的产生,一旦灵性产生之后,生物—物质的东西就失去了其地位。用桑特迈尔的话说:“对于德日进来说,自然的美丽不是因为自身,而是因为它是一面镜子,能显示那些看它的人自己的灵性命运将是何其伟大。”[1]因此,按照桑特迈尔的看法,基督教神学史中的属灵主旨又一次在德日进神学中起了支配作用。

通过上面的介绍可以看出,在传统的基督教神学中,自然的地位是暧昧的,它在多数神学家的体系中只占据一个无关紧要的位置。也就是说,在上帝—人—自然的三重关系中,只有上帝和人的关系构成了神学首要和永恒的主题,而上帝和自然、人和自然的关系受到相对的忽视。上帝和自然的历史是从属于上帝所展开的人的救赎历史的。在未来的荣耀中,自然的归属是不清楚的,也不是神学关心的中心。即使在受古希腊影响较深的早期神学和中世纪经院神学家那里,对自然的讨论也是服从“上升隐喻”,并为“属灵主旨”所淹没,正如桑特迈尔所阐

[1] Paul Santmire. The Travail of Nature, p. 166.

明的那样。桑特迈尔《自然的阵痛》一书原本试图纠正考夫曼认为基督教神学基本词汇具有“人类中心”特征的看法，也要纠正一些神学家认为基督教神学传统中充满生态智慧的看法，所以桑特迈尔用“阵痛”一词表示基督教神学对于生态学的暧昧意义：分娩既有痛苦，又有希望。但是从他对历史上基督教神学的自然思想所做的清理中，我们时常发现考夫曼所说的基督教神学的“内在逻辑”在起作用。而对这种“内在逻辑”的克服，是当代生态神学的目标。

第七章

生态神学与生态伦理

西方生态伦理学的目标是要突破传统伦理学的人类中心论倾向，把道德共同体的范围扩展到非人类的生命，乃至非生命存在物，包括整个生态系统或自然界。这要求它不但要对传统的自然观和价值观作出反省与批判，而且也要求它从一切有利于人与自然关系转变的思想形态，包括基督教思想中，汲取精神的营养。晚近发展起来的基督教生态神学，就是这种努力的体现。

第一节　林恩·怀特的批评及其争论

我们在上一章已经看到对基督教的生态学缺陷的许多批评，但其中最重要、最有影响的是美国的中世纪史学家林恩·怀特（Lynn T. White, Jr.），他在1967年的文章《我们生态危机的历史根源》中直接指出基督教对目前的生态恶化负有罪责。

怀特是美国加州大学洛杉矶分校的历史学教授，是著名的中世纪史学家，尤其精于中世纪科技思想史，且力言中国科学技术对于中世纪欧洲的贡献。他的著述很多，如《中世纪技术与社会变革》(1962 年)、《来自上帝的机器：西方文化动力论文集》(1968 年)，但是他最为普通人所知的却是这篇论基督教和生态危机的文章。

这篇文章本是林恩·怀特在美国科学促进会的一次演讲，随后发表在《科学》杂志 1967 年 3 月刊上。这篇文章由于在生态运动高涨的时候把造成生态危机的原因归于基督教，从而引发了激烈的争论，支持者甚众，反对者也为数很多。无论这篇文章本身立论是否站得住脚，它的巨大影响是无可否认的，它使得"基督教是生态环境的敌对者"这样一个过分简单的结论在一般西方公众中间广泛流传。这种"基督教在生态方面已经破产"的观念也是西方生态运动转向东方文明寻求思想资源的重要动因之一。

另外，对基督教的生态学批评使很多的基督教学者重新思考在基督教信仰中人和自然的关系问题，他们需要重新考虑《圣经》教义和神学，重新审视基督教历史以便回应和反驳怀特的责难，这样做的结果是掀起了一场生态神学的运动，使得生态思考成为当代基督教思想中一个重要而有特色的组成部分。许多神学家或基督教内人士，不管对林恩·怀特的结论做何看法，对于他的文章对生态神学的贡献是予以承认的。例如，美国神学家詹姆斯·纳什(James A. Nash)说："他把我们从死气沉沉中唤醒"，并认为怀特的文章很可能比任何别的单个因素更多地促成了基督教舆论界对于创造物(自然)以及对它的看护问题的关注，他说，"如果是这样的话，单单这个事实就意味着教会欠着林恩·怀特一份深深的感激"❶。由于这个缘故，林恩·怀特的文章如今已经成了环境伦理学和生态神学方面的经典著作，被重印和收集在各种文献当中，其被引用频率之高，也远逾一般学术文章。

林恩·怀特的文章旨在理解造成西方生态危机的原因以及摆脱危机的办法。怀特指出每种生物都以不同的方式影响着环境，但是以人

---

❶ James A. Nash. Loving Nature: Ecological Integrity and Christian Responsibility, (Nashville: Abingdon Press) 1991, p. 71.

对环境的影响最大，而自从19世纪中叶科学和技术“联姻”之后，这种后果也越来越严重。针对人们提出的具体的缓解措施，怀特认为，“除非我们考虑根本的东西，否则，我们特定的措施可能会产生比我们计划要弥补的更严重的新缺陷。”❶这更根本的东西在怀特看来即是要以某种历史的深度来审视那些在背后支持着科学和技术的“预设”（presuppositions）。怀特以中世纪技术史家的学术素养指出，尽管一般认为近代科学诞生于1543年哥白尼的《天体运行论》和维萨留的《人体的构造》的出版，而科学和技术的融合也发生在19世纪，但是科学和技术的兴起应该追寻到中世纪早期，在技术方面，这时期拉丁语西方的动力机、省力装置和自动机有了令人惊异的发展，令希腊语近东地区相形见绌。在科学方面，由于阿拉伯和古希腊学术的引进，到13世纪后叶，和穆斯林世界相比，西方的科学已处于领先地位。“从11世纪以后，西方文化的科学部分就以稳定的速度增长”。怀特说，既然我们的科学、技术知识从中世纪起就开始发展，并取得了世界性的支配地位，那么，如果我们不去检验中世纪的根本假设的话，那我们就不能理解它们的本质，以及它们对于我们目前生态所施加的影响。由此，怀特开始把锋芒指向基督教。

怀特发现，公元7、8世纪以后北欧耕作方式的改变事实上代表着人和土地关系的一种重要变化，它和其他方面的证据一起表明“人和自然成了两种东西，而人是主人”。怀特指出这种变化与当时的理智模式（intellectual pattern）即基督教的思想是和谐一致的。他认为，“人们对他们生态的所作所为取决于他们对自己与周围事物的关系的看法。人类生态深受人们关于我们的本性和命运的信念——宗教的调节。”❷虽然我们已经处在所谓的“后基督教时代”（the post-Christian age），但我们的行为仍然受着基督教传统的影响，“我们今天如同过去

❶ Lynn White. The Historical Roots of Our Ecologic Crisis, Science. 10. March 1967, Volumeless, Number 3767, p. 1204.

❷ Lynn White . The Historical Roots of Our Ecologic Crisis, p. 24.

约1700年一样,仍然大体上生活在一个基督教原则的环境中。”❶

那么,基督教关于人与自然的关系又教导了人们什么呢?

怀特首先指出,从教义上看,与别的古代文化不同,基督教从犹太教那里继承的创世故事,把人作为上帝创造的最高产物。人虽然是用泥土做的,但他却是“按照神的形象”被造的。所以,人通过命名所有的动物而建立了对它们的统治,而物质的创造物除了服务于人以外就没有别的意义。而且,早在2世纪,神学家德尔图良(Tertullian)和爱任纽(Irenaeus)认为亚当预表(foreshadowing)着道成肉身的基督(第二亚当)的形象,人在很大程度上和上帝一样,享有对自然的超越性。怀特认为,基督教不仅在人和自然之间建立了一种二元论,而且还坚持认为人为了自己的目的而剥削自然是上帝的旨意。所以,“尤其是西方形式的基督教是世界上所见到过的最人类中心的宗教”❷。

怀特认为,在实践的层次上,这样的教导必然造成对自然的冷漠和无情。在古代,每一棵树、每一处泉水、每一条小溪、每一座山都有自己的“地方神”(genius loci),即守护神,人们在砍树、采矿和筑坝之前都要乞求神灵息怒。基督教由于反对偶像崇拜而禁止将自然赋予神性,随着基督教摧毁了这些异教的万物有灵论,对于剥削自然的禁令也就消除了。因此,人们可以不惮为满足自己微小的奇想而利用自然。

怀特注意到基督教是一种复杂的信仰,其结果也因处境而异。他称自己的断言能很好地适用于科技取得重大进步的中世纪西方。他并且区分了拉丁西方和希腊东方的基督教在对待自然态度上的差别。怀特认为,在东正教中,罪是一种理智上的盲目(intellectual blindness),而拯救存在于神的光照启示即清晰的思维中。拉丁基督教则以罪为道德上的恶,而拯救来自正确的行为。因此,东方的神学是唯智主义的(intellectualist),而西方神学是唯意志论的(voluntarist);希腊圣徒沉思,西方圣徒行动。所以,基督教中,征服自然的寓意在西方的氛围中更容易浮现出来。

这种区别进一步体现在关于自然的知识上。在基督教的传统中,

❶❷ Lynn White. The Historical Roots of Our Ecologic Crisis, p. 1205.

上帝给人的启示通过两种媒介，一是《圣经》，一是自然。由于上帝创造自然，所以自然体现了造物主的思想。这种为更好理解上帝而对自然的宗教研究称为自然神学（natural theology）。在早期教会以及后来的东方教会中，自然主要是一个上帝通过它向人说话的象征系统：蚂蚁被用来对懒汉布道，火焰象征着灵魂的渴望，等等。这种对自然的观点主要是艺术性的而非科学性的。所以，尽管保存了许多古希腊的文献，但现代意义上的科学却很难在这种气氛中发展。而13世纪之后的西方的自然神学却沿着一条不同的路子走下去。它不再是试图从自然物中理解神和人的交流，而是变成通过发现他的创造物的运作方式而理解上帝的心思。所以，从彩虹的研究中得到的是光学知识，而非洪水之后上帝和挪亚立约的见证。西方科学形成期的科学家们从自然神学中汲取的养分使人们有理由相信"近代西方科学产生于基督教神学的母体"。因此，就基督教神学和近代科学的关系，以及科学、技术的联合对于生态环境的后果而言，基督教对我们时代的生态危机应负有巨大的罪责（bears a huge burden of guilt）❶。

在追溯了"我们生态危机的历史根源"之后，林恩·怀特又提出了自己对解决危机的见解。首先他对认为只要使用更多的科学和更多的技术就能避免生态灾难的观点表示怀疑。其理由是，科学、技术是从基督教对人与自然的关系的看法中成长起来的，如果不改变这种至今仍有大量信众并影响着社会文化的宗教，那么真正的问题仍然得不到解决。用怀特的话说，"除非我们找到一种新宗教，或者重新思考我们的旧宗教，否则，更多的科学和更多的技术将不会使我们摆脱目前的生态危机。"❷怀特赞赏禅宗所主张的人与自然的关系，但他认为禅宗是在亚洲土壤里成长起来的，因此对它在西方的适用性表示怀疑。他提出可作为精神榜样的是13世纪的基督教圣徒阿西西的圣方济各（St. Francis of Assisi, 1181～1226）。

圣方济各是一位很受后世喜爱的圣徒，他曾放弃家产，宣传清贫福音，他的修会成员过着赤足托钵乞讨的苦修生活。怀特欣赏圣方济各

❶❷ Lynn White. The Historical Roots of Our Ecologic Crisis, p. 27.

所提倡的谦卑的美德——不仅每个人应当谦卑,人类作为一个物种也应当谦卑。在圣方济各的眼中,上帝的所有造物都是平等的,在他看来,蚂蚁不只是对懒汉的讲道,火焰也不只是灵魂渴慕与上帝结合的象征,如今它们成了“蚂蚁弟兄”和“火焰姊妹”,以自己的方式赞美着造物主。相传圣方济各曾敦促鸟儿歌赞上帝,曾规劝恶狼悔改。他这种有别于泛神论(pantheism)的泛灵魂论(pan - psychism)受到怀特的推崇。怀特因此把圣方济各称为“西方历史上最伟大的灵性革命者”。把他的神学称为“一种替代性的基督教观点”。怀特在论文的最后认为,“既然我们的麻烦的根源在很大程度上是宗教的,那么,补救也必须本质上是宗教的,不管我们是否这么称呼它”。而原始方济各派关于自然的所有部分均有精神自主的见解,也许指出了一个方向,为此怀特提议圣方济各为生态学家的庇护圣徒(patron saint)❶。这一建议最早是密执安大学的动物学家贝茨(Marston Bates)于1960年提出的,后来于1980年得到梵蒂冈的正式采纳。

林恩·怀特在这篇不算长的论文中包含了很丰富的内容,涉及基督教与近代科学的历史关系、科学技术与生态危机的关系等重大问题。其实这两层关系都不像怀特所认为的那么简单,但怀特由此得出的基督教对生态危机负责的结论却广为流传,致使许多人把怀特视为叛教者。实际上怀特并不是基督教的反对者,他父亲是长老会的基督教伦理学教授,他本人是一个公开宣布自己信仰的基督徒,终生为长老会成员,并常常为教会的出版物撰稿。他论述从基督教角度产生一种环境伦理的潜在能力,所希望的只是一种改革的基督教,主张人和自然平等的基督教,而非别的宗教,更非无神论。这也是他虽然推许圣方济各,但几乎未加分析就拒绝禅宗等东方宗教的原因。应该说,和许多世俗的批评者(如R. Nash, I. McHarg等)相比,怀特的论调还算是温和的。

怀特从宗教、自然观和科学技术的历史关系的角度来理解生态危机,是对代表着20世纪60年代以来西方对于生态危机根源的认识的

---

❶ The historical Roots of our Ecologic Crisis. , p. 1206.

深化。他对基督教人类中心论思想的批评引发了激烈的争论，不但涉及神学家和教会人士，而且吸引了许多职业哲学家参加讨论，对于环境哲学和环境伦理学的最初发展起了极大的推动作用，是环境伦理学史上的一个重要事件[1]。

20 世纪 70 年代后，基督教学者对于基督教和生态问题的关注剧增，这些对生态问题的神学反思基本上要回答这样一个问题：基督信仰能为缓解环境危机做些什么？但是在此之前，他们必须先回应怀特等人的责难，这两件工作常常是合而为一的。也就是说，当神学家们通过重释经典、阐发教义和历史，向人们指出基督教在思想上充满生态智慧、在环保实践层面上大有可为之后，他们对“怀特命题”也就作出了回答。这种传统一直持续到 90 年代，亦即，凡阐述基督教的生态意义，必先或同时澄清“对基督教的生态抱怨”。下面仅举一直接回应“怀特命题”的例子。

詹姆斯·纳什在其 1991 年的著作《热爱自然——生态完整性和基督徒责任》中，在评述了怀特的论点的广泛影响之后认为，对于基督教在生态方面所受的抱怨，令人满意的回应必须首先承认这种抱怨在很大程度上是真的。基督教对于我们的生态危机确实负有部分罪责。这种罪责不能用基督教与基督教国家（Christendom）、信仰与对信仰的歪曲之间的区别来推诿。这种区别在形式上、逻辑上或许是存在的，但在历史上是不能令人信服的，因为基督教就是千千万万的信徒所解释、所相信的那个样子。詹姆斯·纳什认为对生态的关心在基督教的理论和实践中从来就不曾占据过显著的位置，生物—物理世界一直被当做神—人演剧的背景或舞台，从奥古斯丁到路德、从阿奎那到巴特的众多神学家都把注意力集中在罪和救赎以及神—人关系上。这就造成了一种重灵魂、轻肉体的“蔑视世界”（contemptus mundi）的传统，这种二元

[1] 例如著名环境伦理学家 Eugene Hargrove 在其为 J. Baird Callicott 和 Tom Ames 编的《亚洲思想传统中的自然》一书所写的前言中论及怀特引起的讨论对环境哲学发展的影响，但他认为怀特坚持环境危机的解决办法在于改革西方的宗教（基督教），是阻碍人们对东方自然思想的重视的主要原因。

论在不同程度上渗透于历史上基督教思想的主流之中，因而对于基督教的“疏忽生态之罪”（ecological sins of omission）负有很大责任。而且这种疏忽一直持续到当代，表现为基督教神学家和伦理学家对生态关注起步太晚、为数甚寡，且仍持严格人类中心论。因此，纳什认为，对于基督教生态的批评是不容忽视的。

当然，纳什也认为把生态危机完全归罪于基督教是一个过分简单的结论，怀特自己虽然意识到这一点，却未能避免。为此，纳什提出五点修正性的意见。

第一，生态危机不是由单个原因造成的。纳什根据默琼特《自然之死》一书的分析举出的另外因素有人口压力、以商业主义和工业化形式出现的扩张资本主义、笛卡尔的机械论在科学中的获胜、培根关于人支配自然的思想，等等。

第二，不应夸大宗教对文化的影响。抱怨基督教的人总是把宗教看做是文化主要推动者或形成者，而实际上它的影响是因时因地而异的，而且宗教本身也受文化的影响，要适应和迎合文化。文化力量也常常采纳和歪曲宗教的概念，用它们来为自己的目标服务。因此，《圣经》中本来比较有歧义的概念如“统治”（dominion）在后世变成了征服自然这样一条明确的命令，结果如罗德瑞克·纳什（Roderick Nash）所说，美国人在拓荒时代和荒野作斗争成了一场宗教的“十字军征讨”。所以，在詹姆斯·纳什（James Nash）看来，在造成生态危机的历史原因方面，文化的因素要多于宗教的因素。

第三，基督教历史上也不乏生态敏感性。基督教思想并非铁板一块，而是容纳了很多声音。具有生态敏感的神学家人数虽少，却也不容忽视。詹姆斯·纳什认为除了神学家保罗·桑特迈尔在《自然的阵痛》中所列举的爱任纽、奥古斯丁、马丁·路德和约翰·加尔文之外，还应加上爱留根纳（John Scotus Erigena）、约翰·卫斯理（John Wesley），以及当代的尼布尔（H. Richard Niebuhr）和蒂利希（Paul Tillich）。当然神学家之外还有圣本笃和圣方济各等虔信教徒。

第四，认为别的宗教在生态学上优越于基督教，事实上进行了宗教间的误比较。其他文明如埃及人、亚述人、罗马人、北非人、波斯人、印度人、阿兹忒克人和佛教徒都犯过过度放牧、滥伐森林以及人口过度增殖和造成沙漠化等错误。纳什认为基督教和其他宗教之间的对话应该建立在平等的基础上，互有裨益，而不应该站在一方，对另一方加以评判。

第五，即使对基督教的指控完全属实，基督教也有改革的潜力来发展生态伦理和行动。历史证明，基督教有改革的能力，“不断改革”（Semper Reformation）是宗教改革后新教的一条座右铭。因为按基督教关于圣灵的教义，人们不断有新的来自圣灵的真理和亮光。基督教未来的发展将是对“基督教生态破产论”的最好反驳。

詹姆斯·纳什对怀特的反应是很有代表性的。基督教神学家们一方面要维护信仰，不承认基督教是生态危机的肇因；另一方面也不得不反省基督教历史上的过失，或如纳什所说的“悔罪”（confession of sins）。当然这种过失也常常解释成是信仰被“文化”歪曲的后果，如纳什所认为的那样，或者如魏京信（Loren Wilkinson）那样在基督教和基督教国家（Christendom）之间划一条界线，以维护前者[1]。

第二节 “管理派”生态神学

既然基督教受生态运动的最直接的批评是它宣称的人对自然的统治，因此对这种指责的最直接的回应就是发展出一种新型的、更少人类中心论色彩的人与自然的关系，以符合生态时代的潮流。这方面一个影响最大的生态神学派别是所谓的管理派，它以“管家”（steward）的模型来代表上帝—人—自然三者的关系，即认为被造物是上帝的财产，人是上帝委任的管家，人对被造物的职责是看护和管理。因此，人和自然的关系问题成了一个明确的宗教、道德的问题。

“管家”一词在《新约圣经》的福音书里经常出现，如《路加福音》12 章，耶稣讲到忠心的管家和偷懒的管家、16 章讲到精明管家的比喻，

[1] Loren Wilkinson (et al.) eds.. Earthkeeping in the Nineties: Stewardship of Creation, Revised edition, Eerdmans, 1991, p. 299ff.

《马太福音》24、25章讲到受主人委托的仆人需要对主人交代的故事。“管家”的意像常常用来比喻人同上帝关系上的忠心和明智。现在这一观念被用到人对自然的关系方面，要求人尽心尽责地为上帝管理地球。这种生态神学被统称为“管理派”(Stewardship)。

因此，管理派生态神学主要是用管家这一比喻来构造人与自然关系上的宗教道德，从神学和《圣经》的角度阐明人对自然的责任就构成了“管理派”生态神学的重要特色。它是对西方生态思潮的最早的神学回应，也是迄今影响教会生活最大的一种生态神学。

一、“管理”思想的发展

基督教信仰既包含对世界的描述成分(宇宙观)，也包括规范成分(道德伦理)。《旧约》道德以摩西“十诫”为基础，而“十诫”里有四条诫命涉及人和上帝的关系，另外六条涉及人和人的关系(《出埃及记》，第20章)。在很早的时候，人们就对基督教的道德命令中缺乏人对自然界(动物、植物)的责任感到奇怪，因为在东方的佛教和其他民族宗教文化中，都有“不杀生”的禁令。1950年史怀泽曾经在一篇文章中提出这个问题，并作了解释[1]。1939年，森林学家兼水利学家罗德米尔克(Walter C. Lowdermilk, 1888～1974)在一篇讲演中提出了“第十一条诫命”(The 11th Commandment)，试图补充摩西“十诫”，使人类能完成他对上帝、对同胞和对地球母亲的“三位一体”的责任。在“第十一条诫命”中，罗德米尔克模仿“十诫”的语气写道：

“你们当以忠心管家的身份，继承神圣的土地，并一代一代地保守其资源出产能力。你们当保护你们的田地免遭土壤侵蚀，保护你们的活水免遭干涸，保护你们的森林免遭荒漠，保护你们的山丘免遭过度放牧，以使你们的子孙永远富足。若有人不能完成管理土地的职守，那么，他们的丰饶田地就会变成贫瘠的石头地和废水坑，他们的后裔就会

---

[1] 史怀泽：《敬畏生命》，陈泽环译，上海社会科学出版社，1992年，第74页。

数目衰微，生活贫困，甚或从地球表面灭绝”❶。

上一章提到的理查德·贝尔也是管理派生态神学的开创人物之一，他在《对土地的误用：一种神学关怀》一文中提出“土地使用伦理”(ethic of land usage)对于基督教信仰的重要性。在随后的一系列著述中，贝尔阐述了管理派生态神学的一些基本原则：第一，世界是属于上帝的，而不属于人类。上帝是地球的最高权威，世界上的任何一个成员都没有权利支配另一个成员的命运。贝尔说，人类虽然可能是自然的主人，但是上帝却是人类的主人。所以，人对地球的统治自由是有限的，它处于一个更高的权威之下。第二，上帝喜欢他所创造的世界。贝尔引《创世记》第1章第31节“上帝看着一切所造的都甚好”，来说明自然的整体在上帝看来具有内在的价值。因为自然是上帝的创造和荣耀的见证，它具有对人有用之外的重要性。第三，事物之间的相互关系和相互依赖是上帝创造物的一部分，任何对环境的关系和整体性质的破坏都是对上帝的犯罪。

不过，贝尔清楚地看到，人类为了生存不可能不利用和控制自然。因此，针对《创世记》第1章第26~28节把人类置于自然之上的教导，他说：人类如果停止对自然的统治，人类将不成其为人类。但是，贝尔认为，问题不在于统治的事实，而在于统治的性质。在这方面，人类中心主义是应该避免的。他把自然比做客房，人类是房客，房子的产权属于上帝，人类在使用上帝的创造物时应当遵守一定的礼节。在这个比喻中，贝尔表达了管理派的中心思想：自然是上帝的，人并不拥有自然，因此也就无权对它进行剥削，相反，正是因为人是上帝的特殊造物，他对自然负有责任。他说：“如果我们未能履行我们作为上帝创造物的受托人的义务，就必然会招致上帝对我们的审判。”❷

经过20世纪六七十年代西方环境运动和基督教思想的互动，管理

❶ Walter C. Lowdermilk. The Eleventh Commandment, America. Forest. 46(Jam, 1940) 12~15; cited in Roderick F. Nash, The Rights of Nature: A History of Environmental Ethics, The University of Wisconsin Press, 1989, p.97~98.

❷ 转引自 Roderick Nash, The Rights of Nature, p.101。

派生态神学在美国新教环境主义(Protestant Environmentalism)中占据了明显的主流地位,特别是当80年代福音派基督新教对环境运动的支持日渐强大后,管理派生态神学的主张更是成了一般信徒关心环境问题时的神学依据。例如,近年成立的基督教绿色十字架协会的季刊《绿十字》(Green Cross)的宗旨就是"力图帮助基督徒成为被造物的好管家"。福音派的大众刊物《今日基督教》也开始刊登很多阐述基督徒环保立场的文章,如1995年5月15日的《今日基督教》上,霍华德·斯耐德在他的文章《我们为什么爱地球?》中称,"驱使我们对环境关注的是我们对造物主的信仰,而不是系列危机事件"。他把《诗篇》第24篇"地和其中所充满的都属耶和华"的陈述当做基督徒关爱地球的原因,主张人类要成为上帝交给我们的花园的管理者❶。

二、"管理"的神学依据

由于众多关注环境问题的神学家的努力,管理派环保观点已经得到比较系统的神学论证。在主张"管理"的神学家中有着教派和神学立场上的差异,因此他们对"管理"所作的神学论证也不尽相同,但是,为了要论证人对地球负有责任,人们至少要考虑这样几点:①人对地球的看护和《创世记》第1章第28节的经文是否矛盾?②作为基督教信仰中心的耶稣基督和对创造物的"管理"有何关系?进而言之,必须解决"创造"(creation)和"救赎"(redemption)的连续性问题,才能理解为什么基督徒不只关心灵魂得救,而且还要关心肉身所处的尘世,关心我们的地球。

我们现在以加拿大神学家魏京信(Loren Wilkinson)主编的、比较有影响的《九十年代的看护地球:对创造物的管理》(1991年)一书为例,来看"管理派"的神学立论。

"管理派"首先坚持正统的基督教创造论,即上帝是世界万物的创造者,不可把上帝混同于自然或者世界(如泛神论所做的那样)。但是,上帝相对于被造物的"另位性"(otherness)决不意味着上帝对被造

❶ Howard A. Snyder. Why We Love The Earth? Christianity Today, May 15, 1995.

物漠不关心，或者和被造物无涉。《九十年代的看护地球：对创造物的管理》的作者们在此用传统的“神佑论”来说明上帝对万物的维持作用：“我们生活，动作，存留，都在乎他！”。也就是说，上帝对世界既是超越的，又是内在的，他和世界的关系就像是作曲家同他的音乐作品的关系：作曲家不同于音乐作品，但作曲家必定关心音乐作品。事实上，上帝集被造物交响乐的作曲家、指挥和乐器制作者于一身[1]。

另外，《创世记》不仅显示了造物主对被造物的关心，还显示了被造物有着某种程度的独立的善。在《创世记》第1章中，“上帝看做好的”这句话总共出现了4次。《看护地球》的作者们认为这句话固然可以理解为“创造物的善是上帝的善的反映”，就像《诗篇》第19篇所说的，“诸天诉说神的荣耀”。但是另一种理解也是可能的，而且同上述传统的理解不矛盾：上帝“看”着被造物是好的，这说明创造物的“善”多少是独立的，造物主不但给了被造物善，还给了它们自由。因此，被造物的善是由于其自身的缘故，而不是因为它对人有用。尽管人可能利用它们，但它们仍有独立于人的善，这是上帝在创造时赋予它们的。上帝对创造物的滋养和照看丝毫也没有考虑到它们对人是否有好处，如《约伯记》第38、39章所描述的，或如《诗篇》第104篇所示。

那么，人和其他创造物的关系应当如何理解呢？因为毕竟“征服地球”是《创世记》第1章第28节上帝对人的命令，这是基督教在生态运动中最遭人们批评的地方，因此是所有生态神学都必须正视和回答的问题。

“管理派”生态神学通过把人对于地球的统治阐述为“作为管理的统治”（dominion as stewardship），来解决这个问题。

首先，人在和其余被造物的关系上具有两面性。一方面，人和动植物是以同一种方式，在同一天被造的（《创世记》1:24－31），而且人类是用泥土造成的（始祖亚当（Adam）的名字在希伯来语中就是泥土的意思）（《创世记》2:7），“你本是土，仍要归于尘土”（《创世记》3:19），

---

[1] Loren Wilkinson (et al) eds.. Earthkeeping in The Nineties: Stewardship of Creation, Grand Rapids: Eerdmans, 1991, p. 280.

所以人是创造物的一部分，和其他创造物本质上相同；另一方面，人类相对于其他创造物而言又具有独特性，因为他是按照神的形象（imago Dei）来造的。

“神的形象”是基督教神学中一个非常核心的概念，因为它是神学人论和罪论的基础，还牵涉上帝论和基督论等教义。在历史上，神学家们对于什么是“神的形象”见解不一，他们要么把神的形象理解为人身上拥有的一个特质，关心人在犯罪后“形象”是否消失，以及如何可能恢复，要么认为人在统治自然的行为中和上帝相像❶。

在“管理”生态神学中，需要对神的形象作另外的解释，现在人们倾向于认为，“神的形象不是实体性的，而是关系性的：它描述我们与神、与人，以及与其余被造物处于责任关系之中的独特使命”❷。因此，理解神的形象的关系特点的方法之一就是看看上帝吩咐人做什么。这样，人们就必须对这段经文作出令人信服的解释：

“神就赐福给他们，又对他们说：要生养众多，遍满地面，治理这地；也要管理海里的鱼，空中的鸟和地与各样行动的活物。”（《创世记》1：28）

《看护地球》的作者们承认这里“治理”（英文 subdue，希伯来语 kabas）和“管理”（英文 rule，希伯来语 radah）两个词在希伯来语里具有非常强烈的语气，表示“践踏”和“压榨”，是统治者对被统治者施加的暴行。如果这是《圣经》关于人与自然关系的唯一教导的话，的确可以导致人对自然的剥削态度。但是，这种强烈的态度被《圣经》的其他部分平衡或逆转了。因为在《创世记》第 2 章第 15 节我们读到：“耶和华神将那人安置在伊甸园，使他修理看守。”这里的“修理”和“看守”这两个词在希伯来语里也有微妙的意思，前者的希伯来语 abad 有“服侍”甚至“成为……的奴隶”的意思，而后者的希伯来词 samar 具有“保护”的意思。因此，“治理”或“统治”受到严格的限制，也就是说人类是以

❶ James Barr. Biblical Faith and Natural Theology, Oxford, 1993, p. 158 ~ 159.

❷ Loren Wilkinson (et al) ed.. Earthkeeping in the Nineties: Stewardship of the Creation, Grand Rapids: Eerdmans, 1991, p. 285.

"服侍"(serve)、"维护"(preserve)的方式来统治动物、植物的。换言之,人仍然是主人,但是他的统治是"作为服务的统治"(subduing-which-is-service)。

在列举《旧约》关于"作为管理的统治"(dominion as stewardship)的例证之后,《看护地球》的作者们转入讨论基督和"统治"的关系,亦即《新约》关于"管理"的教导。在教会传统和一般基督徒思想中,《新约》的核心信息是上帝道成肉身,为了人的罪被钉死在十字架上,人类则借着耶稣基督与上帝和好,有着末世的盼望。如何把《新约》对于人的救赎的教导和对生态的关心有意义地联系起来,这也是所有生态神学必须回答的问题。这个问题对于一般基督徒尤其是福音派基督徒是很关键的。因为所有的基督徒可能都会赞同《旧约》尤其是《创世记》中被造物在上帝计划中的地位,但是当道成肉身的上帝在十字架上完成对人的救赎之后,即在《新约》时代之后,被造物和世界的意义则是不清楚的。所以,不难理解,"尤其在美国,许多福音派人士似乎感到对于生态并无很深的关切。和人类的灵魂相比,物质世界没有什么价值。"❶《看护地球》也指出:"基督徒们不仅忽视把'基督的心'运用到对被造物的使用上,而且对基督在创造中的参与也认识不够。"❷

在基督对于被造物的意义上,主张管理的神学家们积极阐发这样几点:

(1)基督是三位一体上帝的一个位格,他出现在创世活动中。这并不是一个新观点,《旧约》圣经的"智慧文学"如《箴言》第8章讲到"智慧"在创造中的作用:"在耶和华造化的起头,在太初创造万物之先,就有了我。从亘古,从太初,未有世界以前,我已被立……那时,我在他那里为工师,日日为他所喜爱,常常在他面前踊跃。"而在教会和神学传统中,这里的"智慧"向来被认为预示着基督。在《新约》圣经中,揭示耶稣基督的创世工作的经文比比皆是,如《约翰福音》开首就说:"太初有道。道与神同在,道就是神。这道太初与神同在。万物是

❶ Howard A. Snyder. Why We Love the Earth, Christianity Today, May 15, 1995.

❷ Loren Wilkinson (et al) ed. Earthkeeping in the Nineties, p. 296.

藉着他造的；凡被造的，没有一样不是藉着他造的。”（《约翰福音》1:1－3）《希伯来书》的作者写道：“就在这末世，藉着他儿子晓谕我们；又早已立他为承受万有的，也曾藉着他创造诸世界。”（《希伯来书》1:2）保罗在《哥林多前书》这样介绍耶稣基督的身份：“然而我们只有一位神，就是父，万物都本于他，我们也归于他；并有一位主，就是耶稣基督，万物都是借着他有的，我们也是借着他有的。”（《哥林多前书》8:6）在《哥罗西书》中，保罗又说：“爱子是那不可见之神的像，是首生的，在一切被造的以先。因为万物都是靠他造的，无论是天上的，地上的；能看见的，不能看见的；或是有位的，主治的，执政的，掌权的；一概都是藉着他造的，又是为他造的。”（《哥罗西书》1:15－16）

上述《圣经》的经文在传统神学的基督论和三位一体教义中都很受重视，比如爱任纽（Ireneaus）说过：“圣父计划每一件事情并发出命令，圣子执行命令并实施创造工作，圣灵则起滋养和增添的作用。”[1]但是对于生态神学来说，它的重要意义在于说明创造世界和救赎人类的是同一位上帝，作为人类通往永生之门的基督同时也是肉体和尘世的创造者，当基督徒仰望耶稣基督的时候，他们不应把灵魂得救和关心地球对立起来。

（2）基督对于“管理”的意义还在于：基督是“神的形象”的典范，因此按照“神的形象”被造的人类应当仿效基督，做地球的负责管家。前面讲过，在管理派生态神学中，“神的形象”被看成是关系性的，而非实体性的。也就是说，人在行动中体现自己是“按神的形象被造的”。在《创世记》和《旧约》的其他章节中，这就是“作为管理的统治”。在《新约》中，“神的形象”总是和基督连在一起，除了上面所提到的《哥罗西书》第1章第15节外，保罗还在《哥林多后书》第4章第4节中写道：“基督本是神的像。”如果把神的形象作关系性的理解，神的形象应当最充分地体现在基督的言行当中。《新约》的福音书对耶稣基督的出生、受礼、传道和被钉十字架有详细的记载，基督的教导涵盖了多方

[1] Irenaeus. Against the Heresies, 4.38.3，转引自 Paul Santmire, The Travail of Nature, p.39.

面的内容，但对爱和谦卑的强调是耶稣的传道的中心内容之一。在回答何为“最大的诫命”的问题时，耶稣说：“你要尽心、尽性、尽意，爱主你的神。这是诫命中的第一，且是最大的。其次也相仿，就是要爱人如己。这两条诫命，是律法和先知一切的总纲。”（《马太福音》第 22 章）《约翰福音》第 13 章记载耶稣在最后的晚餐后为众门徒洗脚，并对门徒们说：“我是你们的主，你们的夫子，尚且洗你们的脚，你们也当彼此洗脚。我给你们做了榜样，叫你们照着我向你们所做的去做。”（《约翰福音》13:14－15），总结起来，“爱”和“服侍”应该是基督作为“神的形象”的两个最根本的表现，如果说《旧约》“神的形象”体现为“作为管理的统治”的话，那么，这种“统治”在《新约》中因为基督的言行获得了更进一步的限定，可以说是“作为爱和服侍的统治”。

所以，《新约》圣经看似缺乏关于人和被造物关系的教导，但是却可以为“管理派”生态神学提供一个独特的视角来看“管理”的性质。

（3）《新约》在谈到人的救赎时，似乎暗示被造物也有来世的盼望。保罗《罗马书》中如下一段落成了论证被造物和人类享有同样的未来命运的生态神学家必引的经文：

“受造之物切望等候神的众子显出来。因为受造之物伏在虚空之下，不是自己愿意，乃是因那叫它如此的，但受造之物仍然指望脱离败坏的辖制，得享神儿女自由的荣耀。我们知道一切受造之物一同叹息，劳苦；直到如今。”

历史上，神学家们对这段经文的理解并不相同，例如奥古斯丁就认为保罗这里所用的“受造之物”一词只指人类，因为奥氏认为宇宙既没有堕落，也无需拯救。他还坚持《创世记》关于上帝的诅咒只涉及人类而不涉及“世界”的观点。因此，受制于撒旦的只有不信神的人类，而不是“世界”[1]。

如今，这段《圣经》对于生态神学主张把关心地球放进基督教信仰之中是一个很大的支持，因为它表明，世界不仅是上帝的创造，而且还有和人类一同得救赎的希望。正如《九十年代的看护地球：对创造物

[1] Paul Santmire, The Travail of Nature, p. 66.

的管理》所认为的:"在这段暗示性的隐秘文字中,很清楚,被造物的命运和人类的命运是绑在一起的,无论人类由于参与神圣的救赎而得到什么荣耀,被造物也会得到同样的荣耀。"❶

以上是"管理"派生态神学的一些主要神学观点。可以看出,它是通过对《圣经》的有关经文作出新的引申,甚至作出不同的解释而论证人类对自然的责任的,它也从传统的神学中寻找支持。需要指出的是,在这样做的时候,它并没有对基督教神学的整个体系作出改变,也就是说,它仍然坚持传统的关于上帝和被造物的教义、关于人类救赎的教义,等等。因此,我们可以说,在"管理"生态神学中,神学为基督教(个人和教会的)生态保护提供立场和根据,而它自身并没有大的触动。正因为这样,管理派的生态神学事实上并没有偏离传统,这也是它能够为福音派等保守的新教教派接受的原因。

三、"管理"生态神学的实践特点

管理派生态神学具有强烈的实践性。这可从它的"管理"的主张中看出,也表现在近些年来渐渐流行的把"管理"定义为"看护地球"的趋势,即把关于"管理"的种种神学论点具体化为人对地球的关怀和医治(healing),也即把它转化为基督徒的环保行动。《九十年代的看护地球:对创造物的管理》正是这种观点的一个典型代表,该书的第四部分专门指导基督徒如何参与环保。

把"管理"解释为"看护地球"或"医治地球"的运动的重要促成者是美国的奥・撒伯环境研究所(The Au Sable Institute of Environmental Studies),它有意识地在基督徒和一般公众中倡导"管理",即把"治疗(healing)和完整(wholeness)带给生物圈和整个的被造物"。它非常注重向公众传播生态学知识,又不失其福音派特色,坚持上帝和《圣经》是唯一的权威。20 世纪 80 年代,奥・撒伯环境研究所在加尔文・德威特(Calvin Dewitt)的领导下取得了很高的声誉。德威特是福音派生

❶ Loren Wilkinson (et al) eds. Earthkeeping in the Nineties: Stewardship of Creation, p. 299.

态神学家，兼任威斯康星大学环境研究所教授。他在坚守福音派神学的基本原则的同时，强调上帝作为造物主的身份。他甚至认为教会当成为“创造意识的中心”（creation-awareness centers），全面致力于尊敬和维护环境。他还向教会建议多种行动，包括祷告和购买邻近的空地，把它辟为自然公园❶。

如上所述，“管理派”生态神学首先它从《圣经》的文本中寻找根据，把《创世记》中人对自然的统治解释为“作为管理的统治”（dominion as stewardship）或“作为服侍的统治”（dominion as servitude）；其次，“管理”被进一步界定为“看护地球”或“医治地球”的行为，因而具有可实践和可操作的性质。但是它对传统神学的框架并没有系统的变革，而是着重阐发了《圣经》和传统神学的生态意义，特别是论证了人对自然的神圣责任。

由于上述倾向，“管理派”常常被某些世俗环境主义者指责为是“人类中心的”，因为“管理”必然意味着干涉，“管理者”必然要高于“被管理者”，这是持生态中心论观点的人所反对的。但是，这种指责对于管理派的生态神学来说是不足为训的，因为，它的人类中心倾向是很温和的。从基督教神学框架来讲，人类在任何时候都不是自然的主人，相反，人和自然都是被造之物，上帝才是真正的主人。在管理派生态神学中，人高于自然不是没有限制的，它包含着责任，并最终需要对上帝负责。所以，“管理”与其说是“人类中心”的，不如说是“上帝中心”（theocentric）的。

“管理”作为基督教回应生态运动而阐发的一种人和自然关系的模式，在基督教思想与环保方面是有积极作用的。它在抽象的理论层次上讲也有一些比世俗环境主义优越的地方，比如说以“上帝中心”来替代“人类中心”又不失人的道德和实践主体地位，它可以避免世俗生态运动中争论不休的关于事实（生态规律）能否推出价值（生态伦理）的问题，因为人对自然的责任关系是上帝的命令（“第十一条诫命”），

---

❶ Robert Booth Fowler. The Greening of Protestant Thought, University of North Carolina Press, 1995, p. 83 ~ 84.

是包含在效法基督的要求之中的。

第三节 莫尔特曼的生态神学

尽管所有的生态神学最终都想论证人和自然的某种合适的关系，但是不同的神学论证的深度、广度和角度不尽相同。在“管理”派中，重点是放在人对自然的责任上，这种强调和基督教神学的其他部分的关系并不明显。而在德国神学家莫尔特曼(Jürgen Moltmann, 1926～)的生态神学中，对生态的关心并不是人们搜求《圣经》而获得的一个孤立的论点，它是整个神学体系所包含的一个必然的结论。自然的重要地位不仅体现在创造论中，同时还蕴含在诸如三位一体论、基督论、圣灵论、教会论和末世论等教义之中。也就是说，莫尔特曼的系统神学的各个部分都显出很强的生态神学倾向，在这样的系统神学中，对生态的关心是一件自然而然的事情。下面我们就来看看莫尔特曼的生态神学的一些重要特点，以及它对当代生态伦理可能提供的支持。

一、莫尔特曼对生态危机的根源的看法

莫尔特曼的生态神学讨论源于他对生态危机的关注。在生态危机的根源问题上，莫尔特曼和众多思想家一样，认为生态危机首先是西方文明的危机，其实质乃是现代世界的宗教危机。

莫尔特曼注意到“现代工业社会已经使地球上的有机界失去了平衡，这样的社会正在走向普遍的生态死亡”❶。莫尔特曼认为，面对这样一种危险的情势，在国家政策和财经计划中作出优先生态考虑的安排是绝对必要的，但是，这还不够，还需要做某种“根本性的复位”。因为，生态危机事实上反映了基本价值观和信条的危机。

莫尔特曼看到，人类社会和它的自然环境的有机关系是由人类的技术所确定的。技术和自然科学的发展永远起源于特殊的人类利益。

---

❶ 莫尔特曼：《生态危机：自然界享有真正的和平吗?》，刘小枫主编《20世纪西方宗教哲学文选》下卷，上海三联书店，1991年，第1757页。

而后者则受到一个社会的基本价值观和信念的制约。因此，莫尔特曼认为，“如果把人类社会和周围自然界联系起来的这种生活系统发生了危机，亦即自然界的死亡，那么，合乎逻辑的是，这个系统就遇到了整个生活态度、生活方式，还有决非次要的基本价值观和信条的危机。”[1]因此，我们所感受到的危机不仅仅是“生态危机”，也不能够仅仅从技术上来加以解决。

莫尔特曼认为统领“科学技术文明”并给我们时代带来麻烦的价值观念是一种不受限制的控制欲，它驱使着人们去攫取控制自然的力量。科学知识和技术发明被政治意志利用来实施统治，用来巩固强权。我们今天仍然根据经济、财政和军事力量的增加来衡量进步和增长。造成现代文明这种片面性的原因在于现代西方人的宗教。但是莫尔特曼并不完全赞同关于犹太基督教是造成生态灾难的罪魁祸首这种流行的看法，因为上帝命人统治地球的圣训已经存在了 3000 年，而现代的扩张型文化仅在 400 年前开始于欧洲。莫尔特曼认为，更深刻的原因是现代人对“上帝的形象”的错误理解。

“神的形象”问题关系到人如何对待自然的问题。莫尔特曼认为，自文艺复兴以来，上帝一直被片面地理解为“全能”，“全能”被评价为他的神性的超验特征。上帝和世界是对立的两个领域，二者是彼此独立的。上帝可以被设想为没有世界的上帝，世界也可以被设想为没有上帝的世界，没有神性的秘密可言，即马克斯·韦伯所称的“脱魅”(disenchanted)。人由于是上帝在地上的形象因而也成为知识和意志的主体，而世界则被理解为需要面对、需要征服的消极的客体。因为人只有通过对大地的统治，才能和上帝相似。人和上帝相似，不是通过忍耐和爱，而是通过权力和统治来达到的[2]。

进而言之，作为人统治世界的中介的技术也是按照权力的模式铸造的，不仅技术应用如此，其方法论原则也是如此。在现代科学中，自然的生命系统被分析、被客观化，以便服从人的意志，这符合罗马人

[1] 莫尔特曼：《生态危机：自然界享有真正的和平吗？》，第 1758 ~ 1761 页。
[2] 莫尔特曼：《生态危机：自然界享有真正的和平吗？》，第 1759 页。

“分而治之”(divide et impera)的治术。人类以这种方法和自然对立,作为它的主人和统治者。因此,他不再把自己看做是身体和自然,他变成了纯粹是认识和意志的主体。把自然约简为只具客体的身份正对应于这种把人类主体化的做法❶。

与科学技术的这种性质相联系,基督教神学对自然的看法的片面性也呈现出来。莫尔特曼认为《圣经》传统曾和古代世界图景融合为一种宗教宇宙论(religious cosmology),自然科学正是挣脱这种框架发展起来的。当科学从宗教宇宙论中解放出来之后,神学经历了和科学的分离阶段,这时,神学把它的创造教义约简为对于创世的个人信仰,因而和科学是不相干的。这种理性真理和信仰真理的分离的后果使得基督教神学从宇宙论中退却,而专注于个人信仰,就连《圣经》的创世叙述也被简化为对个人存在意义上的自我理解。这种偏差一直从宗教改革延续到当代。克服这种片面性的契机是生态危机的压力,这将使神学和科学共同达到关于世界的生态意识。人类将开始从生命系统自己的环境而非只从人的角度来理解生命系统,人类也将以更整全的眼光来看待人类自身。莫尔特曼认为这一阶段的神学任务要表明如何把“自然”理解为上帝的“创造物”,亦即要达成一种“关于自然的生态学神学”(ecological theology of nature)❷。

二、莫尔特曼的生态学创造论

莫尔特曼的《创造中的上帝》(1985 年)一书是构成他的系统神学的一部重要作品,其中阐述的生态学创造论是他的神学的一个连贯的组成部分,它和三位一体论、圣灵论、基督论、人论、末世论有机地联系在一起,揭示人与自然、上帝与自然的关系。我们现在就从这几个不同的角度来看一看莫尔特曼对于被造物的看法。

(一)世界是被造物的群体——三位一体的创造论

莫尔特曼对近代科学所蕴含的方法论持激烈的批评态度,他认为

❶ Moltmann. God in Creation: A New Theology of Creation and The Spirit of God, Fortress Press, 1993, p. 28.

❷ Moltmann. God in Creation ,p. 33 ~ 36.

近代科学将事物对象化的分析的、还原论的方法是和支配的观念联系在一起的，而现代科学尤其是量子力学和生态学已经证明这种方法的片面性，因为它对世界实在的看法是错误的。新的科学揭示出事物存在于关系之中，一个对象只有放在它和它的特定环境的关系之中才能被认识、被了解。这种新的世界观要求我们采取一种整合的思维方法，把握事物整体，这也将改变我们认识的动机："我们不再渴望为了支配的目的而认识，或者为了重构的目的而分析或还原。如今，我们认识的目的是为了参与，进入和生物的相互关系之中。"❶

这种关系性的世界图景不只具有科学的根据，而且也是三位一体的上帝观所要求的。莫尔特曼把传统的三位一体教义发展为一种社会三位一体论，认为三位一体的三个位格处于一种爱的关系中。上帝不是传统神学所认为的那样是一个绝对的、超验的、无动于衷的、不可变化的实体（substance）或主体（subject），上帝不应首先被设想为一个整体，然后再谈论他的三个位格。他应该被设想为三个位格的统一体，这三个位格并没有优劣等级之分，而是处在相互作用和爱的交流所形成的三位一体的历史之中，或者说处在一种永恒的相互寓居（perichoresis）之中。

这种三位一体的上帝观决定了上帝所创造的世界也呈现出关系的特点。莫尔特曼引用"神迹"（vestigia Dei）的理论来说明这一点：如果把自然理解为上帝的创造，则不仅把它看成上帝的作品，还应把它看成"上帝的踪迹"（traces of God），是上帝存在的密码和隐藏的徽符。而只有接受上帝启示的人才能解读这样的密码，理解这些踪迹。莫尔特曼认为"神迹"的教义必须阐发出三位一体的含义：既然上帝在三位一体的意义上显示自己，那么在自然中的"痕迹"也必然是"三位一体的痕迹"（vestigia trinitatis），因而必须把自然界解释为带有三位一体上帝的印迹的世界❷。

根据莫尔特曼对于三位一体上帝的阐述，体现三位一体上帝的自

❶ Moltmann. God in Creation, p. 3.

❷ Moltmann. God in Creation, p. 63 ~ 64.

然就是一个“被造物的群体”(community of creation)。依靠圣灵的作用,被造物群体中间维持着一种和谐的关系,所有的被造物都以各不相同的方式互相沟通,并且和上帝沟通。现实中没有任何东西是独立存在的,所有生命的存在和实体的生存在更大宇宙范围内都是彼此一起,为了彼此和在彼此之中的❶。

(二)上帝在创造物中——关于创造的圣灵论

圣灵在创造中的作用在莫尔特曼的创造论中有特殊重要的地位,也是莫尔特曼神学圣灵论的一个重要方面。在莫尔特曼看来,圣灵是“宇宙性的圣灵”(cosmic Spirit)。借强调圣灵在创造中的作用,莫尔特曼想要达到两个目的,一是驱除与近代机械论自然观密切相联的认为上帝超越于世界的极端一神论思想,二是以圣灵的渗透为纽带,建立我们已看到的关系性的、群体性的世界观。

在基督教历史上,虽然三位一体的教义包含在各种信经之中,但是人们想到上帝时却总是首先想到一个上帝的统一体,一位单独的上帝,而不是他的三个位格。这一点最明显地体现在创造论中。本来,在《圣经》传统中,圣灵对创造的作用并不少见,但是长期以来,人们只把圣父上帝(God the Father)当做造物主,和他创造的世界相对立,而早期关于圣灵参与、推动和激活世界的神学思想被机械论世界图景所抛弃。因此,重新阐发圣灵对创造的作用就显得尤为迫切。莫尔特曼认为这有两方面的意义:首先从神学而言,如果没有一种圣灵论的创造论,则根本就不可能存在基督教的创造论;其次,从宇宙论来讲,如果没有圣灵作为造物主呈现于世界之中的观念,则不可能有人与自然所共同享有的和平的被造物群体❷。

莫尔特曼把圣灵看成上帝创造世界的创造性力量,是渗透到被造物之中维持被造物的存在和演化的力量。根据《圣经》的传统,所有的

---

❶ 参见 Moltmann. Creating a Just Future, SCM Press, London, 1989, p. 56 ~ 58。另见 Moltmann:《生态危机:自然界享有真正的和平吗?》,刘小枫主编《20 世纪西方宗教哲学文选》下卷,1991 年版,第 1762 ~ 1763 页。

❷ Moltmann. God in Creation, p. 98 ~ 99.

神圣活动在其效用上都是和圣灵有关的。例如,《创世记》中说"神的灵运行在水面上",这里的"圣灵"就是上帝的创造性力量,代表他在创造中的显现。整个被造物是由圣灵编织而成的,并由圣灵赋予其实在性。而"你收走他们的气,他们就死亡,归于尘土"(《诗篇》104),表明三位一体的上帝不间断地把气息(灵)吹向他的创造物,而任何东西的存在和生存都缘于宇宙性圣灵永不停息的能量和潜能之流。因此,我们应当从能量的角度出发理解每一种被创造的实在,把它看做是圣灵潜能的实现[1]。圣灵是一切存在者存在的源泉。由于圣灵的无处不在和它的交流,才产生了模型和对称、运动和节律,以及能量场和物质的聚集[2]。圣灵上帝是宇宙的精神,是它的总凝聚力,是宇宙的结构、信息和能量[3]。

正是圣灵的这种作用,才使得我们可能对世界作三位一体理解:如果上帝的灵浇灌(poured out)在整个被造物,那么,圣灵就创造出所有被造物和被造物之间,以及被造物和上帝之间的统一性和群体性。圣灵是把所有东西联结在一起的纽带,它是万物之中的内在超越性(immanent transcendence)[4]。

在这种理解的基础上,莫尔特曼提出了他的著名结论:"上帝在他的创造物中定居,把创造物变成他的家。"[5]"上帝在被造物中"是莫尔特曼的生态学创造论的核心主张。

(三)"宇宙性的基督"——关于创造的基督论

莫尔特曼三位一体的创造论的另一重要内容是三位一体的第二位格耶稣基督在创造中的作用,他的工作对于被造物的意义。

在传统基督教神学中,基督论(Christology)只偏重于历史方面的内容。自然在很长时间以来被看成是非历史的,或至多是历史的背景。而耶稣基督的降生、传道、受死和复活是一个历史事件,它的意

[1] Moltmann. God in Creation, p.9.

[2] Moltmann. Creating a Just Future, p. 58.

[3] Moltmann. God in Creation, p.16.

[4] Moltmann. Creating a Just Future, p.58.

[5] Moltmann. God in Creation, p.96.

义只限于人的得救。因此，尽管基督对于创造和维持世界的教导在《新约》中都能见到（如《希伯来书》第1章第2节、《哥林多前书》第8章第6节、《哥罗西书》第1章第15～16节），但是基督之死所完成的救赎长期以来被认为只对人类有效，基督的复活只给人类带来末世的希望。

莫尔特曼生态神学的与众不同之处之一正是在于试图在自然的框架里理解基督的死和复活，即建立一种"关于自然的基督论"（Christology of nature）。莫尔特曼强调，"除非自然得到医治和救赎，否则人类最终也不能得到治疗和救赎，因为人类就是自然物"[1]。在这里，莫尔特曼所着眼的"宇宙性基督"（cosmic Christ）具有鲜明的时代气息，因为他想用基督和今日已被人类毁坏得千疮百孔的自然相遇，把男男女女从绝望中拯救出来，把自然从毁灭中拯救出来。所以，莫尔特曼的基督论是一种新的生态学基督论，它要问的问题是："切尔诺贝利（Chernobyl）事件之后，基督在哪里？"[2]

基督对于自然的救赎作用可见于莫尔特曼对基督复活所作的宇宙维度的理解。他认为基督的复活不只是上帝在历史中的一个末世论事件，而是在世界的新创造中的第一个行动。在基督教信仰中，历史的终结伴随着世界的更新，而这个更新的过程是从基督的复活开始的，复活的基督就是一个新的创造，是世界更新的前奏。因此，保罗在《哥林多前书》中以自然的比喻（麦粒的收、种）来指基督的死而复活，（《哥林多前书》15:12）和《约翰福音》中耶稣谈论自己的死和复活一样："一粒麦子不落在地里死了，仍旧是一粒；若是死了，就结出许多子粒来。"（《约翰福音》12:24）所以，基督的死而复活代表了一种变迁，一种转化，一种变形，随着基督重生的不只是人的重生，还有宇宙的重生。莫尔特曼指出，从很早开始，基督教会就把基督复活和春天的节日放在一起庆祝。因而，对基督复活的庆祝伴随着自然重生的欢乐和所有被造物的喜悦。清晨、春天和生命的诞生就被从自然的兴衰、变化和死亡的自然

---

[1] Moltmann, Jesus Christ for Today's World, Fortress Press, 1994, p. 88.

[2] Moltmann, Jesus Christ for Today's World, p. 89.

节律中提升出来，被赋予一种增强的价值。因此，通过对万物的新创造，基督的复活就意味着整个易朽的自然的救赎希望❶。

（四）被造物的未来——安息日创造论

和基督论创造论同样重要的是莫尔特曼的"宇宙性末世论"（cosmic eschatology）或"关于自然的末世论"（eschatology of nature），这是全部莫尔特曼神学的逻辑结论：根据基督教的理解，造物主和救赎主是同一位上帝，如果他不拯救他所创造的每一样东西，他就是自相矛盾的。所以，"宇宙性末世论"是上帝所必需的，为了上帝的缘故，人们必须思考救赎和创造的统一❷。

莫尔特曼看到，传统神学继承了希腊化思想，把最初的创造看做是一种完美的状态，只是由于罪的缘故，这种完美状态被丧失。因此，上帝的拯救工作的核心就在于把世界恢复到它的初始秩序。而莫尔特曼的创造论认为，最初的创造不是完成的创造，它不是一个封闭的体系，而是一个容有各种可能和在时间中进化的开放系统，它的目标是向着被造物在末世的完满。因此，我们需要一种改变，即转变到"对创造作末世论理解"（an eschatological understanding of creation）❸。

为了体现这一点，莫尔特曼阐述了一种"安息日创造论"（sabbath doctrine of creation），把万物的安息当作末世的完满的前奏。莫尔特曼认为，安息日的末世论含义是它预示了被造物的真正未来。在安息日中世界的救赎被预先庆祝。因此，安息日本身代表着永恒在时间中的呈现❹。安息日是（最初）创造的完成，所有被造物在安息日中获得自我，因而得以展开其独特的性质。同时，当上帝从创造活动中抽身之后，他才开始"体验"他所造的一切。休憩的上帝在自身中休息，也休息在他的造物之中。这种安息的奥秘比创造的奥秘更深刻，因为在创造中显示的是上帝的工作，而在安息中显现的是上帝本身❺。如果我

❶ Moltmann. Jesus Christ for Today's World, p. 85.

❷ Moltmann. The Coming of God: Christian Eschatology, Fortress Press, 1996. p. 259.

❸ Moltmann. The Future of Creation, Fortress Press, 1979, p. 115 ~ 116.

❹ Moltmann. God in Creation, p. 276.

❺ Moltmann. God in Creation, p. 280.

们把作为创造完成的安息日和作为上帝在他的创造物中直接启示的安息日放在一起看,这两个要素就会超出安息日本身,而指向上帝的创造和启示合而为一的未来,亦即救赎。因此,我们就必须把救赎理解为既是“永恒的安息”,又是“新的创造”❶。

(五)“神的形象”和“世界的形象”——神学人论

莫尔特曼的神学人论也有独到之处。首先,莫尔特曼认为人是“神的形象”和“世界的形象”的统一;其次,在阐述“神的形象”时,莫尔特曼强调人是和上帝的“三位一体”形象一致的。

“神的形象”是基督教神学人论的核心概念,也被众多的生态学者认为是人类剥削自然、造成生态危机的思想根源。为了制止对于人作为“神的形象”这一概念作人类中心论的理解,莫尔特曼在神学人论中特别强调,在把人看做“神的形象”之前必须把他作为“世界的形象”(imago mundi)。他主张人和其他被造物同属被造物的团契,因为人和动物一样是用泥土做成的,最初也吃蔬菜,一样得到上帝的祝福。在创造和救赎中,人类和其他被造物的命运也是联系在一起的。依创造的顺序,天和地在开头,人类处于最后,在安息日之前;但在救赎的历史上,新人类在开始,新天新地在最后。人类在圣灵中成为上帝的儿女,在基督里成为一个“新造的人”,而受造之物还在等待解放。因此,无论是在创造中,还是在救赎中,人都不是孤立的,也不是和世界相冲突的❷。

莫尔特曼认为“神的形象”不是在人被创造时获得的一个静态的特质,而应该从最初的委任、弥赛亚呼召和末世论荣耀这三个方面来加以历史地审视。在理解最初的创造中人作为“神的形象”的问题时,莫尔特曼反对传统神学把人身上的特别之处解释为人与上帝相像。他说在人成为“神的形象”之前,上帝必须首先为自己创造出这个形象(即人)来,并进入和这个特定形象的关系中。因此,和上帝相像首先意味着上帝和人的关系,其次才意味着人和上帝的关系。人类的本质来源

---

❶ Moltmann. God in Creation, p. 288.

❷ Moltmann. God in Creation, p. 185 ~ 189.

于他们和上帝的关系，而不是某种使他和其他生物相区分的特征。不仅如此，《圣经》中说上帝是按自己的形象“造男造女”的，因此人类是以性别差异和群体性来和上帝对应的。而这种与群体的人类相对应的上帝正是三位一体的上帝。三位一体中父、子、灵的永恒生命构成了相互寓居的群体，决定着人类的群体。因此，和上帝相像不仅意味着人和上帝的关系，还意味着人和人的关系。

在这种理解的基础上，莫尔特曼谈到“神的形象”和“治理全地”的命令之间的关系。他认为，不能把《创世记》第1章第28节关于统治地球的命令与神的形象等同起来，前者只是对后者的补充。因此，不能认为神的形象在于“统治”的委任中。恰恰相反，统治全地的指令正是来源于人是上帝的形象。这个顺序是不能颠倒的。人类只有作为神的形象才能施行合乎神的律法的统治。人在地上施行的统治是以上帝的佃户和管家的身份进行的。因为只有人类能了解上帝的意志，能有意识地称颂上帝，所以他成了上帝在地上的代表。上帝把对被造物的尘世方面的保持和继续工作交给了人类，人类在地球上扮演着“治安法官”的角色。这是人类作为上帝的形象，对于地球的义务和责任❶。

三、莫尔特曼神学的生态伦理学意义

莫尔特曼的生态神学从一开始就带有很强的价值承诺，即要为克服生态危机提供一种充足的创造教义，因此它具有明显的生态伦理学含义，为当代生态伦理提供支持。

(一)自然不是人类的私有财产

如果我们承认自然和人类一样都是上帝所创造的，那么我们就必须承认上帝才是自然的真正主人，正如《诗篇》第24篇所说的“地，和其中所充满的；世界和住在其间的，都属耶和华”。因此，西方资本主义把自然视为一种“没有主人的财产”(property without owner)，任由人类占有、开发和剥削的观念是对上帝的侵权。莫尔特曼说，“如果上帝

❶ Moltmann. God in Creation, p. 215 ~ 225.

是天地的创造者，那么天地就是他的财物，因而必须本身被视为神圣，并应当受到尊敬。任何称自然为上帝的‘创造物’的人都尊敬上帝在地上的律法，而抵制人类对自然的毁灭，这种毁灭始于这一虚构：自然是‘无主的财产’，属于最先占有它的人”❶。这里，创世教义的道德结论是很显然的。

（二）自然不是死的、惰性的物质，而是一个相互联系的有机的整体

这种整全论的自然观是生态伦理学的重要基础。人们认为，生态学所揭示出来的生态系统中各要素的相互依赖性、系统整体的平衡性、有机性和整全性都提示了一幅和传统的机械论自然观迥然不同的图景，生态系统所表现出的整体性孕育了一种强调互补、平等、关系和均衡的价值观。现在，自然的有机性和整体性成了莫尔特曼的圣灵论创造论和三位一体创造论的合理推论，当代生态思想中所强调的关系、依赖、协调等生态系统的特性在莫尔特曼的神学中不过是对三位一体上帝神性的反映。三位一体的上帝观反对机械的、对象化的、分析的、还原论的认识方法，也反对内含于这些方法中的支配和控制的意识形态。圣灵论创造论认为上帝通过圣灵而寓居于世界之中，自然界因而充满着圣灵的能量，受圣灵的滋养而发展自己的潜能。因此，对自然的利用并非没有道德的禁忌。这是莫尔特曼生态神学的一个鲜明的特点。

（三）自然拥有自己的权利

在生态伦理学中，自然的权利（rights of nature）意味着自然拥有某种我们人类应当尊重的内在价值（intrinsic value），意味着必须把自然纳入道德考虑的范围之内。

莫尔特曼为这种道德延伸论（moral extensionism）提供了神学的依据。首先，从莫尔特曼的生态学创造论看，自然拥有其独立于人类的价值，因为这种价值来自上帝。既然上帝出于爱而创造了自然，上帝之灵寓居于自然之中，基督也为自然的救赎而牺牲，自然在末世将得到更新

❶ Moltmann. Creating a Just Future, p. 70.

和完满，那么，自然在上帝的眼里就是有价值的，它不依赖于是否对人类有用。“如果自然是上帝的创造物，那么人们就必须为上帝的缘故而尊重它的尊严，为它自身的缘故而保护它。”❶这样的论证在生态伦理学发展的历史上也经常被利用。

其次，莫尔特曼所提出的“被造物的共同体”以及人和其他被造物所形成的“被造物的团契”很容易变成一种道德共同体的概念，从而实现道德考虑范围的扩大。莫尔特曼发挥宇宙性的基督概念，从基督的和解使命来说明这一点。基督所带来的和平是普遍的，渗透所有的创造物，正如《歌罗西书》所宣称的，“藉着他叫万有，无论是地上的，天上的，都与自己和好了”。经历了与上帝和好的人类必然会经历人与人之间、男人和女人之间的和好，也会把这种和好带给宇宙，因为，“如果整个被造物没有得到和好，那么，基督就不可能是上帝的基督，也不可能是万物的根基”❷。在这种和解的被造物的共同体中，人类所经验到的自然不再是某种与他冲突的客体对象，而是一种连续体：人在自然中，自然在人中。莫尔特曼认为藉着基督的和解，这种被造物的共同体可以成为一种“被造物的法律共同体”（law-community of creation）的基础，亦即所有的被造物都处在上帝的律法的约束之下，包括人类和非人自然。包含在被造物的法律共同体中的每一个个体都有其自己的权利。莫尔特曼甚至要求把自然的权利写进现行的法律之中，以便“自然不是依赖于人类的仁慈，而是作为她自己的权利的主体而得到承认”❸。他认为可以通过在人类的法庭中为非人类生物指派代理人的方法，来维护和增进它们的权利。这些主张和道德共同体向自然的推广同样激进。

此外，莫尔特曼还从另一个角度论证了自然的权利。《创世记》第9章第9节和第10节记载上帝说：“我与你们和你们的后裔立约，并你们这里一切的活物立约”，莫尔特曼认为从这里可以得出三重权利：人

---

❶ Moltmann. Reconciliation with Nature, Pacifica 5 (Oct. 1992), p. 310.

❷ Moltmann. Creating a Just Future, p. 70.

❸ Moltmann. Reconciliation with Nature, Pacifica 5 (Oct. 1992), p. 309.

权(上帝同我们立约)、后代人的权利(上帝同我们的后裔立约)以及自然的权利(上帝同任何活物立约)。自然是上帝立约的伙伴,是和人类平等的。任何损害自然尊严的行为就是对上帝的损害[1]。

第四节　激进生态神学

生态神学是基督教面对生态危机的压力进行的自我反省的产物。从上面讨论的两种生态神学中可以看到,这种反省是在基督教的信仰和神学的传统中进行的,其目的是通过对教义和经典的适当发掘与阐释,表明基督教是绿色的,一方面维护基督教信仰,另一方面也为信徒对自然采取合适的态度提供依据。

不过,也有一些神学家在反思基督教的生态思想时走得更远,他们认为传统的基督教是和生态的思想不相容的,因此否定基督教的传统和经典,甚至改变传统的基督教的上帝的形象,以至于受到基督教内人士的激烈批评,许多人甚至不承认他们的神学的基督教性质。鉴于他们的神学和生态的思潮有密切的关系,我们不妨在"激进生态神学"的名下对它们作一介绍。

一、过程生态神学

过程神学的着眼点是上帝与世界的关系,其根本主张是认为宇宙处于不断发展、不断变化的过程之中,而上帝和这一过程合而为一。所以,在这种实在观念中,精神和物质的二元对立、存在物的等级秩序统统都消解掉了。因此,这种神学和强调关系、反对对立和等级的生态世界观一拍即合,被许多人认为是为生态伦理提供了一种严肃的灵性基础。

(一)过程神学的起源和一般思想

上一章介绍过的法国耶稣会修士、古生物学德日进(Teilhard de Chardin,1881～1955)最早提出一种过程神学。他以进化论作为自己

---

[1] Moltmann. Reconciliation with Nature, Pacifica 5 (Oct. 1992), p.309.

的神学工作的基础，把宇宙及其中的生命都看成是进化的，而人类和其他的一切事物都在这个过程中，并指向一个使一切能得以完成的方向。宇宙的进化过程是趋于更高的秩序，德日进把这个最终的归宿称为“欧米伽点”（Omega point），它是万物会合的场所，是宇宙统一性的完美实现。用传统基督教的语言来说，这是基督的第二次降临，是基督和宇宙的完全实现。在通往这个目标的途中，上帝总是呈现于这一旅途的每一部分。整个的宇宙进化过程是一个创造性的过程，上帝既是创造者又是重新创造者（re-creator），而耶稣基督则是这一过程的能量和统一❶。传统神学中“罪”和“恶”就是进化过程中的失败和牺牲。德日进强调宇宙的统一，而进化则使宇宙通向更大的统一。他认为对个体的强调是和现代科学发现尤其是进化论相冲突的，在灵性方面将走进死胡同。没有什么是孤立的，整个世界就是一体。这种对创造的统一性的赞美对于后来的生态神学具有很大的吸引力。但在德日进的进化神学中，人类占据着最高的统治，因为进化过程包含着“复杂性意识”（complexity consciousness）法则，亦即进化的结果是复杂性的增加和意识的出现，而人类意识无疑是其巅峰。

怀特海（Alfred North Whitehead, 1861 ~ 1947）对于过程神学的影响比德日进更大，他对数学和现代科学的深刻理解使他建立起了一个更庞大的形而上学体系，把美学、道德和宗教的思想及现代自然科学所提供的世界观念联系起来。

在《过程与实在：论宇宙论》（1929 年）中，怀特海思辨性地阐述了他的过程哲学。他认为宇宙中的一切事物都处于永恒的变化过程之中，每一事物都有自己的目标，并且趋向于这一目标。世界充满了多种多样的实体，每一实体都处于创造和重新创造、组合和重新组合的流动过程之中。当基本实体重组时，总体的过程就向更大的统一体推进。这种进程的最终目标是上帝。怀特海的上帝不是宇宙的创造者，而是每个事物当中既使该事物保持自己的独特性，又使之向着组合和统一

❶ Robert B. Fowler. The Greening of Protestant Thought, University of North Carolina Press, 1995, p. 109.

前进的那种东西。上帝就像一个"诱饵",吸引着宇宙元素前进,他促使各种潜能的实现,最终的目标是所有潜能的实现。

哈茨霍恩(Charles Hartshorne)是怀特海在哈佛大学时的助手,后来自觉地把怀特海的过程哲学发展成为一种神学思想。哈茨霍恩在他的著作《作为社会过程的实在》(1953 年)中主张"实在是一个社会的过程"。因此,一切东西都存在交往和联系。哈茨霍恩认为这各相互联系的主要手段是"同情"(sympathy)。所有的实在都是社会性的,都有感情(feeling),尤其是"同情",其程度高低随不同事物而不同。在哈茨霍恩看来,上帝不是独立的、抽象的、远离世界的,他和人一样在生命中变化和发展,具有"同情"的感情,具有创造的欲望,上帝和人处于一种活生生的、创造性的同情宇宙(universe of sympathies)中。因此,上帝和自然、人和自然之间并不存在分离。

(二)当代过程神学与生态思想

从 20 世纪 70 年代开始,过程神学在基督教学者当中得到了新的发展,并自觉和生态运动结合起来,既从生态思想中汲取营养,又为生态思想提供独特的支持。其代表人物是美国克莱蒙学院(Claremont College)的神学教授约翰·考伯(John Cobb, Jr.)。

考伯接受怀特海的过程哲学,认为世界的特征就是一个不断生成的进化过程,生命发展的每一阶段,进化过程的每一新事件,都有其内在的价值,尤其是那些增进了世界的和谐、强度和多样性的事件。因此,和人类中心论哲学把人的经验和理性看成衡量万物的尺度相反,他认为衡量万物的尺度是进化过程中每一事件的丰富程度。而处在这种过程之中的每一个事件都受到上帝的引导,上帝处于每一事件之中,受事件的影响,并迫使生命沿着一定的方向前进。通过过程哲学,考伯把基督教的超验的上帝变成了一位内在于自然进程之中的上帝,甚至将之等同为生命、自然本身。上帝也不是不变的,而是要受自然进程的影响。

考伯的过程神学目标是要阐发一种生态学的模型或图景,来说明"上帝和自然一道,并且展开"。这种理解使他接近于利奥波德的"大地伦理"和另一些深层生态学。考伯的过程概念强调的是"一连串连续的事件相互作用”，而不是惰性的物质或凝固的宇宙。虽然宇宙由各种各样的实体组成，但它是一个整体，决不容有二元对立。宇宙的每一个部分都在更大的过程中运动，并且和另外一些部分相连。这种放在连续的运动和流动中理解的关联性是宇宙中普遍的事实。过程神学对于宇宙现实的理解和生态学的自然观念吻合得很好。

考伯在1972年发表的《太晚了吗？一种生态神学》中，把生态危机的根源归结为近代哲学和神学对待自然的态度，即把自然看成是惰性的、死的物质，它是和上帝分离的，也是和人分离的，这种态度鼓励了人类对自然的剥削。我们若要克服生态危机，就必须克服神学和哲学中的这种二元论，必须把人类的历史和自然的历史重新视为一个基本的统一体。考伯认为既然人类是进化史的一部分，因此必须给我们所有进化而来的物质、有机体和生命形式赋予内在的价值，因为所有这些低于人的要素，无论是生物，还是非生物，都是“独立并作为某种自为的东西而存在的”。考伯的这种进化论哲学强调所有生命，不管有无意识，都是自身存在的目的，都有自己内在的价值❶。

另一位过程神学家杰伊·麦克丹尼尔(Jay McDaniel)提出的上帝与自然的关系更是与传统基督教大异其趣。他认为生命的过程，以及构成这个过程的各种事件并不完全在上帝的管辖和控制之下。构成进化过程的事件内在具有创造性和自发性，它们不受上帝的决定和指令，物质和生命的这种独立性本质上来自上帝创世之初的能量的混沌状态。上帝从混沌中创造出秩序，但是宇宙及其每一个能量事件仍然保留了创新的可能性，即可以选择是沿着和谐还是混乱的道路发展。上帝对所有物质和生命的目的是和谐与完整，但这只是提供了一种可能性，要由被造物自己来选择。他主张自然存在物，从动物、植物、细菌到河流、星辰，都有内在的价值，这种价值不是上帝赋予的，但是上帝“诱使”人们尊重自然物的权利。存在物的价值高低要由其进化的复杂程度来决定。迈克丹尼尔提出这种理论是想消除上帝对自然界进化过程

---

❶ Michael S. Northcott. Environment and Christian Ethics, Cambridge University Press, 1996, p. 148 ~ 149.

中产生的恶的责任，但是他的上帝是一个软弱的上帝，他的世界也是一个上帝与世界对立的二元论的世界❶。

（三）过程神学对传统神学的批判

过程神学还从生态世界观出发，对传统的基督教神学提出批判。过程神学家们鉴于宗教（基督教）的“祛魅”作用和近代机械论自然观的关联，以及由此造成的生态破坏，主张必须有一种修正的基督教，以及一种全新的上帝观来和新的生态世界观适应。这种新的生态世界观的特征是认为现实中的一切单位都是内在地相互联系着的，所有单位或个体都是由关系构成的。考伯称这种世界观提倡一种科学和宗教的改良，但又与现存的趋势保持了明显的连续性，并从某些方面回归到了古典宗教的源头❷。

也有从其他立场去批评传统宗教的，如杰伊·麦克丹尼尔在《后父权制基督教的六个特征》中列举了和传统的父权制社会框架和思维框架相联系的一些文化弊病，如性别歧视、阶级压迫、种族主义、文化沙文主义以及人类中心主义等。而历史中的基督教已经完全和这些文化框架融合在一起，本身也成为一种宗教的等级结构。基于这种认识，麦克丹尼尔提出把过程神学作为后父权神学（post-patriarchal theology），和女性主义神学一起，提供新的替代方式来设想上帝❸。

总之，六七十年代以后的过程神学试图成为一种能回应当代问题的（或者说是后现代情境下的）新型的基督教神学，因而它带有浓厚的生态神学色彩是不足为奇的。但是，过程神学的上帝是内在于宇宙过程之中，甚至等同于宇宙进程的。这和《圣经》中有位格上帝的教导截然不同。而作为基督教信仰中心的耶稣基督则被解释为一种宇宙性的力量。这种“宇宙性基督”也不像莫尔特曼神学那样倚重《圣经》，而是

---

❶ Michael S. Northcott, Environment and Christian Ethics, Cambridge University Press, 1996, p. 150 ~ 152.

❷ 约翰·考伯：《生态学、科学和宗教：走向一种后现代世界观》，大卫·格里芬编《后现代科学——科学魅力的再现》，马季方译，中央编译出版社，1995 年，第 135 页。

❸ Jay McDaniel. Six Characteristics of Postpatriarchal Christianity, in Mary MacKinnon ed. Readings in Ecology and Feminist Theology, Sheed & Ward, 1995, p. 299 ~ 325.

更具思辨性。由于它对传统基督教的教义抛弃甚多，尤其对上帝的看法严重偏离正统，趋近于泛神论，因此过程神学的基督教身份经常受到质疑。

二、女性主义生态神学

女性主义神学是20世纪60年代西方女性主义运动与基督教神学相结合而产生的一种激进神学。其主张者认为近2000年的基督教神学是由男性书写的，充满了父权制对女性的压制，她们认为女性有着独特的宗教经验，应该按女性的体验来重塑基督教，甚至要求崇拜一位女性的上帝。而生态运动中出现的所谓的“盖娅灵性”（Gaia Spirituality）正好以其女神崇拜迎合了女性主义神学的这种需要。

（一）盖娅灵性

盖娅是古希腊神话中的地母，据说她创造了世界和人类。这个神话在20世纪被赋予了科学的含义。1979年大气化学家拉夫洛克（James Lovelock）在《盖娅：对地球生命的新看法》一书中试图对于地球为活的有机体的概念给予科学论证。他提出的“盖娅假说”（Gaia Hypothesis）认为，“生物圈是一个自我调节的实体，有能力通过对化学和物理环境的控制而保持我们的星球健康”。这个概念对于增强公众的大气圈意识起了很大的作用，例如认识到热带雨林的功能就像“地球的肺”，意识到“温室效应”的危害。但是，这个理论对于环保也有负面的作用，因为按照“盖娅假说”，地球这个有机体似乎有能力“照顾”自己，它是一个自我调节的自动平衡的系统。因此，这样一来，环保运动就成了多余的、庸人自扰的活动[1]。拉夫洛克本人也对环境保护持保留态度，他问道，“污染，可不可能也是一种自然现象呢？如果污染的定义是倾倒废弃物，那么大地之母的制造污染，就跟我们人类及其他动物的呼吸，是一样的自然……污染的真正概念是源自以人类为中心的思想，甚至可能与大地之母意蕴无甚关联。目前认为的许多污染物，

[1] 参见 Carolyn Merchant, Earthcare: Women and the Environment, New York 1995，第一章。

大自然原本就存在”[1]。

但是，“盖娅”的概念很快就被“另类”文化所利用，具有了宗教的含义，成了新时代运动（New Age Movement）中和气功、水晶球、巫术、草药相并列的一个思想要素，以“盖娅”命名的书店、药店和市场是新时代人士经常光顾的地方。“盖娅灵性”的核心是一种地球崇拜，即认为地球不是由死物质构成的集合体，而是有着生命的、有着目的和意义的活物，地球上的个别生命包括人类都是这个生命体的组成部分，处于相互联系之中。“盖娅灵性”的出现和整个新时代运动在西方的兴起一样，有着深刻的文化原因。首先，它强调万物的活的联系，有助于克服西方社会的过度个人主义所带来的疏离感，克服工业化带给人的同自然的异化感；其次，盖娅灵性还可以填补世俗化的社会中存在的宗教真空，即满足人对一种超越有限性的终极关怀的追求。

（二）生态女性主义

使得“盖娅”变得更为流行的是它被生态女性主义用来作为女性主义的世界象征，以对抗男性中心的世界观和价值观。生态女性主义是产生于20世纪70年代的一个女性主义运动的派别，它在父权制结构中看到女性和自然在历史上有着同样的地位，都处于男性中心的文化的支配之下，因而主张自然的解放和妇女的解放是联系在一起的，并号召妇女们在拯救地球的生态革命中起领导作用。最先论述女性与自然关系的是雪莉・奥特纳（Sherry B. Ortner），她在1972年的文章《女性之于男性犹如自然之于文化吗？》中认为，每一种文化在某些意识的层次上都宣称自己不仅区别于自然，而且比自然优越。而在各种文化中，女性或被等同于自然，或以象征的方式和自然相联系，而作为对立面的男性则等同于文化。于是，男性压迫女性和文化压迫自然就是同一个过程[2]。女性与自然的历史关联后来在麦茜特（Carolyn Merchant）

[1] 转引自郑建生：《另类绿色手册——新纪元初析及绿色运动》，香港卓越书楼，1995年，第74页。

[2] Sherry B. Ortner, Is Female to Male as Nature to Culture? in Mary MacKinnon ed. Readings in Ecology and Feminist Theology, Sheed & Ward, 1995, p.36 ~55.

的著作《自然之死》中得到详尽的讨论。

（三）女性主义生态神学

正是女性与自然这种文化上、生理上的接近，使得生态女性主义者们拥抱"盖娅"这位大地女神。1978年女性主义者卡琳·斯普雷纳克（Carlene Spretnak）在《失踪的早期希腊女神》（Lost Goddesses of Early Greece）一书中试图建立一种基于地球的灵性（spirituality），它植根于古代的尊敬地神和女神的传统。这些女性主义者们赞美古代的母系社会，妇女因为养育生命而受到高度的尊敬。许多生态女性主义者通过复活古代的女神崇拜仪式来体验妇女与自然之间的联系，盖娅崇拜就是其中之一。

"盖娅"所具有的宗教含义也被女性主义神学所用，以对抗父权制的传统基督教神学。生态女性主义对于基督教普遍持批评态度，它认为传统基督教已经和父权制、等级制的文化结构融为一体，并对它起支持作用。那些自称是基督徒的女性主义者则试图从实践上和理论上改造基督教。在实践上，她们主张基督教应该支持和参与生态运动和女权主义运动；在理论上，她们主张应该根据女性的经验和意识来理解和阐释《圣经》，从而形成新的上帝观、基督论、创造论、人论和救赎论。女性主义对基督教神学进行的激进改造表现于它对上帝的看法上，她们要求把上帝理解为母亲或女性。如温德尔（Elisabeth Moltmann - Wendel）把上帝称为"我们的母亲"，因为，"上帝的父亲形象适用于父权制社会中的人格形成"[1]。

女性主义的生态神学，比一般生态神学更为激进，对传统教义的变革更大。它从生态学和女性主义这两个维度来阐释基督教信仰，瓦解传统神学的二元论教义（上帝与自然，人类与自然，男人与女人）。

小　结

基督教生态神学是以神学的语言对当代生态危机做出的一种回

[1] E. M．温德尔：《女性主义神学景观》，刁承俊译，上海三联书店，1995年，第89页。

应,它本身构成了西方生态思想的一个重要组成部分,并对生态运动做出了贡献。

这种贡献体现在两个方面,从理论方面说,生态的自然观建立在对近代机械论自然观的批判上,而在西方,机械论自然观的兴起(乃至自然科学的兴起)具有很强的基督教神学背景。因此,当基督教生态神学开始清算机械论自然观和它自己的神学传统时,它对生态运动起到了积极的支持作用。此外,正如我们在前面的讨论中所看到的,生态神学在消除人类中心论的世界观和价值观方面,也提出了许多独到的见解。正因为基督教生态神学在西方生态运动中发挥了较大的影响,所以纳什在《大自然的权利》、麦茜特在《激进生态学》中对基督教生态神学都很重视,给予了较多的论述和介绍。

在实践上,基督教对生态运动的贡献更为显著。据估计,基督徒人数约占世界人口总数的1/3,在美国人口中的比例更高达80%,他们对环保的参与已经构成了当代生态运动的一股重要力量。现在,西方教会的讲道里已经增添了很多环保的内容,教会组织的环保活动常常成为社区内规模最大的环保活动。另外,在西方尤其是美国,教会一直是伦理道德的主要监护者,尽管人们已处于一个世俗化的时代,但就普通人而论,宗教仍是影响他们作出道德决断的重要因素。因此,教会的环境意识越来越强,无疑会对一般公众起到良好的示范作用。

正是鉴于基督教在环保方面的潜能,生物学家爱德华·威尔逊(Edward O. Wilson)最近出版了《被造物:求助并邀请和一位生物学家作伴访问陷入困境的自然界》一书[1],呼吁基督教与科学抛弃自然观方面的分歧,一同为保护地球生命的多样性而携手合作。

---

[1] E. O. Wilson. The Creation: A Call for Help and An Invitation to Visit the Embattled Natural World in the Company with A Biologist, W. W. Norton &Company, 2006.

参考文献

[1] Aldo Leopold. A Sand County Almanac. Oxford University Press, 1949.

[2] Barry Commoner. The Closing Circle: Nature, Man and Technology. Alfred A. Knopf, Inc. 1972.

[3] Bill Devall, George Sessions. Deep Ecology: Living As If Nature Mattered. Peregrine Smith Books, 1985.

[4] Carolyn Merchant. Ecological Revolutions: Nature, Gender, and Science in New England, The University of North Carolina, Chapel Hill and London, 1989.

[5] Carolyn Merchant. Radical Ecology: The Search For a Livable World, Routledge. Chapman & Hall, Inc., 1992.

[6] Garrett Hardin. The Tragedy of the Commons. Science, Vol. 162, 13 December 1968. 1243 – 1248.

[7] J. Baird Callicott. The Metaphysical Implications of Ecology // J. Baird Callicott and Roger T. Ames ed.. Nature in Asian Traditions of Thought: Essays in Environmental Philosophy, State University of New York Press, 1989. 59 – 60.

[8] Luna B. Leopold. A Reverence for Rivers. Geography, Vol. 5, 429 – 430.

[9] Roderick F. Nash. The Rights of Nature: A History of Environmental Ethics, The University of Wisconsin Press, 1989.

[10] 伯特. 近代物理科学的形而上学基础. 徐向东译. 成都:四川教育出版社, 1994.

[11] 格里芬. 后现代科学:科学魅力的再现. 北京:中央编译出版社,1995.

[12] 莱斯. 控制自然. 岳长龄等译. 重庆:重庆出版社,1993.

[13] 麦茜特. 自然之死. 吴国盛等译. 长春:吉林人民出版社,1999.

[14] 史怀泽. 敬畏生命. 陈泽环译. 上海:上海社会科学院出版社,1992.

[15] 舒马赫. 小的是美好的. 北京:商务印书馆,1984.

[16] 苏贤贵. 基督教与近代科学的关联——从生态的观点看 // 赵敦华. 基督教与近代中西文化. 北京:北京大学出版社,2000.

[17] 杨通进. 走向深层的环保. 成都:四川人民出版社,2000.

[18] 黑格尔. 哲学史讲演录:中译本第四册. 北京:商务印书馆,1992.

[19] 霍伊卡. 宗教与现代科学的兴起. 钱福庭等译. 成都 : 四川人民出版社, 1991.

[20] 柯林武德. 自然的观念. 吴国盛等译. 北京:华夏出版社,1990.
[21] 雷泽尔. 创世论——统一现代物理·生命·思维科学. 石家庄:河北教育出版社,1992.
[22] 宋祖良. 拯救地球和人类未来. 北京:中国社会科学出版社,1993.
[23] 吴国盛. 希腊空间概念的发展. 成都:四川教育出版社,1994.
[24] 吴国盛. 自然本体化之误. 长沙:湖南科学技术出版社,1993.
[25] 亚里士多德. 物理学. 北京:商务印书馆,1982.
[26] 亚里士多德. 形而上学. 北京:商务印书馆,1983.
[27] F Crick. Of Molecules and Men, Seattle: University of Washington Press, 1966.
[28] 玻尔. 原子论和自然的描述. 北京:商务印书馆,1964.
[29] 玻姆. 量子理论. 北京:商务印书馆,1982.
[30] 康芒纳. 封闭的循环. 侯文蕙译. 长春:吉林人民出版社,1997.
[31] 拉兹洛. 用系统论的观点看世界. 闵家胤译. 北京:中国社会科学出版社,1985.
[32] 普里戈金. 从混沌到有序. 曾庆宏等译. 上海:上海译文出版社,1987.
[33] 维纳. 控制论. 郝季仁译. 北京:科学出版社,1962.
[34] Aloi, P. Interview with Oberon Zell, http://obsidianmagazine. com/Pages/oberon. html,访问时间 2007 - 01 - 04.
[35] Barlow, Connie and Tyler Volk. Gaia and Evolutionary Biology. BioScience, 1992. 42:9, p. 686 - 693.
[36] Bormann, F. H. Review: The Gaia Hypothesis. Ecology, 1981. 62:2, p. 15
[37] Brown, Dan. Angels and Demons, Corgi Books, 2001. 134
[38] Davis, Charles C. Concerning Gaia, BioScience, 1993. 43:3, p. 131
[39] Fairbairn, Brett. History from the Ecological Perspective: Gaia Theory and the Problem of Cooperatives in Turn-of-the-Century Germany. The American Historical Review, 1994. 99:4, p. 1203 - 1239.
[40] Hambler, Clive. Review: Gaia´s Body, Global Ecology and Biogeography, 8:3/4, Tropical Open Woodlands Special Issue, 1999 . p. 315 - 316.
[41] Huggett, R. J. Ecosphere, Biosphere, or Gaia? What to Call the Global Ecosystem, Global Ecology and Biogeography, 1999. 8:6, p. 425 - 431.
[42] Knowles, G. Oberon & Morning Glory Zell - Ravenheart, http://www. controverscial. com/,访问时间 2007 - 01 - 10.
[43] Lenton, Timothy M, Marcel van Oijen. Gaia as a Complex Adaptive System,

Philosophical Transactions: Biological Sciences, 357:1421, The Biosphere as a Complex Adaptive System, 2002. p. 683 – 695

[44] Lovelock, James E . A Geophysiologist's Thoughts on the Natural Sulphur Cycle, Philosophical Transactions: Biological Sciences, 352:1350, Atmospheric Chemistry of Sulphur in Relation to Aerosols, Clouds, and Climate, 1997. p. 143 – 147.

[45] Lovelock, James E. Gaia as Seen Through the Atmosphere, Atmospheric Environment. 1997. 6.

[46] Lovelock, James E. Toujours Gaia, Science, New Series, 1991. 252:5012, p. 1472 – 1473.

[47] Lovelock, James E. A Numerical Model for Biodiversity, Philosophical Transactions: Biological Sciences, 1992. 338:1286, p383 – 391

[48] Lovelock, James E. The Ages of Gaia: A Biography of Our Living Earth, Revised and Expanded Edition, W. W. Norton & Company. 1995.

[49] Lovelock, James E. Gaia: A new Look at Life on Earth, First published 1979, Oxford University Press. 2000.

[50] Lovelock, James E. Homage to Gaia: The Life of an Independent Scientist, First Published 2000, Oxford University Press, 2001

[51] Lovelock, James E. , and Lynn Margul. Atmospheric Homeostasis: The Gaia Hypothesis, Tellus, 1974. 26, 1 – 10.

[52] Lovelock, James E. , and Sydney Epton. The Quest for Gaia, New Scientist, 1975. 65, 304 – 309.

[53] Margulis, Lynn. Review: The Living Earth from Space, BioScience, 35:7, Managing Stressed Ecosystems, 1985. p. 447 – 448.

[54] Margulis, Lynn and John D. Rummel. Life in NASA and the Rest of the Universe: New Scientific Opportunities, BioScience, 51:4, Environmental Education, 2001. p. 317.

[55] Margulis, Lynn. Gaia in Science, Science, New Series, 1993. 259:5096 , p. 745.

[56] Odum, Eugene P. Great Ideas in Ecology for the 1990s, BioScience, 42:7, Crop Productivity for Earth and Space, 1992. p. 542 – 545.

[57] Rose, Hilary. Building a New Dream with Gaia? Signs, 25:4, Feminisms at a Millennium, 2000. p. 1125 – 1128.

[58] Rose, Ellen Cronan. The Good Mother: From Gaia to Gilead, Frontiers: A Journal

of Women Studies, 1991. 12:1, p. 77 – 97.
[59] Schellnhuber, H. J. "Earth system" analysis and the second Copernican revolution, Millennium Supplement, Nature, 1999. 402: 6761, C19 – C23.
[60] Slobodkin, Lawrence. Review: Gaia: Hoke and Substance, BioScience, 1993. 43:4, p. 255 – 256.
[61] Wilkinson, David M. Is Gaia Really Conventional Ecology? Oikos, 1999. 84:3, p. 533 – 536.
[62] Williams, George C. Gaia, Nature Worship and Biocentric Fallacies, The Quarterly Review of Biology, 1992. 67:4, 479 – 486.
[63] Williams F W. 盖娅假说. 碧声翻译. 三思科学. 电子杂志,2003 年 2/3 月份合刊,总第 19 期,2003 年 3 月 31 日, www. oursci. org/magazine/200302/030222. htm.
[64] 奥尔德罗伊德. 地球探赜索隐录:地质思想史. 杨静一译. 上海:上海科技教育出版社,2006.
[65] 布朗. 天使与魔鬼. 朱振武等译. 北京:人民文学出版社,2006.
[66] 古雩, http://blog. sina. com. cn/u/485ea879010006r6,评论栏,2007 年 01 月 03 日.
[67] 郭奔胜,顾瑞珍,孙闻. 难道仅仅是蓝藻之过? http://news. xinhuanet. com/politics/2007 – 06/01/content_6186380. htm.
[68] 江晓原,刘兵. 南腔北调:科学与文化的对话. 北京:北京大学出版社,2007.
[69] 马古利斯. 生物共生的行星. 易凡译. 上海:上海科学技术出版社,1999.
[70] 马歇尔. 哲人石:探寻金丹术的秘密. 赵万里,李三虎,蒙绍荣译. 上海:上海科技教育出版社,2007.
[71] 彭斯,阿富顿河 // 外国诗歌名篇选读. 周红兴主编. 北京:作家出版社,1986.
[72] 任黎明. 气候变化"导演"现代版"保卫黄河". 科学时报,2005 – 11 – 01.
[73] 萨根,马古利斯. 倾斜的真理. 李建会等译. 南昌:江西教育出版社,1999.
[74] 叶舒宪. 西方文化寻根中的"女神复兴":从"盖娅假说"到"女神文明". 文艺理论与批评. 2002(4).
[75] 邹声文,顾瑞珍. 从数字看中国环境的"好消息"和"坏消息". 新华每日电讯,2007 – 06 – 06.
[76] Fairbairn, Brett. History from the Ecological Perspective: Gaia Theory and the Problem of Cooperatives in Turn-of-the-Century Germany, The American Histori-

cal Review, 1994. 99(4), p. 1203 - 1239.

[77] Khakhina, Liya Nikolaevna. Concept of Symbiogenesis: A Historical and Critical Study of the Russian Botanists, translated by S. Merkel and R. Coalson, Yale University Press: New Haven and London ,1992, p. 30 - 32.

[78] Langley, Charles H. A Little Darwinism. BioScience, 1977, 27(10): p. 692.

[79] Margulis, Lynn , Mark McMamin. Editor's Introduction to the English Text, in Concept of Symbiogenesis, by Liya Nikolaevna Khakhina, Yale University Press. ,1992. p. xxii.

[80] Margulis, Lynn. Words as Battle Cries: Symbiogenesis and the New Field of Endocytobiology, BioScience, Ecosystem Science for the Future, 1990. 40(9): p. 673 - 677.

[81] Margulis, Lynn. Archaeal - Eubacterial Mergers in the Origin of Eukarya: Phylogenetic Classification of Life, Proceedings of the National Academy of Sciences of the United States of America, 1996. 93(3), p. 1071 - 1076.

[82] Meybeck, Michel. Global Analysis of River Systems: From Earth System Controls to Anthropocene Syndromes, Philosophical Transactions: Biological Sciences, Freshwater and Welfare Fragility: Syndromes, Vulnerabilities and Challenges, 2003, 358(1440), p. 1935 - 1955.

[83] Mitchell, Sandra D. Competing Units of Selection: A Case of Symbiosis, Philosophy of Science, . 1987, 54(3), p. 351 - 367.

[84] Palenik, Brian. The Genomics of Symbiosis: Hosts Keep the Baby and the Bath Water, Proceedings of the National Academy of Sciences of the United States of America, 2002, 99(19): 11996 - 11997.

[85] Sagan, Lynn(= Lynn Margulis). On the origin of mitosing cell, Journal of Theoretical Biology, 1967, 14: 225 - 274.

[86] Sarkar, Husain, Group rationality in scientific research, Cambridge University Press, online of The Overview , (2007) http://www.cambridge.org/catalogue/catalogue.asp? isbn = 9780521871136&ss = exc.

[87] Taylor, F. J. R. Implications and Extensions of the Serial Endosymbiosis Theory of the Origin of Eukaryotes, Taxon, (1974) 23(2/3): 229 - 258.

[88] Vermeij, Geerat J. The Evolutionary Interaction Among Species: Selection, Escalation, and Coevolution, Annual Review of Ecology and Systematics, 1994. 25: 219 - 236.

[89] Vucinich, Alexander . Darwin in Russian Thought, University of California Press,1989.

[90] Vucinich, Alexander ,Foreword, in Concept of Symbiogenesis, by Liya Nikolaevna Khakhina, Yale University Press. 1992.

[91] 鲍勒. 进化思想史. 田洺译. 南昌:江西教育出版社,1999.

[92] 鲍勒. 查尔斯・达尔文//剑桥科学伟人. 哈曼等编,李佐文等译. 石家庄:河北大学出版社,2005.

[93] 陈独秀. 记者答李平. 青年杂志第1卷2号. 1915年(民国四年)9月15日.

[94] 陈桂香. "互助论"无政府主义与李大钊的马克思主义观. 山东大学学报(哲学社会科学版),2006(2).

[95] 道金斯. 自私的基因. 卢充中等译. 长春:吉林人民出版社,1998.

[96] 道金斯. 盲眼钟表匠. 王德伦译. 重庆:重庆出版社,2005.

[97] 付建舟. 蔡元培与无政府主义思想. 兰州学刊,2006(9).

[98] 贾祖璋. 生存竞争和互助 //贾祖璋全集. 第二卷. 福州:福建科学技术出版社,1994/2001.

[99] 贾祖璋. 克鲁泡特金《互助论》//贾祖璋全集. 第二卷. 福州:福建科学技术出版社,1994/2001.

[100] 克鲁泡特金. 互助论. 李平沤译. 北京:商务印书馆,1963.

[101] 李伏清. 试探孙中山的历史进化论. 内蒙古农业大学学报(社会科学版),2004,6(1).

[102] 李难. 进化生物学基础. 北京:高等教育出版社,2005.

[103] 马古利斯. 生物共生的行星:进化的新景观. 易凡译. 上海:上海科学技术出版社,1999.

[104] 马古利斯,萨甘. 神秘的舞蹈:人类性行为的演化. 潘勋译. 北京:中国社会科学出版社,1999.

[105] 普特南 . 事实与价值二分法的崩溃 . 应奇译. 北京:东方出版社,2006.

[106] 田洺. 未竟的综合:达尔文以来的进化论. 济南:山东教育出版社,1998.

[107] 王宁 . 多元共生的时代:二十世纪西方文学比较研究. 北京:北京大学出版社,1993.

[108] 王同桢 . 水乡北京. 北京:团结出版社,2004.

[109] 王向清,向知燕. 章太炎俱分进化论形成原因考. 湖湘论坛,2006(5).

[110] 威尔斯. 进化论的圣像:科学还是神话? 钱锟,唐理明译. 北京:中国文联出版社,2006.

[111] 吴浪波. 互助论在清末的传播与影响. 中州学刊,2005(2).
[112] 吴丕. 进化论与中国激进主义(1859 – 1924). 北京:北京大学出版社,2005.
[113] 休谟. 人性论. 关文运译. 北京:商务印书馆,1980.
[114] 许靖华. 大灭绝:寻找一个消失的年代. 任克译. 生活·读书·新知三联书店,天下文化出版公司,1997.
[115] 杨海燕. "Evolution"含义探究. 自然辩证法通讯,2006,26(3).
[116] 周宁,宁宁. 孙中山的互助进化思想. 兰州学刊,2006(2).
[117] 邹振环. 二十世纪轰动一时的《互助论》//影响中国近代社会的一百种译作. 北京:中国对外翻译出版公司,1996.
[118] Arnold Toynbee. The Religious Background of the Present Environmental Crisis // David Spring and Eileen Spring ed.: Ecology and Religions in History, N. Y.: Harper, 1974.
[119] Emil Brunner. Nature and Grace, in John Baillie ed. Natural Theology. London 1946.
[120] Gordon Kaufman. The Concept of Nature : A Problem for Theology. Harvard Theological Review 65, 1972.
[121] Harvey Cox. The Secular City: A Celebration of Its Liberties and an Invitation to Its Discipline, NY: Macmillan, 1965.
[122] Ian L. McHarg. Design with Nature, John Wiley and Sons, Inc. , 1992, Revised edition.
[123] James Barr. Biblical Faith and Natural Theology: The Gifford Lectures for 1991. Delivered in the Univ. of Edinburgh (Clarendon Press, Oxford) 1993.
[124] John Passmore. Man's Responsibility for Nature, London: Duckworth, 1974.
[125] Karl Barth. "No!", in John Baillie ed. Natural Theology, London 1946, p. 75.
[126] Richard Baer. Land Misuse, A Theological Concern. Christian Century 83 (Oct. 12, 1966).
[127] Roderick Nash. Wilderness and the American Mind. Revised edition. Yale Uni. Press, 1973.
[128] Rudolf Bultmann. Jesus Christ and Mythology. New York: Charles Scribner and Sons, 1958.
[129] Paul Santmire. The Travail of Nature: The Ambiguous Ecological Promise of Christian Theology. Philadelphia: Fortress Press, 1995.

[130] 彼得·贝格尔.神圣的帷幕:宗教社会学理论之要素.高师宁译.上海:上海人民出版社,1991.

[131] 马克斯·韦伯.新教伦理与资本主义精神. 于晓,陈维纲等译.北京:三联书店,1987.

[132] Howard A. Snyder. Why We Love The Earth? Christianity Today, May 15, 1995.

[133] Ian Barhour . Western Man and Environmental Ethics: Attitudes Towards Nature and Technology, Addison Wesley Publishing Company, 1973.

[134] James A. Nash. Loving Nature: Ecological Integrity and Christian Responsibility, (Nashville: Abingdon Press) 1991.

[135] James Barr. Biblical Faith and Natural Theology, Oxford, 1993.

[136] Jay McDaniel. Six Characteristics of Postpatriarchal Christianity// Mary MacKinnon ed. Readings in Ecology and Feminist Theology, Sheed & Ward, 1995.

[137] Jürgen Moltmann. Reconciliation with Nature. Pacifica 5 ,(Oct. 1992.

[138] Jürgen Moltmann. Creating a Just Future. SCM Press, London, 1989.

[139] Jürgen Moltmann. God in Creation: A New Theology of Creation and The Spirit of God. Fortress Press, 1993.

[140] Jürgen Moltmann. Jesus Christ for Today's World, Fortress Press, 1994.

[141] Jürgen Moltmann. The Coming of God: Christian Eschatology. Fortress Press, 1996.

[142] Loren Wilkinson ,et al. Earthkeeping in the Nineties: Stewardship of Creation. Revised edition, Eerdmans, 1991.

[143] Lynn White. The Historical Roots of Our Ecologic Crisis // Ian Barhour ed., Western Man and Environmental Ethics: Attitudes Towards Nature and Technology, Addison Wesley Publishing Company, 1973,p.18.

[144] Michael S. Northcott, Environment and Christian Ethics. Cambridge University Press, 1996.

[145] Robert B. Fowler. The Greening of Protestant Thought, University of North Carolina Press, 1995.

[146] Sherry B. Ortner. Is Female to Male as Nature to Culture? // Mary MacKinnon ed. Readings in Ecology and Feminist Theology. Sheed & Ward, 1995:36 – 55.

[147] 大卫·格里芬.后现代科学——科学魅力的再现.马季方译.北京:中央编译出版社,1995.

[148] 莫尔特曼. 生态危机:自然界享有真正的和平吗? //刘小枫. 20 世纪西方宗教哲学文选:下卷. 上海:上海三联书店,1991.
[149] 温德尔. 女性主义神学景观. 刁承俊译. 上海:上海三联书店,1995.
[150] 郑建生. 另类绿色手册——新纪元初析及绿色运动. 香港:香港卓越书楼,1995.